明君の時代

十八世紀中期〜十九世紀の藩主と藩政

浪川健治 編
Namikawa Kenji

清文堂

はじめに―「名君」と「明君」のあいだ―

浪川　健治

言葉からすれば、「名君」と「明君」は意味が必ずしも一致はしない。「名君」とは、すぐれた君主、名高い君主であり、「明君」あるいは「明主」とは叡智に富む賢明な君主、賢くて勝れた君主である。したがって、対義語としての「暗君」、すなわち、愚かな君主、無能な統治者は、むしろ「明君」に対応する。「名君」が主にその治世において、自ら率先し優れた業績を遺す、すなわち本質的には政治支配に卓越し、後世から太祖や中興の英主として範とされる君主であるのに対して、「明君」はそれだけではなく、明智の君として政治支配という枠にとどまらないで、知的あるいは文化的な広がりの中核としても、今日にも意識され影響を及ぼす存在といえよう。

しかし、「明君」が必ず「名君」であるかは、また別の問題であるかも知れない。とくに、「明君」による学問・趣味など非政治的な活動が多彩になり、それ自体が目的化していけばいくほど、現実からは乖離せざるを得ないからである。実質的には中・後期以降の藩政改革に見られたように、それまでの儒教、とくに朱子学に基づく抽象的な概念では対応不可能な、より実務的で専門化した「知」とその具体化が求められる現実の政治運営の主体とはならずに、とくに登用した家臣に藩政の実質と実務を委ねて、自らはそれから遊離した象徴的な存在となることもないとはいえない。

しかし、その時代を超えた世界認識や歴史認識によって、個別の藩政や時代の枠組みを越えて、ともすれば現代に至るまで、あるべき大名像として認知されることに、共通して備わっている性質や特徴、すなわち「明君」としての属性があるといえよう。本書が、テーマを「明君」としたのは、そうした「名君」としての「明君」、あるいは必ずしも「名君」ではないが、あるべき大名像として象徴化された存在としての「明君」のもった多様な存在形態と、その人間的な実像との対比に着目したからにほかならない。

本書が対象とするのは、幕政や藩政の成立期、あるいは確立期における創業者あるいは中興の英主としての「名君」ではない。十八世紀以降の政治的な改革に大きくかかわり、現在でもかつての藩領のみならず地域的な広がりのなかで共有される知を創造した存在としての「明君」とその軌跡を多元的に考察する。本書は「Ⅰ津軽信明とその周辺」と「Ⅱ「明君」の群像」の二部から構成される。

『「明君」の時代』と題した本書では、Ⅰ部において津軽信明を取り上げ、その実像と「明君」としての偶像化を追っている。Ⅱ部においては、松平定信や松浦静山による幕府あるいは各藩が直面した政治的諸課題や、天明以来の飢饉や対外関係の緊張という社会不安への対処、そこから生まれた「知」の営みを踏まえて形成された「明君」像を探る。さらに藩主のみならず、「賢臣」としての家臣の学問・知識との関わりやその破綻を渡辺崋山にみている。大きく、十八世紀後半から十九世紀における学問・知識・情報収拾や幕政・藩政との関わりから生まれる時代の課題を反映した政治理念と実践のなかに「明君」像の形成と変容を考察しようとしたのである。

本書はⅠ部とⅡ部を通じて、具体的な治績に基づいた「名君」としての歴史的事実のみだけでなく、その存在がどのような認識の形成によって「明君」像へと昇華し、時代の課題を乗り越える指針となっていったのかを問うことになる。すなわち、具体的な治績に基づいた「名君」としての歴史的事実のみからだけでなく、一人の人間としての実像を明らかにするとともに、その存在がどのような時代性のなかで叡智に富む賢明な君主、「知」の体現者としての「明君」像へと置き換わったのか、さらにそれは時系列のなかで記憶され記録されることでいかに変容していったのかを考察する。

Ⅰ部で取り上げた弘前藩第八代藩主津軽信明は、Ⅱ部で取り上げる松平定信や松浦静山に比して、知られることは少ない。それは、その治政が天明四年（一七八四）から寛政三年（一七九一）とわずか一七年間に過ぎないからであろう。にもかかわらず、Ⅰ部での考察対象として信明を取り上げた理由は、信明がその日々を日記として残したことによる。現時点で所在が確認されるのは、弘前市立弘前図書館八木橋文庫に所蔵される家督を継ぐ以前の天明三年（一七八三）十月一日から十二月二十二日までの「江戸在住日記」（史料番号ＹＫ215−5）と、国文学研究資料館所蔵の津軽家文書の天明四年（一七八四）から寛政三年（一七九一）の在国中の藩主信明の全十六巻からなる「在国日記」（文書番号22Ｂ・史料番号二四一）である。

「江戸在住日記」からは、世子時代の信明の交友関係や火消し役など大名課役への関与、さらに父信寧や姉妹、同族との日常生活などが生き生きと再現される。「在国日記」からは、天明飢饉後の困難を極める藩政の主導を期待された藩主としての権力掌握過程、またとくに新たに家老とした津軽多膳を中心とする執政グループとの政策や人事をめぐる度重なる協議や、「在宅」制の採用にみられる領民や困窮化した家臣団に配慮しながらの施策の提示、義倉設置による食糧備蓄、教学と武術奨励による弛緩した家臣団の引き締めと統制などをみることができる。また、クナシリ・メナシの蜂起については直接の記述はないものの、その後の軍事体制に関わる記事が散見する。そして、それだけでなく、藩主としての年中行事への関わりや余暇の過ごし方など、藩という政治体制の側面からは窺い知れない一人の人間としての生活を知ることができる。

「在国日記」からは、さらに津軽信明が家老以下の報告を受け形ばかりの決裁を行っていたのではなく、「存念」という形で示す信明自身の強固な意志表明や、下級家臣の俸給にまでかかわる細々とした決裁を行い、現在は伝わっていない財政方の諸書類にまで目を通すという過密な日々が手に取るように理解できる。そして、その意思は「自筆書付」の形で家中に明示される。つまり、後世の顕彰的な編纂物、名君言行録的書物のなかではなく、同時代の史料や記録から生きた人間像としての「名君」を描き出すことができるのである。信明はその死後わずか二年後に「津軽孝公行実」が編さんされたのを皮切りとして、十九世紀を通じて連綿として言行録が編まれ続ける。その過程で「明君」とされていく、時代性を反映した信明像のメタモルフォーゼを追うことができるのである。

最後になったが、本書の刊行は困難な出版状況にもかかわらず引き受けていただいた清文堂出版社と、とくに編集に当たった松田良弘氏のご尽力がなければ不可能であった。厚く御礼申し上げる。また収録の論考作成に当たり、史料の閲覧を許可いただいた関係諸機関にも感謝したい。

二〇一九年一月

明君の時代

―十八世紀中期～十九世紀の藩主と藩政―

目次

国許における藩主の気晴らしと家臣との交流―弘前藩主津軽信明の「在国日記」の分析から―　山下須美礼　152

Ⅱ　「明君」の群像……231

装幀／寺村隆史

Ⅰ　津軽信明とその周辺

信明の模索―襲封、そして権力と権威―

浪川　健治

はじめに―描かれる信明、息吹する信明―

津軽信明は、宝暦十二年（一七六二）に、第七代弘前藩主津軽信寧の長男として生まれ、安永五年（一七七六）、従五位下出羽守に叙任された。天明四年（一七八四）、信寧の急死により家督を継ぎ、第八代弘前藩主となった。「在国日記」[1]は藩主としての初入部から筆を起こしているが、家督を継ぐ以前の天明三年（一七八三）十月一日から十二月二十二日までの「江戸在住日記」[2]が残されている。このことから、家督以前、また江戸参府中にも日記が書かれていたと思われるが、それらについては現在のところ見出せていない。信明は寛政三年（一七九一）、三〇歳で急死した。藩主としての施策の多くは養嗣子寧親に引き継がれている[3]。

信明については、死去わずか二年後の寛政五年（一七九三）あるいは同七年（一七九五）には、古田献可がその言行を書き記した「津軽孝公行実」[4]（「孝公」は戒名である體孝院殿貞境普照大居士にちなむ）を著し、また成立時期は不明だが信明の言動を中心にした「無超記」[5]も残されている。「無超記」は、天保九年（一八三八）に島田静、嘉永五年（一八五二）に山本有龍が筆写している。また、明治三十年（一八九七）には外崎覚が『津軽信明公』[6]をまとめている。

それらでは、信明はいずれも明君として名高い肥後熊本藩主・細川重賢や陸奥白河藩主・松平定信らと親交を持ったとされている。これについて、「津軽孝公実録」では、

一、故細川越中守様へ度々御振舞ニ被為入候て御帰り後御意被成候ハ、細川殿ニてハいつも首尾ある焼き物ハ無之、大方ハ切身の魚也、平ハ大体豆腐也、五十万石の大名ケ様の料理ニて客対を被致候事外ニはあるましき也、流石世事賢者といわれ候細川との也とて、御感心被成候。

と、「故細川越中守」(重賢)との親しい交際を伝え、質素な生活態度に感じ入ったと記している。たしかに、「在国日記」天明五年(一七八五)一月二十四日条では、国元から「細川越中守殿・松平玄蕃頭殿・堀右兵衛尉江年始状」を出したこと、三月五日条には「細川越中守殿・松平大和守殿より返翰来ル」と記される。ただし、これ以前の「在国日記」には細川重賢との書翰のやりとりなどは記されず、また重賢は天明五年(一七八五)十月二十六日に死去し、この時、信明は在府していたために詳細は記録されない。

さらに、「無超記」では津軽信明と細川重賢の関係について、一層強調される。

一、細川越中守重賢君ニハ御老年ニましますに処、当代の賢君ニ而世の聞へ御うるハしくましく〳〵けり、御部屋住より分て御懇意に御入被遊しかは、越州様にも御隔なく御嫡中務大輔様御同然ニ御居間にて御閑談御教示も遊しける由、御家督の御後御入部までには愈御したひ被遊度々御入被遊けり、其後越州様御死去之儀御聞ニ入り御愁傷被遊候、御様子殊ニ御残念の御気色深くましましけり、

「細川越中守重賢君」とは、信明が部屋住みの時から親交があったとしているが、注目したいのは嫡子「中務大輔」、すなわち治年と「御同然」に扱われたとしていることである。「江戸在住日記」のなかに見ることができる細川家との関わりは、天明三年（一七八三）十月一日条に細川和泉守（立礼《たつひろ》、宇土藩三万石藩主、天明七年〈一七八七〉、熊本藩主となり斉兹《なりしげ》と改める）と「寄セ」に出たこと、十月二十六日条には、「枩本内膳正」（松平か、定休。伊予今治藩三万五千石藩主）から、十月二十八日に「細川殿伊皿子屋敷」（肥後熊本藩中屋敷、港区高輪一丁目付近）で打毬を行う予定であったが参加者が少なく延期したいとの申し入れがあったことなどである。同日には「酒井大学頭殿」（忠崇《ただたか》、出羽松山藩藩主、ただしこの時は家督相続以前）からも松本内膳正よりの廻章の形で連絡があった。結局、信寧の意向で信明は参加を取り止めている。

「細川殿伊皿子屋敷」で行われる予定であった打毬では、当然参加するメンバーであったろう松平定休は三十歳、酒井忠崇は三十二歳、細川治年は二十五歳、津軽信明は二十一歳であり、打毬は家督前後の大名子弟が交流する場ともなっていたと考えられる。そのようなサークル的結びつきのなかで、大名子弟が細川治年を通じて重賢と親交を持ち、信明もその一人であったといえよう。また、十月二十八日条では小伝馬町二丁目から出火し常盤橋から本町通・伝馬町へと広がった火事の際の「細川能登守殿」（利庸《としつね》、肥後熊本新田藩三万五千石藩主）の働きについて記している。つまり、細川家とは、重賢との個人的な関わりというより、細川家の本分家全体と公私を通じて親密な関わりを持っていたと考えるべきであろう。

加えて、『津軽信明公』では細川重賢だけでなく、松平定信らとの親交を記している。

当時牧民者として名声嘖々たる細川銀台公・白川楽翁公等に親炙して熱心に治平の道を講明することを喜ばれたり、諸公も亦公の聡明正直なるを愛し、年の少長を忘れて親しく教誨の益を与ふる事を吝まざりし

と云ふ

定信が老中職にあったのは、天明七年（一七八七）から寛政五年（一七九三）であり、確かに時期的には信明が藩主であった時期と符合はする。ただし、松平定信との直接の関係について、「在国日記」には書翰のやりとりさえも一切記述がない。「無超記」では、信明が松平定信の『鸚鵡詞《おうむのことば》』などを筆写したとしている。しかし、筑波大学附属図書館本の「鸚鵡詞」では、最終丁に「天明六のとし卯月 白川定信」「脇阪矦安董胡臣へおくる」とあり、当時既に筆写本は一定浸透しており、それらを書写したとしても信明が特別に定信に傾倒したためとは言えない。「津軽孝公行実」にはじまり「無超記」・「津軽信明公」にいたるまで、信明は細川重賢、松平定信という当代の「明君」から将来を嘱望された人物として描かれる。これら、一連の著作群は明君としての系譜に連なる存在としての信明像を創造し、そこからその施政を肯定し賛美するというモチーフを共有するだけではなく、時代が下るごとに脚色が加えられていたことがわかる。いわば、十八世紀末から十九世紀を通じて、明君としての信明像は形成されたのである。

「江戸在住日記」や「在国日記」のなかに垣間見ることのできる等身大の信明は、悪戯や遊びも好む若者であった。「江戸在住日記」天明三年（一七八三）十月二十五日条では、悪戯も記される。

一、六時過、御奥お愛殿部屋江罷越、夜食給る也、尤右已後、一寸之顕読、四時前御引ケニ付御暇乞ニ罷出、罷帰、但いたつらに化物をこしらへ、奥江持参、人々ををどす也、何ともこわかり、大さわきなり、主に家督以前の江戸での生活では、とくに親しくした妹「お愛」（のち、那須与一資明室）の部屋で夜食をとり、時には酒をともなうことも多かった。また、「江戸在住日記」では柔術について、十月七日条での「一、暮過、屋形様、御柔術御稽古遊候御様子故、稽古着ニて御相手ニ罷出」などあり、「内稽古」も与一・和三郎と繁く行っている。「江戸在住日記」十月九日条では、「一、七時、夕飯、六半時打、夜食申付、欲給候処、柔術御稽古ニ付、早々罷出候様被仰付候ニ付、給掛ヶ罷出御相手致す也、五時過相済、即刻又々夜食、」とあり、夜食をとろうとする時に急に「柔術御稽古」が申し付けられ相手をしている。柔術は父信寧が好み、信明のみならず一門の子弟に学ばせていたことがうかがわれる。

しかし、藩主となった以後は、巻藁による弓術、馬場での馬術および剣術が主となり、柔術はまったく見られなくなる。「津軽孝公行実」にも、柔術は鈴木清兵衛を師とし、「戒公（戒香院信寧謚号）御出精被成候ニ付、公ニも御稽古被成候。是は思召被成御座候哉。御家督後ハ御止被成候。」と、家督以後は柔術には興味を示さなかったと記される。また、「在国日記」には国元では打毬に興じる記述も見ることができない。このように、息吹する信明は死後に明君としてイメージ化された存在とは当然に異なる。また、襲封以降の藩政も藩主としての権力を確立させる過程で緊張関係のなかに進められていくことになる。ここでは、とくに天明四年（一七八四）から天明五年（一七八五）前後にかけて、信明による藩政主導の動向を探ることとする。なお、史料を引用するに当たり、平出については一字アケとし、闕字についてはそれを略している。

一、襲封以前

七代藩主信寧の段階で弘前藩の財政は大幅な債務超過に陥っていた。「宝暦四年甲戌御改革帳之写[7]」では、同四年（一七五四）の上方での借財は三万三九一六両余、国元の借財は金六～七万両にのぼり、総額は三五、六万両に達していた。借入先は、大坂では茨木屋八万八三八九両、鴻池二万六二二二両が大きく、江戸では津軽屋三右衛門が代表であるが、延享三年（一七四六）からの「新借之分」八七三〇両の借入先は津軽屋三右衛門の一〇〇〇両を筆頭に、一〇〇両から三〇〇両という単位が多く、計四九口にわたる。ほかに寺院の貸付金の祠堂金や座頭の貸付金も対象となっている。大坂での蔵元は茨木屋と鴻池、江戸では津軽屋三右衛門であった[8]。

「国日記」[9]寛政元年（一七八九）五月十五日条の弘前藩勘定奉行の「覚」では、次のように記される。

覚

津軽屋三右衛門ょり当秋御取組、大坂表江御頼入被仰付度之旨申出候ニ付、沙汰仕申上候様被仰付奉畏候、三右衛門儀は江戸御家中御扶持米引受相勤、大坂御蔵元は江戸御常用御取組出銀御用向相勤来候処、卯年（天明四年）以来御米配御行届無之、無御拠両都御取組御頼入、江戸御凌方相立来候、大坂一方御取組相成候得は、臨時御入用金、江戸調達被仰付候節、御都合宜御座候、大坂御蔵元は古来之通一方御取組相立候節は御廻米馬（高カ）も多、年々相廻候故、調達方宜趣ニも相聞得候、此節相馬作左衛門・石郷岡徳左衛門登坂仕、徳左衛門儀も、来ル六月頃迄は在坂之趣相聞得候得は、当秋御取組御振合も相含罷有候儀と奉存候、右両人内存之処、御尋之上御国元沙汰被仰付候様奉存候、此段申上候、以上、

四月　　勘定奉行

この「覚」によると、本来、大坂の茨木屋・鴻池などの蔵元が弘前藩の支出である「常用金」の調達に当た

るのに対して、江戸の津軽屋は家臣扶持米の売買に当たっている。しかし、天明四年(一七八四)の飢饉で廻米が滞り、藩財政の維持のため、津軽屋も江戸・大坂での「御取組」に関わった。茨木屋・鴻池などが本来通りに大坂での金子調達の「御取組」に当たったのに対して、津軽屋は主に担当した江戸での家臣扶持米の売却に加えて、「臨時御入用金」の調達にも当たるように依頼されていたと思われる。天明四年(一七八四)以前でいえば、この江戸と上方の蔵元の違いが、「宝暦四年甲戌御改革帳之写」の借用金高の差となって現れたと考えられる。

こうした藩財政の破綻への対応として七代藩主津軽信寧は乳井貢[10]を起用し、宝暦改革[11]を行った。乳井貢は藩財政の再建を第一の目的として領内における商業統制・通貨統制を図って借財を整理し、綱紀粛正・倹約奨励などによって藩政全体の引き締めを図ろうと改革を主導した。とくに注目されるのは、領内に標符を発行し正金銀や米穀との引替を強制して諸物資を吸収しようとしたことである、そして、領外に対しての藩財政の再建を図り、さらに一家業に限定された商家に、各家から上納させた商品を配分し、その売買を標符への記帳によって行った。標符は正金銀に代替するたんなる藩札ではなく、領内の金銀・米穀・諸物資とその交換を徹底した藩の統制下におくものであり、これらの流通と分配は運送役と呼ばれた商人の手によって行われた。

結局、藩のもとに集約された金銀や米穀は藩の負債への補填に充当されたため、領内は極端な物流の停滞を来した。この結果、改革は挫折することになる。宝暦八年(一七五八)三月十七日に貢は退役となり、知行・家屋敷を召し上げられて息子に御預けとなった。一旦、明和五年(一七六八)に蟄居を解かれ、安永七年(一七七八)、再度出仕を許されて者頭格勘定奉行に任命されたものの、その二年後には再び蟄居を命じられ、川原平村(現中津軽郡西目屋村川原平)に幽閉された。

改革の失敗後、藩政は藩主側近の用人大谷津七郎[12]などを通じて、上方蔵元などからのさらなる借財による赤字補填を繰り返すようになる。『平山日記』(13)は天明三年（一七八三）の青森町騒動(14)に絡めて次のような風説を記している。

右ニ付青盛之騒動も静謐ニ相成候、
此騒動ノ起りハ定（町カ）民共申而曰、
此時江戸御用人大谷津七郎殿才人ニテ近年御上様甚御不手繰ニ而才覚方難被為及候ニ付、大谷津以レ働キヲ繰出、尚又同人江戸表ニ出店有之、其方ヨリ多ク繰出シ返済方ニ付、御郡中御米過米登せ、此節青森ニ七・八千（俵欠カ）モ有之候処、七月下旬所々騒モ出候得共、右大谷津ェ返済方御国家老森岡主膳殿、御用人山田彦兵（衛）清殿、大谷津と組し、厳敷江戸より才足ニ任セ、右米津出ニ被仰付候付、万民迚も助り間敷乱心故如此と云ふ、扨又右大谷津殿儀は、勤向国政甚不宜、夫ニ右之御両人合担ニ付、外御役人衆手ニ兼及候哉、深浦昌軍（荘厳）寺登　上様江言上候由、又金木組百姓二・三十人江戸へ登り御駕籠脇に参り、万民及死亡候段言上之由、又御家中ニ而御相談之上、津軽多膳殿御登之由、然ル処大谷津等、多膳殿江致佞弁、終ニ大谷津才覚ヲ以多膳殿五百石御加増於江戸御家老ニ相成候由、右之故ニ御座候哉、大谷津一代御用人ハ引候得共、知行其儘ニ而御子息ノ代ニ改易流人トナル
知行四百石余ノ由

宝暦改革の失敗以後、とくに天明初年には藩政は江戸藩邸の用人大谷津七郎と国元の筆頭家老森岡主膳(15)、用人山田彦兵衛が結託し、財政補填のためだけではなく、大谷津が自ら所持する米穀を高価に売りさばこうとして凶作必至にもかかわらず廻米を強行したとしている。国元での買米などによってこれらの米穀を一手に扱っ

ていたのは、弘前和徳町の特権的立場を持つ御用商人山本四郎左衛門であり、家中の知行米や津出米の管理・販売なども行った。森岡—大谷津—山田—山本という執政者と特権商人の癒着の構造が成立していたのである。また、家中にも大谷津排除の動きはあるが、家老・用人が一味のため手が出せず、堪りかねた荘厳寺（浄土宗、青森県深浦町）の住職が江戸に出て直接藩主に訴えたり、金木村（青森県五所川原市）の百姓が駕籠訴を行った。家中でも協議の上、国元の用人津軽多膳[16]が上江したが、大谷津に言いくるめられ、五百石を加増されたとしている。これは、流言に近いものであり、一方で江戸へ登ろうとした津軽多膳を大谷津七郎と気脈を通じた森岡主膳等が差し留めようとしたり、江戸で大谷津が追及を逃れようと面会を拒否したというような、津軽多膳を大谷津弾劾の立役者として描く編纂物も散見する[17]。

確かに、「国日記」天明三年（一七八三）九月二十二日条には、唐突に津軽多膳が江戸登りを申し立てたことが記される。後世の編纂物は惨状を見かね上訴のための「出奔」とするが、この際には碇ヶ関関所を出るための印紙が請求されており、これに対して従者の貸し付けと経費などの支給が各担当部署に命ぜられている。同九月二十四日条では、多膳が二十六日に出立すること、経費の支給が間に合わず、当面、定額の三分の一を給することが決められている。したがって、急ではあっても、公的な名目のもとに出立している。

九月二十六日に弘前を発った多膳は、十月十三日夜に江戸に着いた。「江戸在住日記」十月十四日条では、その動きを次のように記している。

一、四時、朝飯、四半時、御機嫌相窺、御居間江罷出、夫より御奥江罷出、九時、津軽多膳江御逢被遊候ニ付、表御座之間ニて御人払、御逢有之、此方侍席ス、九半時過、相済、又々御奥江罷出、八半時過、

退散、

一、津軽多膳義、御用ニ付、去月廿六日、御国許出立、昨晩到着之由、右ニ付部屋江も機嫌聞、罷出、

十四日に、津軽多膳は信寧と面会したが、その際には信明が陪席しただけで、その他の者は「御人払」いされている。内密の話であったと言えよう。その後、多膳は機嫌伺いに信明を訪れている。「江戸在住日記」十一月二日条では、多膳は「明三日」に国元に下がることが記される。このように、最初に信寧・信明と多膳の間で内密の話がなされたことは確かであるが、内容までは分からない。しかし、この内談を承けての動きと思われるのは、「国日記」天明三年（一七八三）十一月三日条の、「壱役一人」に渡された「御家書付」である。「覚」とされる内容は五点からなり、①元禄八年（一六九五）・宝暦五年（一七五五）に倍する大凶作であること、②年貢等はすべて収取しないこと、③公儀拝借米を願い出るほか、上方蔵元より米穀を買い下げ、④さらに他所からの米穀も買い入れる、⑤知行・切米・扶持方とも支給を止め、家内有人数に四合扶持と銭少々を与える、としている。しかも、これは「右之趣江戸表より被仰出候間」とされており、一五日間ほどの江戸―弘前間の伝達日数を考えると、十月十四日の江戸での内談の直後に、藩主信寧および世子信明の意向として国元に示されたものと考えて大過あるまい。

「国日記」天明三年（一七八三）十一月十八日条では、多膳が帰国するにあたって、小納戸用物と在々の者共の糧として藩が買い上げた夏大根種と近江蕪菜種の搬送を依頼し、その監督として大組諸手足軽四人を付け、これらの種子は郡奉行荷渡し来春蒔き付けさせることが記される。こうしてみると、国元を出発する際も慌ただしくはあっても所定の旅費等を受け取る手続きがなされており、諸記録にあるような「出奔」ではないし、また『平山日記』のように大谷津七郎に懐柔されたわけでもない。多膳は、「国日記」天明三年（一七八三）十

一月二十九日条では、前日十一月二十八日に帰弘したと報告しているが、その内容はきわめて興味深い。

一、津軽多膳申出候は、私儀江戸表江御用向相済、昨日下着仕候、然は登前存寄候御用筋ニ付、御家老中江不敬之儀共申上候而奉恐入候、依之御奉公遠慮奉伺旨申出之、伺之通被仰付旨、申遣之、

多膳は、自ら奉公遠慮を申し出ているが、それは「御家老中江不敬之儀共申上」げた、つまり藩主信寧に家老森岡主膳の失政等を訴えたからであるとしている。実際に、「国日記」天明三年(一七八三)十一月二十日条では、

一、主膳儀、此度御呵之筋御座候而、御用番之処、右ニ付儀左衛門、今日より被相勤候、
一、森岡主膳申立候は、不肖之私、重キ御役職迄御取立被成下難有仕合奉存候、今日、御自筆御書付ニ而被仰出之趣、無調法可申上様も無御座奉恐入候、如何躰ニも可被仰付候処、以　御憐愍、以来相慎可申旨被仰出之、冥加至極難有仕合奉存候、依之御奉公差控奉伺旨申出之、伺之通被仰付旨申遣之、

家老森岡主膳は信寧の「御自筆御書付」による「御呵」によって月番を交代し、慎・奉公遠慮となっている。ただし、この「御自筆御書付」がどのようなものであったかの記載はない。ただ、飢饉による混乱の責任を取らされていたことは明らかである。しかし、そのことは国元での家老としての権力がただちに否定されたものではなかった。なぜならば、「国日記」によると、天明三年(一七八三)十一月二十三日に国元では家老・用人の失政に対する批判者が次々と処罰されているからである。

「国日記」天明三年(一七八三)十一月二十三日条

一、於添田儀左衛門宅、申渡之覚

山田彦兵衛

其方儀、利口者ニ而差働、心付も宜候之間、近年又々御用人兼役被仰付候処、利根ニまかせ心得違も達御聴、当年飢饉ニ而下々不安堵之所より色々令風説、御家老・御用人取扱心得不宜様申触候由、大勢之中ニは心得違之者可有之候得共、平日相和、誹謗之証拠無之候得は、又不誘も可有之候得共、平生人をあなとり、顔色ニ相見得候間、如当年節は下々悪ミ、其身も迷惑之趣ニ被及　御聴候、勿論其方心得違計ニも無之、無拠取扱も可有之候得共、平生物咎致、事六ヶ敷取扱申候故、此節至り所存返而不相達候、去夏中取扱之内心得違も間々有之候間、勤向不応思召、依之御用人兼役御取離被仰付候、

十一月廿三日

一、於添田儀左衛門宅、申渡之覚

大道寺隼人

其方儀、家筋を被思召、若輩者重役被仰付候処、一躰多言ニ而人を誹り、又非御役儀御勝手向取扱之手段等色々申触、御政道筋誹謗申候趣、達　御聴候、然共其身器量も相応ニも有之候得は、又　御遣方も可有之候得共、多言而已ニ而言行不都合之事も間々非及　御聴不届被思召候、依之組頭御役御取離、当分出仕差控、慎被仰付之、

十一月廿三日

(中略)

一、於松浦甚五左衛門宅、申渡之覚

其方儀、少々小理屈も申者ニ而有之哉、此節色々致誹謗、御納戸金有無之事迄申触候趣、被及　御聴、外様者、甚以不届ニ被　思召候、急度可被仰付候得共、此節不被及其儀御役儀御取離、慎被仰付之、

寺田慶次郎

十二月廿三日

出座
大目付

山田彦兵衛は、手廻組頭で用人を兼役していた。『津軽旧紀伝類』[18]などでは、大谷津・森岡の一味とされるが、一方で、保身のためか、「御家老・御用人取扱心得不宜様申触」るなど徹底した批判者となっていた。森岡主膳にしてみれば「下々悪ミ」の対象である山田を切り捨て政治的延命を図ったことになる。山田・大道寺・寺田はいずれも、藩政の誹謗者としての烙印を押され、役職を奪われたり、逼塞に追い込まれている。とするならば、十一月二十九日段階で、津軽多膳が家老への不敬を理由に自ら奉公遠慮を申し出たのはこうした状況からであろう。藩政の実権は、「御呵」にもかかわらず、森岡主膳に把握されたままであり、かえって反対者の粛清が進行していたのである。

一方で、藩主信寧は国元の状況を把握しつつも江戸藩邸にあって、天明三年(一七八三)十二月二十五日に幕府から飢饉対策のための拝借金一万両を借り入れることに成功している。藩主主導での飢饉対策が展開しようとしていたのであるが、信寧は「国日記」天明四年(一七八四)閏一月十四日条によれば、閏一月一日に「御積気」で「差塞」って、「言舌相分り不申」容態に陥り、結局、翌二日に急死を遂げてしまった。このため、天明飢饉への対応、混乱する藩政の再建は家督を継いだ新藩主信明に託されることとなったのである。

二、いまある危機への対処—「御自筆書付」—

信明は、信寧の急死にともない、天明四年(一七八四)二月三十日に家督を相続する。家督以後、それまで度々、病気として職務を離れていた森岡主膳は「国日記」天明四年(一七八四)三月十日条で、「御用御取扱」を城代津軽主水[19]に任せるよう命ぜられた。また、同四月二十五日には藩政を誹謗したと逼塞に追い込まれた寺田慶次郎・大道寺隼人も遠慮御免となって職務へ復帰した。徐々に、家老森岡主膳による藩政運営の是正が進められていった。

初入部前の信明は、「国日記」天明四年(一七八四)六月二十八日条に記される辰四月付の「御自筆書付」で、八か条にわたって飢饉に直面した状況下での初入部の意味と心得を告知している。第一条では、「国元人民困窮」のほどをじかに見定め、藩主直裁によって対処するために、困難ななか「無理ニも」入部すると述べている。このため、つねの入部ではなく、第二条以下で行装や普請などは簡素かつ必要なもののみに止めることを命じている。また、同日条には、五月付の「御省略之儀ニ付、御自筆御書付之写」も記され、「家中一統諸民ニ至迄、段々安堵」させるため、「且来秋迄可也ニも取続方も相立候之様」に、諸事の省略に励むことを存念としていることを述べ、その意を酌んで倹約に励むように求めている。

「津軽編覧日記」[20]天明四年(一七八四)九月条にも、「御自筆書付」による申渡が記される。

一、同月四日　御自筆拝見被仰付候ニ付、　御目見以上登城并一役壱人之御用ニ而拝見被仰付候、左ニ、

先以何れも息才に罷在令祝着候、　先御代連年不作、　段々致難儀候上、　去年大凶作、　別而一統極難相

成候処、取続能々出精相勤候条、神妙之至存候、尚此上難渋相凌、取続相勤候様可致候、

一、（第一条）先達而より段々申付候得共、此間令下向候ニ付、猶又申付候、其方共存之通、先御代打続年々之不作、御難渋ニ而いつれも致難儀候事、無拠事、何卒《（ママ）》而難儀無之様被成被遣度、御苦心も被為候処、時運不宜、大凶作故、御手段不被為在、一統極難相成候段、不便之至、絶言語候、誠に上下大不幸候、併御先祖以来并其方共先祖共之遺教等相守り、能々取続出精之段、神妙ニ存候、某、今度致下向候而も此時合前々之手段も無之候得とも、其方とも艱難おも問《（ママ）》、且息才ニ凌居候をも見遣度、迚も存念は届間鋪候得とも、直々取扱候ハヽ、一統之為ニも可成候哉と、夫而已不絶言慮令到着候、其方共も某常々令苦心致候条、能々心得、尚尽《ジン》心出精勤呉候様致度候、

一、（第二条）某、君たることの難きを知りて昼夜令煩労候、潜心胸臆して君道を不失様ニ心懸候、其方共ニも能々臣たる事之難きを存し、少も臣道を失さる様に可心懸候、君臣道失さる時は先君之令名をも不汚様ニ可成候哉と、此事専一に君臣共ニ心懸可申候事、

一、（第三条）去年中より惣家中と申、名を不顕候言上書、数度差出候者共、志之程は神妙ニ候、併申分甚不法ニ而礼義を失候条、不届之至候、急度糺明之上申付方も有之候得とも、先此度は致用捨候、此上右躰之儀無之様可致候、仮令君に君たらさる事有とも、臣ニ臣たらざる理有ん哉、忠信之信決而無之処候、能々可令勘弁候、古范蠡《レイ》亡国之君に事《（つかうる）》に敬礼少も不怠、誠忠甚至候事と、其方共能手本と存候、某常に人を上用と心を苦居候得とも、左様之者共有之間、登傭さる事有間敷候、銘々鄙劣之心を去り、能々忠誠相励候こと可為専一候、

一、（第四条）一統之人品、善悪邪正、某心懸可居候、併悪に差別有間敷候、善き人と見定之上、重用之不及者《モノ》共、日月、彼を教遣度候、退と用と共に某か臣民ニ候、某、党徒之譬ニ引くへき処ニ無之候得とも、尭之如

き聖人、彼を導なふ時は皆聖人之民となり、桀紂之君、是を教る時は民皆悪人と成事、其方共も存候所ニは候、能々一統致勘弁、善き人ハ弥善を磨き、某を補、不及族ハ、能某の身を顧て、善に移り、某之用候様可致候、某も道を不失様に心懸候間、若相違も有之候ハヽ、一統補呉候而、道に不背候様ニ可致候、某も不宜所はまのあたり諫呉候様、片影ニて内々洩候事無用可致候、若此上左様之筋相聞候へは急度糺明可申付之、

（第五条）一、呉々も先頃より度々申付候書付之趣、得と心に尽心忠誠相励出精ニ相勤候様可致候、追々可申付也、

八月

前文で凶作にもかかわらず、家中の者が役儀精勤であることを神妙と述べ、第一条では「某《それがし》」＝信明のこの度の下向は家中の苦労を見届けるため、また息災に過ごしていることを実際にみるためであり、「某」も家中ともども苦心するので、さらに精勤に励むよう求めている。第二条では「某」もあるべき君として努めるので、家中の者も「臣道」を失わず、君臣とも先君の名を穢さないことを専一とすることを求める。第三条は天明三年（一七八三）から多々みられる、差し出しを「惣家中」として名前を明かさない言上書の扱いについてである。言上そのものは認めても、名を明示しないのであれば礼義を失しており、この度は不問とするが、今後は「不届之至」として取り締まることを明言する。ここでは、中国春秋時代の越王勾践に仕え、勾践を春秋五覇に押し上げた范蠡《レイ》を引いて、諫言はしても主君に対する礼を失わなかったことを範とすること、[21]「君に君たらさる事有とも、臣ニ臣たらざる理有ん哉[22]」と忠誠に励むことを求めたのである。ただし、四合扶持などによって窮迫を極める家臣団に忠誠のみを求めることはできず、例え現時点で主要な職務から「退」けられていたとしても、「誠忠」を尽くせばやがては必ず登用されることを約束する。第四条は「某」は政道を失わない

よう努めるので、諫言することは厭わないが、それを他に漏らしてはならず、そのことが分かれば厳しく問いただすとしている。第五条はこれらを遵守し、忠誠を尽くすこととしている。

まず、あるべきは「某の身を、顧て善に移」ることであり、また「某」が善を失わないように補佐する臣たるべきことであるとしている。藩主としての「某」が、君としてのあり方に努めることを強調し、家中に臣としてのあるべき忠誠を尽くすことを求める。ここでは、「某」と「某」の手になる自筆書付を「拝見」する家臣一人一人は対置されており、組織として忠誠が要求されるのではなく、君たる「某」の臣である家中へ直接、あるべき臣としての存在となることを要求しているのである。たんなる触として家中総体に示すのではなく、「御自筆御書付」を「拝見」させる行為を家中にとらせることで、藩主の意志が直接に確認され、したがって家中一人一人が信明に向き合うことを現実化することになる。そうした、個々の家臣への働きかけに最大のねらいがあったと言えよう。

信明は、家老・用人を介したとしても、両役からの通知としてではなく、写しとは言え自筆を「拝見」させるという行為をとって、藩主自らの意思であることを確認させる直接的な伝達と周知の方法をとっている。「津軽編覧日記」天明五年（一七八五）三月条には、「一、同廿四日、今日、御機嫌能　屋形様御発駕被遊候、同日、御自筆之写、拝見被仰付候、」として、次の「覚」が記される。

覚

其方共、数年及難渋候故、夫々沙汰も申付遣度心懸候処、去年も不作ニ而減石之に至、手繰方甚六ヶ敷場合候へ共、無理に旧冬夫々乍少分取続方も申付候、某心底能々察候而如何様ニも取続出情可相勤候、且又有間敷事とハ覚候得共、時変は難計候、万一如何様成不作等有之候而、及飢渇候程之大変有之候共、武士道堅固に相守、国之恥辱に及候事有之間敷心懸可為第一候、万々一少しも武士道に相背候筋有之候て天災は相逃候共、某ガ厳刑は全逃申間敷候、

一、(第一条)惣而家中之者共、其身之言行相慎、奉公向出情相励、某カ心底を察、日夜無油断心懸可申候、入部後家中之風義察候処、不正之者も有之候様子ニ相見得候、併未聢と不見立候故、不及糺明令参府候、惣而家中之内、言行正敷者共は弥其善を研き、不正之者共は其悪を改、相互に正し合、明年下着迄ニ家中風儀も相直り、某致安堵候様可致候、惣而言路塞候而は上下之増(ママ)不通候故、一統言上書差出候様申付候得は其内勝手次第不正無礼之筋共申出、格別尤と覚候程之申分も無之、申出候一言ニ而も其者之善悪邪正ハ相分事ニ候、右躰之書付差出候者共、一々糺明可申付候得とも此度は初入之事故先は容赦候、銘々心得違之筋、得と銘々心を以鄙劣不念之心を責、以来左様之事無之様可致候、向後右躰不埒之筋於有之は急度糺明可申付候、

一、(第二条)惣而家中之者、学文之致方不宜趣意有之、聖賢之書を読、能人倫五常之道を知、銘々其身ニ為行事肝要候、唯詩文章之已相拘り、妄言汚口を事と致し候は無益之学文ニ候、真実ニ身之為に致候学問第一ニ候、其外武芸等不懈出情可致候、師範之者も同意相心得家中取立可申候、

一、(第三条)留主中別而〆り方第一ニ候、少しも乱成筋無之、万事相謹可申候、若不宜者有之候ハヽ、頭は勿論、同役・懇意之者共は申合、相互ニ諫合早速相改候様可為致候、数度諫言申含候而も不相改者有之候は可及言上、其上ニ而糺明可申付候、若左様之筋外より相聞得糺明も有之候ハヽ、頭并同役等も可為落度候、

(以下、一一か条略)

前文において、家臣に対して「無理に旧冬夫々乍少分取続方も申付」としている。これは「在国日記」天明

四年(一七八四)十一月五日条で、信明が用人兼松七郎右衛門に下問し、「是非少しハ手当無之候ハ、不叶義」という意見によって家中への手当を増したことを言っている。大明五年(一七八五)三月条の「覚」は、そうした藩主の恩恵を受けた以上、家臣たるべき者は「時変」、今後の想定外の事態=凶作に見舞われても「武士道」を守り通すことが求められる。ここでの「武士道」とは、武士としての倫理・道徳規範、あるいは価値基準の根本と言う抽象的な概念ではなく、むしろ家中としての自覚に近いものである。具体的には、「国日記」天明四年(一七八四)十一月十五日条の「覚」の第一条の「其身之言行相慎、奉公向出情相励、某カ心底を察、日夜無油断心懸」であり、第二条の「学文之致方不宜趣意有之者、聖賢之書を読、能人倫五常之道を知、銘々其身ニ為行事肝要」ということであろう。それだからこそ、それに背くことは「国之恥辱」として、「某」、信明の「厳刑」を受けるのである。ここでは、藩主信明の「厳罰」は「天災」(この場合は、天罰の意味であろう)より峻烈なものとして表現される。ここに言う「武士道」では、たんなる題目としての封建倫理ではなく、「某カ心底を察」することがなによりも優先する。

こうした「某」の意思の表明は、天明期を通じて「御自筆」として繰り返される。「津軽編覧日記」寛政元年(一七八九)条に収録される「茶尽くし」と題された藩政批判の落書(23)のなかでは、「たひ〳〵出たる御自筆もけろつとお嘘なされたちゃ、物知皃《かお》してちんふんと言ても家中はぬからぬちゃ」と藩主信明からの布告が「御自筆」の形で周知されるが、一向実現されないばかりか、その趣旨自体がすぐに守られなくなるという揶揄がなされている。逆説的ではあるが、信明が自らの意思を「御自筆御書付」の形で徹底させようとしたこと、そして少なくとも入部当初は事態を打開するものとして広く認識されていたことを示している。

三、権威の再構築―「悪」の排除と慰霊―

信明は家中、時により領民に対して自己の意思を、「御自筆御書付」の形で明確に示していった。しかし、そうした信明の意思が家中・領民に受け容れられるためには、藩主としての自己の権力と権威を、天明飢饉後の混乱した藩政を収拾するなかで、家中・領民を救済する者として確立させていくことがなによりも必要である。それは、凶作を飢饉たらしめた前代の執政者とその勢力の駆逐からはじまる。入部以前、信明はすでに「国日記」天明四年(一七八四)七月十一日条で、天明飢饉時の家老であった森岡主膳の役職を自らの希望として免じている。その際には、

一、去年并当年死亡之者、於覚秀寺・本行寺ニ、施餓鬼執行被仰付候間、此旨可被申付旨、寺社奉行江申遣之、

一、森岡主膳儀、今日、御家老職　御免願之通被仰付候、此旨当番通用可被申触候、以上、

七月十一日

御目付中

と、寺社奉行に飢饉による餓死者の施餓鬼供養が同時に命ぜられていることは興味深い。

天明四年(一七八四)八月二十日、信明は弘前に着城したが、「在国日記」同日条では、進物等の披露の後、家老と城代に会っている。その後、家老津軽内膳[21]から、江戸出立の時に申し付けておいた「役付分限手鑑」を

受け取った。翌二十一日には津軽内膳の管掌する職務について帳簿類の提出を命じている。同日以降に、信明は藩主のもとに提出される様々な書類に目を通し、時には、留め置いて精査し担当部局の説明を求めるなど精力的な活動を開始する。

とくに、「在国日記」天明四年（一七八四）八月二十一日条では、用人松浦甚五左衛門による同じく用人であった津軽多膳の家老職就任の乞いを請けている。同二十二日条では勘定奉行の入れ替えと「家老之義」を津軽内膳と協議したことが記される。こうした後に、「在国日記」天明四年（一七八四）八月二十三日条では、津軽多膳の「先賞罰之義、一統相待」つという「存寄」と、「餓死之者共之為施餓死（鬼）之義、存寄書付」、「宜敷人品相撰之義申出」が提出され、賞罰は信明から直接命ぜられたくと要望があった。信明は施餓鬼については「尤之事」と了承し、「人品相撰」についてはよくよく見極めて上申するように命じている。家臣の処罰と餓死者供養は、飢饉という未曾有の危機を招来した責任追求とその犠牲者の追悼である。災厄の根源を絶ちきり、安穏な生活を保障する者としての藩主たることを示すことに他ならず、飢饉後の家臣団から領民に至る人心を収攬し、新たな主君―支配者像を構築するための表裏一体の作業であった。賞罰・餓死者供養に加えて人材登用とが、信明の入部早々に津軽多膳との間で今後の藩政上の課題として密かに詰められていたことになる。これを実現させるには、併行して用人であった津軽多膳を家老へと昇進させ、中心的な執政者とすることが必要であった。

とくに、賞罰についてみると、「在国日記」天明四年（一七八四）八月二十六日条では、

一、彦兵衛・徳左衛門・菊太夫等之義、密々及相談候事、尤委細之義、追々決談可致事、

と、前藩主信寧のもとでの用人山田彦兵衛、勘定奉行石郷岡徳左衛門、目付建部菊太夫の扱いについて、「密々相談」をし遠からず処分を決断することが記される。さらに、「在国日記」天明四年(一七八四)八月二十九日条でも、

一、多膳ニ逢、彼三人之噂、其外四奉行人品等相尋候事、尚色々咄合候事、

と、主に津軽多膳との間で、「彼三人」、すなわち山田彦兵衛、石郷岡徳左衛門、建部菊太夫らの評判を集めただけでなく、「其外四奉行」、寺社・郡・町・勘定奉行の「人品」が尋ねられている。山田ら三人は、前家老森岡主膳による藩政主導を実務面で支えた当事者としての責任が追及されたものであろうし、「其外四奉行」はたんに人柄というよりは、行状や能力が評されたのであろう。

そして、「在国日記」天明四年(一七八四)九月十一日条で、

一、津軽多膳家老職、津軽主水手伝役、其外大勢役替申渡之、如恒例、無滞相済、
一、其外、家老とも申渡之、役替大勢有之、凡四十人余之役替なり、

と記されるように新たに津軽多膳を家老とし、津軽主水を家老手伝役とする役替えが行われた。「凡四十人余」とされるが、このとき、直接、信明の「御前」で役替えを言い渡された者は、次ページの【表1】にみられるように家老から目付までの二一人である。注目されるのは、藩主・家老などの公的な用向きを関係方面に伝え折衝して庶務を司ることを役目とする用人が三人新たに任用されていることである。前藩主の用人であった山

【表1】　天明4年9月11日の役替者

役職	氏名	付帯事項	備考
家老職	津軽多膳	領分中乗輿免許	
家老職手伝	津軽主水	領分中乗輿免許	家老次席
手廻三番組頭	西館織部	与力預	用人兼役
馬廻二番組頭	白取数馬	与力預	
馬廻四番組頭	渡辺将監	与力預	
用人	兼松七郎右衛門		
用人	工藤伝兵衛	加増50石	
旗奉行	山本三郎兵衛		
大組足軽頭	棟方角之丞	与力預	
持筒足軽頭	佐々木孫兵衛		
諸手足軽頭	貴田孫太夫	役知50石	
諸手足軽頭	大湯勘左衛門		
諸手足軽頭	唐牛三左衛門		
諸手足軽頭	笠原兵司		
長柄奉行	木村杢之助		
寺社奉行	対馬彦左衛門		
町奉行	佐々木四郎兵衛		
小姓組頭	桜庭半兵衛		
中小姓組頭	長尾新左衛門		
錠口役	都谷森甚之丞		
目付	菊池十蔵		
目付	山田永之助		

「津軽編覧日記」より作成。

田彦兵衛は、「国日記」天明三年(一七八三)十一月二十三日条で、「当年飢饉ニ而下々不安堵之所より色々令風説、御家老・御用人取扱心得不宜様申触」たとして用人兼役を解かれている。とくに、飢饉後、「下々悪ミ」によって自身も「迷惑」していること、それは「其方」の「心得違」いだけではなく、やむを得ずとった施策の結果でもあることを付言する。具体的にどのような施策であったかは判然としないが、領民の恨みを買うということからすれば、天明三年(一七八三)七月の青森町騒動等の原因となった強制的な廻米実施などの責任などを問われたとも考えられる。それだけに、いかに反森岡であっても「下々」の怨嗟の的である山田彦兵衛は信明の治政にあっても排除されなければならなかったのであろう。

そして、「在国日記」天明四年(一七八四)九月二十一日条において、

一、三人相談上申出候由ハ、此度彦兵衛・徳左衛門等ヲ吃(叱)り申付候ニ付、主膳義も何とそ沙汰無之は宜間

敷候哉之旨申出候ニ付、猶与得思慮可致旨申聞置なり、

同年九月に月番（史料上は、「用番」、以下同）家老であった津軽内膳と新たに家老となった津軽多膳、大目付高屋半左衛門ではないかと思われる「三人」が、「彦兵衛・徳左衛門等ヲ吃（呵）」ったうえは、森岡主膳についても然るべき処分を下すべきという意見を上申しているが、信明はさらに熟考するように命じている。こうした経緯の後、「国日記」天明四年（一七八四）十月三日条で、前家老森岡主膳等に対する申渡が行われる。

一、於津軽内膳宅申渡之覚

大道寺隼人
森岡金吾

森岡主膳儀、段々結構被仰付、重役も被仰付置候処、常々貪令名恣権威、近年別而奸曲ニ相募、其上去年大凶作ニ而、天災と乍申、取扱方も可有之処、無其儀人民疲労数万之死亡ニ至候儀、是全等閑之取扱、国家之大事不弁之段、不届至極被　思召候、依之重キ可被及御沙汰候得共、先祖勤功　思召、格段之以　御憐愍、知行三百石被召上、蟄居被仰付之、悴金吾江家督被下置、御手廻被仰付之、

於同所宅

牧野左次郎
山田剛太郎

山田彦兵衛儀、段々御取立被仰付、先年御用人兼役再勤被仰付候処、甚奸曲之儀共多、我意増長、全以諸人憤逆有之、御国政妨ニ被思召候、依之急度可被仰付候得共、先祖被　思召、以御憐愍、知行弐百石被召上、蟄居被仰付之、悴剛太郎江家督被下置、御留主居組被仰付之、

於夳浦甚五左衛門宅申渡

石郷岡徳左衛門

其方儀、段々結構御取立之冥加を令忘却、奸佞私曲之義多、不届至極ニ付急度被仰付候得共、先祖御奉公被思召、知行五拾石被召上、　御目見以上、　御留主居支配被仰付之、

小山内新吾

其方儀、段々結構御取立之冥加を令忘却、奸佞私曲之義多、殊当春御養方御沙汰之砌、御用之席を不憚、不敬之口上等申出、御役儀ニ不似合致方重々不届ニ付、急度被仰付候得とも、以　御憐愍、勤料被召上、御目見以上、　御留主居支配被仰付之、

建部菊太夫

其方儀、御家中御手当、物質座ともより請質取扱被仰付度旨存寄申立、被任其意置候処、却而質座共より賄賂受、或ハ請質贔屓之取計等有之、猶又青森於御用先、御時合も不弁、格別之饗応を以令旅宿、御役義不似合重々不届被思召候、急度可被及御沙汰候得共、以　御憐愍、御留主居組御役下被仰付之、

黒滝孫蔵

其方儀、結構御取立被仰付候処、近年一分不慎言行不宜、其上組中江対し依怙之取扱多、不届被思召候、急度被仰付候得共、以　御憐愍、御留主居組御役下被仰付之、

森岡主膳は病身のため嫡子の金吾が、山田彦兵衛は同じく剛太郎が申渡を受けている。森岡主膳の処罰理由は、①「常々貪令名恣権威」、権力を笠に着て、②「近年別而奸曲ニ相募」、とくに最近よこしまな行いが甚だしくなり、③「其上去年大凶作、天災と乍申、取扱方も可有之処、無其儀人民疲労数万之死亡ニ至候儀」、天明飢饉に有効な対処をとることができず数万の「人民」を餓死させたことである。「国家之大平」を顧みないこれらの行為によって「不届至極」とされている。一方、山田彦兵衛は①「甚奸曲之儀共多」し、②「我意増

長」し、③「今以諸人憤逆有之、御国政妨ニ被思召候」とされる。「奸曲」は具体性を欠き、いわば処罰される理由の常套句であり、むしろ注目するべきは、③今もなお人々の怒りを買っている、彦兵衛の存在そのものにある。主膳が飢饉の直接の責任、いわば過去の所為を問われたのに対して、彦兵衛は今後の藩政を進める上での支障と判断されているのである。

次ページ以降の【表2】は、天明三年（一七八三）七月から同五年（八五）十二月までの役方と番方の主要な役職の月番であった者を一覧している。これをみると、家老では天明三年（一七八三）七月から十一月までは月番制で添田儀左衛門と森岡主膳が交代しているが、十二月からは月番制が崩れ、天明四年（一七八四）四月に体調不良を訴えて自ら身を引くまで、森岡主膳が月番を独占している。これは、十一月十六日に添田が江戸登りを命ぜられ、十二月二日に出立したからである。当時の家老は添田・森岡のほかには棟方作兵衛・津軽内膳が務めていたものの、月番としては名を見ることができない。

天明三年（一七八三）七月までは青森・鰺ヶ沢からの大量の廻米がなされており、七月に入ると廻米の中止と町中への払い下げが度々訴願されている。一方で、米価騰貴を背景とした有力町人の買い占めが行われていた[25]。そして、十九日には青森町騒動が起こるに至っている。この間の社会状況について、「津軽編覧日記」天明四年（一七八四）閏正月条では在方や弘前で盗賊が跋扈し放火も絶えないとしている。それに飢民が関与するなどして治安は著しく悪化していた。その度重なる火事は「御国中既ニ退転にも及可申と存る程の事」とまで言われ、「右非人・盗賊・火事ハ卯（天明三年）之年秋より辰（天明四年）ノ年春先まて如此ニ有之候」とされる。つまり、森岡が月番の家老職を独占していた時期は、飢饉が深刻化し、それが江戸藩邸に知れたことから体調を理由として家老職を退くまでであった。「取扱方も可有之処、無其儀人民疲方数万之死亡ニ至」ったとされる所以である。こうした、大量の廻米強行について、『平山日記』ではその責任は森岡と用人山田彦兵衛、および江戸での出頭人

12月	天明4年1月	閏1月	2月	3月	4月
森岡主膳	森岡主膳	森岡主膳	森岡主膳	森岡主膳	森岡主膳
喜多村監物	松浦甚五左衛門	津軽多膳	喜多村監物	松浦甚五左衛門	津軽多膳
高屋半左衛門	吉村場左衛門	高屋半左衛門	吉村場左衛門	高屋半左衛門	吉村場左衛門
対馬武左衛門	秋元金九郎	対馬武左衛門	秋元金九郎	対馬武左衛門	秋元金九郎
対馬久米次郎	館美文内	三上理左衛門	佐々木又八	工藤忠次	対馬久米次郎
成田保次郎	対馬彦左衛門	成田保次郎	対馬彦左衛門	成田保次郎	対馬彦左衛門
三橋勘之条	小山内新吾	湯元弥五右衛門	笹角之丞	石郷岡徳左衛門	三橋勘之丞
佐々木四郎兵衛	傍島源八郎	三上常左衛門	石岡角兵衛	土岐唯八	建部菊太夫
津軽文蔵	杉山千吉郎	山田彦兵衛	津軽文蔵	山田彦兵衛	津軽文蔵
棟方作之助	溝江伝左衛門	小山内新左衛門	棟方十左衛門	溝江伝左衛門	小山内新左衛門
藤田庄助	白取数馬	藤田庄助	白取数馬	藤田庄助	白取数馬
佐藤幸次郎	工藤源蔵	佐藤幸次郎	工藤源蔵	佐藤幸次郎	工藤源助
大湯市兵衛	館山源右衛門	大湯市兵衛	館山源右衛門	大湯市兵衛	館山源右衛門
山本三郎左衛門	牧野左次郎	戸田次左衛門	山本三郎左衛門	牧野左次郎	戸田次左衛門
戸田次左衛門	高倉主計	進藤太郎左衛門	棟方角之丞	高倉主計	進藤太郎左衛門
秋元杢右衛門	館山善兵衛	竹内渡人	足立三蔵	山野十右衛門	渡辺将監
八木橋勘右衛門	馬場郷左衛門	貴田孫兵衛	米橋甚右衛門	馬場郷左衛門	貴田孫太夫
大湯勘左衛門	石山喜兵衛	佐藤理兵衛	大湯勘左衛門	石山喜兵衛	佐藤理兵衛
津軽外記	田中宗右衛門	山野十右衛門	渡辺将監	間宮求馬	竹内渡人
久保田甚八	後藤理右衛門	後藤理右衛門	堀忠八郎	笠原兵司	木村広之助

11月	12月	天明5年1月	2月	3月	4月
津軽主水	津軽多膳	津軽主水	津軽多膳	津軽主水	喜多村監物
兼松七郎右衛門	工藤伝兵衛	西館織部	喜多村監物	松浦甚五左衛門	西館織部
高屋半左衛門	戸田次左衛門	高屋半左衛門	戸田次左衛門	高屋半左衛門	戸田次左衛門
秋元金九郎	対馬武左衛門	秋元金九郎	対馬彦左衛門	秋元金九郎	対馬彦左衛門
菊池寛司	三上理左衛門	佐々木又八	増田三左衛門	対馬久米次郎	佐藤官蔵
成田保次郎	佐々木四郎兵衛	成田保次郎	佐々木四郎兵衛	成田保次郎	佐々木四郎兵衛
笹角之丞	相馬作左衛門	廻間新助	三橋勘之丞	野呂登	柿崎藤四郎
大道寺靱負	石郷岡善左衛門	菊池十蔵	山田永之助	豊島勘左衛門	野上甚五右衛門
津軽文蔵	棟方十左衛門	津軽文蔵	棟方十左衛門	津軽文蔵	棟方十左衛門
高倉主計	白取数馬	渡辺将監	溝江伝左衛門	高倉主計	白取数馬
佐藤幸次郎	藤田荘助	佐藤幸次郎	山野十右衛門	藤田庄助	佐藤幸次郎
工藤源蔵	山本三郎左衛門	工藤源蔵	山本三郎左衛門	工藤源蔵	山本三郎左衛門
大湯市兵衛	館山源右衛門	大湯市兵衛	館山源右衛門	大湯市兵衛	館山源右衛門
棟方角之丞	牧野左次郎	津軽外記	棟方角之丞	牧野左次郎	津軽外記
佐々木孫兵衛	進藤太郎左衛門	堀五郎左衛門	佐々木孫兵衛	進藤太郎左衛門	堀五郎左衛門
笠原兵司	貴田孫太夫	大湯五左衛門	大道寺隼人	足立三蔵	馬場郷左衛門
八木橋甚右衛門	馬場郷左衛門	対馬武左衛門	八木橋甚右衛門	石山喜兵衛	対馬武左衛門
木村杢之助	石山喜兵衛	佐藤理兵衛	木村杢之助	間宮一学	佐藤理兵衛
大湯五左衛門	唐牛三左衛門	笠原兵司	馬場郷左衛門	大道寺隼人	田中宗右衛門
沢用次郎	館山興助	毛内有右衛門	須藤勝司	栗山太内	田中幸左衛門

【表２】　天明３年７月～５年12月の主要月番役人

役職	天明３年７月	８月	９月	10月	11月
家老	添田儀左衛門	森岡主膳	添田儀左衛門	森岡主膳	添田儀左衛門
用人	喜多村監物	松浦甚五左衛門	山田彦兵衛	喜多村監物	松浦甚五左衛門
大目付	吉村場左衛門	高屋半左衛門	吉村場左衛門	高屋半左衛門	吉村場左衛門
寺社奉行	秋元金九郎	対馬武左衛門	秋元金九郎	対馬武左衛門	秋元金九郎
郡奉行	工藤忠次	[illegible]	三上理左衛門	佐々木又八	工藤忠次
町奉行	対馬彦左衛門	成田保次郎	対馬彦左衛門	成田保次郎	対馬彦左衛門
勘定奉行	黒石弥右衛門	小山内新吾	湯元弥五右衛門	笹角之丞	石郷岡徳左衛門
目付	三上常左衛門	佐々木四郎兵衛	小山五左衛門	小山内安左衛門	斉藤小左衛門
手廻組頭	杉山千吉郎	津軽文蔵	杉山千吉郎	津軽文蔵	杉山千吉郎
馬廻組頭	[illegible]	小山内新左衛門	溝江伝左衛門	[illegible]	小山内新左衛門
留主居組頭	白取数馬	藤田庄助	白取数馬	藤田庄助	白取数馬
旗奉行	工藤源蔵	佐藤幸次郎	工藤源蔵	佐藤幸次郎	工藤源蔵
持鑓奉行	館山源右衛門	大湯市兵衛	館山源右衛門	館山源左衛門	館山源右衛門
大組足軽頭	[illegible]	山本三郎左衛門	[illegible]	堀五郎右衛門	[illegible]
御持筒足軽頭	高倉主計	棟方角之丞	戸田次左衛門	堀五郎右衛門	棟方角之丞
諸手足軽頭	渡部将監	間宮求馬	佐々木孫兵衛	津軽外記	[illegible]
城附足軽頭	馬場郷左衛門	貴田孫太夫	八木橋勘右衛門	馬場郷左衛門	貴田孫太夫
長柄奉行	石山喜兵衛	佐藤理兵衛	大湯勘左衛門	石山喜兵衛	佐藤理兵衛
青森在番	間宮求馬	足立三蔵	館山善兵衛	秋元杢右衛門	近藤太郎左衛門
青森目付代	堀忠八郎	長尾新左衛門	豊島勘左衛門	北原斎	黒滝助右衛門

５月	６月	７月	８月	９月	10月
津軽内膳	津軽内膳	津軽内膳	津軽内膳	津軽内膳	津軽多膳
松浦甚五左衛門	津軽多膳	松浦甚五左衛門	吉村場左衛門	津軽多膳	松浦甚五左衛門
高屋半左衛門	戸田治左衛門	高屋半左衛門	戸田次左衛門	高屋半左衛門	戸田次左衛門
対馬武左衛門	秋元金九郎	対馬武左衛門	秋元金九郎	対馬武左衛門	対馬彦左衛門
館美文内	三上理左衛門	佐々木又八	工藤忠次	対馬久米次郎	館美文内
成田保次郎	対馬彦左衛門	成田保次郎	対馬彦左衛門	成田保次郎	佐々木四郎兵衛
小山内新吾	湯元弥五右衛門	笹角之丞	石郷岡徳左衛門	黒石弥右衛門	小山内新吾
小山五左衛門	大道寺靭負	小山内安左衛門	建部菊太夫	斉藤小左衛門	傍島源八郎
山田彦兵衛	津軽文蔵	棟方十左衛門	山田彦兵衛	対馬文蔵	棟方十左衛門
棟方十左衛門	溝江伝左衛門	小山内新左衛門	高倉主計	溝江伝左衛門	小山内新左衛門
藤田庄助	白取数馬	藤田庄助	白取数馬	藤田庄助	藤田庄助
佐藤幸次郎	工藤源助	佐藤幸次郎	工藤源蔵	佐藤幸次郎	山本三郎兵衛
大湯市兵衛	館山源右衛門	大湯市兵衛	館山源右衛門	大湯市兵衛	館山源右衛門
山本三郎左衛門	[illegible]	津軽外記	山本三郎左衛門	[illegible]	津軽外記
棟方角之丞	堀忠八郎	進藤太郎左衛門	棟方角之丞	進藤太郎左衛門	堀忠八郎
間宮求馬	佐々木孫兵衛	[illegible]	竹内渡人	山野十右衛門	唐牛三左衛門
八木橋甚右衛門	馬場郷左衛門	貴田孫太夫	米橋甚右衛門	馬場郷左衛門	対馬武左衛門
大湯勘左衛門	石山喜兵衛	佐藤理兵衛	大湯勘左衛門	石山喜兵衛	佐藤理兵衛
秋元杢右衛門	山野十左衛門	足立三蔵	佐々木孫兵衛	[illegible]	貴田孫太夫
唐牛三左衛門	杉山友蔵	長尾新左衛門	喜多村鉄之助	須藤半三郎	山中専蔵

「国日記」より作成。

A	●●●●●●	家老森岡主膳と執政体制の主要構成者
B	●●●●●●	家老津軽内膳と執政体制の主要構成者
C	○○○○○○	家老津軽多膳と「賢才之者」
D	○○○○○○	信明体制下で主要な役割を果たす者

であった用人大谷津七郎によるものとして、「大森山を打倒度」（大谷津・森岡・山田）などという落首があったことを記している。

【表2】のうち、Aは「国日記」天明四年（一七八四）十月三日条で前家老森岡主膳に連座する形で処罰された者である。勘定奉行であった石郷岡徳左衛門と小山内新吾はいずれも「奸佞私曲」とされるが、小山内は別に「当春御養方」の協議において、「御用之席を不憚、不敬之口上等申出」たことが咎められている。その内容は不明であるが、家老・用人など誹謗する内容を含んだと思われる。また、「国日記」天明四年（一七八四）三月十日条で森岡主膳は「御用御取扱」を城代津軽主水に任せるよう命ぜられたが、翌四月まで月番家老であったことが分かる。その後、月番家老を務めたのは津軽内膳であった。Bに示したように、主膳同様に独占的に月番を勤め、さらに勘定奉行に小山内新吾・石郷岡徳左衛門、目付には建部菊太夫、番方の筆頭とも言うべき位置に用人を免ぜられた山田彦太夫と、のちに森岡主膳に連座して処罰される者たちをそのまま起用している。このことは、内膳の執政が主膳時代の延長に過ぎなかったことをうかがわせる。それは商業統制の要となっている家中知行米や津出来の管理を独占する用達商人との癒着という点でも共通する。

さきにみたように、信明は入部以前、「国日記」天明四年（一七八四）七月十一日条で、天明飢饉時の家老であった森岡主膳の役職を免じた。同時に、飢饉による死者の施餓鬼を革秀寺（曹洞宗、藩祖為信追善のため建立）と本行寺（日蓮宗）に命じている。さらに、「在国日記」天明四年（一七八四）九月六日条では、

11月	12月
喜多村監物	津軽内膳
海老名弥門	西館織部
高屋半左衛門	戸田次左衛門
秋元金九郎	対馬彦左衛門
佐々木又八	増田三左衛門
成田保次郎	佐々木四郎兵衛
湯元弥五右衛門	相馬作左衛門
山田永之助	傍島源八郎
津軽文蔵	棟方十左衛門
溝江伝左衛門	小山内新左衛門
山野十右衛門	藤田庄助
工藤源蔵	山本三郎左衛門
大湯市兵衛	館山源右衛門
棟方角之丞	牧野左次郎
佐々木孫兵衛	進藤太郎左衛門
大湯五左衛門	大道寺隼人
八木橋甚右衛門	石山庄兵衛
木村杢之助	間宮一学
笠原兵司	馬場郷左衛門
須藤半七郎	館山與助

5月	6月	7月	8月	9月	10月
津軽多膳	喜多村監物	津軽主水	喜多村監物	津軽内膳	津軽主水
松浦甚五左衛門	西館織部	松浦甚五左衛門	西館織部	松浦甚五左衛門	吉村場左衛門
髙屋半左衛門	戸田次左衛門	髙屋半左衛門	戸田次左衛門	髙屋半左衛門	戸田次左衛門
秋元金九郎	対馬彦左衛門	秋元金九郎	対馬彦左衛門	秋元金九郎	対馬彦左衛門
三上理左衛門	佐々木又八	増田三左衛門	対馬粂次郎	佐藤官蔵	三上理左衛門
成田保次郎	佐々木四郎兵衛	成田保次郎	佐々木四郎兵衛	成田保次郎	佐々木四郎兵衛
湯元弥五右衛門	相馬作左衛門	廻間新助	三橋勘之丞	野呂登	梯崎藤四郎
三上常左衛門	土岐唯八	小山五左衛門	石岡角兵衛	石郷岡善左衛門	大道寺靭負
津軽文蔵	棟方十左衛門	津軽文蔵	棟方十左衛門	津軽文蔵	棟方十左衛門
渡辺将監	溝江伝左衛門	小山内新左衛門	高倉主計	白取数馬	渡辺将監
山野十左衛門	藤田庄助	山野十右衛門	藤田庄助	山野十右衛門	藤田莊助
工藤源蔵	山本三郎左衛門	工藤源蔵	山本三郎左衛門	工藤源蔵	山本三郎左衛門子
大湯市兵衛	館山源右衛門	大湯市兵衛	館山源右衛門	大湯市兵衛	館山源右衛門
棟方角之丞		津軽外記	棟方角之丞		津軽外記
佐々木孫兵衛	進藤太郎左衛門	堀五郎左衛門	佐々木孫兵衛	進藤太郎左衛門	堀五郎左衛門
竹内渡人		間宮求馬	笠原兵司	唐牛三左衛門	貴田孫太夫
八木橋甚右衛門	石山喜兵衛	対馬武左衛門	米橋甚右衛門	石山喜兵衛	対馬武左衛門
木村杢之助	間宮一学	佐藤理兵衛	木村杢之助	間宮一学	佐藤理兵衛
間宮求馬	竹内渡人	貴田源太夫	大湯五左衛門	足立三蔵	唐牛三左衛門
館美文内	笹森清左衛門	喜多村平十郎	杉山源吾	黒石文弥	山屋八三郎

一、此度致下向候ニ付、在々餓死之者供養可申付候間、委細以書付及相談候処、至極宜敷可有之候由ニ付、明日夫々可申付旨、尚清書ヲ相渡し可申付旨申付置候事（原文は二行分かち書き）「右供養ハ側廻之者在々へ差出、死骸ヲ取片付させ其村々寺ニて弔申付候事、委ハ別ニ記ス」、

弘前の寺院での施餓鬼供養に加え、「在々」での餓死者供養が申し付けられている。それは、「側廻之者」を巡回させ、未だ残る死体の取り片付けと村々寺院での追善を内容としている。さらに、「在国日記」天明四年（一七八四）九月十日条では、

一、此度在々餓死之者を弔并其村々之様子を見聞致候様、某名代に近習小性より差出候に付、藤田小三郎・戸沢元吉、右両人罷出候様ニ可申付旨、久蔵江申付候事、

「側廻之者」は信明の名代として餓死者の追善供養を行

うのであり、さらにそれは「其村々之様子を見聞」する役割を与えられていた。飢饉後の殺伐とした在方の状況把握も兼ねていたのである。そのために、名代として遣わされる「側廻之者」には信明にもっとも近く奉公し、その警護と、枢機に与った近習小姓二名が任ぜられている。

「国日記」天明四年（一七八四）九月十二日条では、まず「覚」の形で「御自筆書付之写」が示される。この度の帰国は「人民」を思ってのことであるが、生者は以降、「恩恵」に与かることもできるが、死者はそれもならない。信明自ら、巡見し「吊」＝弔うべきであるが、飢饉後の疲弊した状況では却って負担となるので名代を遣わすとしている。

一、去年大凶作ニ付御郡内之人民及飢渇、死亡之者共数万人有之旨、達御聴ニ不便ニ被思召、於其所々此度御追善御供養被仰付為　御名代、御側より戸沢元吉・藤田小三郎両人被差出候ニ付、九浦并在方江被仰出候書付、左之通、

在浦々江　御自筆御書付之写

覚

此度之下向は全人民之為而已ニ而種々心を労候へ共、手段も届兼心外ニ候、併時節柄無拠次第ニ候、扨是迄生存居候者共は此上如何様之恩恵も可受候得共、致死亡候ものともハ此上恩恵ニも不預事、不便至極令痛心候、依而某在々巡見致し直ニ吊遣度候へ共、左候而は諸事差支も多、殊ニ疲候人馬、却而痛ニなり、諸人之ためにも不成事ニ存候、仍而側廻り之内能々心懸、某之意を得心居候ものを撰ミ為名代差出、彼等へ申含遣し、能々取扱せ可申候、最早片付置候分は其所之寺共江申付夫々吊遣し、未タ不取片付分は差障不相成様人夫等申付片付させ、寺僧読経等も夫々取計可申付候、其村其所ニ生

存居候施主、又は同村之もの共ニ而も其節罷出焼香可為致候、其上生存居候者とも江様子共ニ与得致見聞候様ニ申付候間、相尋次第、不寄何事、逐一ニ可被申聞候、尚又申付候筋も可有之候間、申付之通、堅ク相守可申候、

右之通相心得、寺僧并土民浦々之者共江も夫々申渡置、与得書付之意得心致し居候様可申触候也、

九月

在浦々之者共江

このほか、九月付の「御意之覚」では前述の「覚」の徹底を図っている。また弘前でも「去冬より当夏迄」、長勝寺（曹洞宗）・報恩寺（天台宗）と本行寺・革秀寺で餓死者の供養を、慈恩院（黄檗宗、現在廃寺）にも金四五両下賜し、餓死供養を申し付けている。さらに「死亡之者共江御意被下置候趣」とされる「覚」では、近習戸沢元吉・藤田小三郎を名代とするので、信明の「実心」を理解して成仏するように記している。「存生之者共へ」とされる「覚」では、飢饉を生き抜いたことを幸せとして、撫育が行き届き兼ねても「無道」な行いをすることなく、「此国名を汚」すことのないように求めている。

これに続く一連の「覚」のなかで、信明は天明飢饉による死者を「男女合八万千七百人余」と把握しているが、死者はこの時点でも放置され山野に骸をさらしている者も多く、それらを集めて弔うこととしている。その上で、「生存居候者とも」に現在の有様や事情を聴取し、飢饉後の状況の把握に努めるので、包み隠さず申し述べるように命じている。すなわち、この近習小姓による領内への「吊」＝弔いは、①未だ山野に散在する餓死者の取り片付けと供養、②生存者の慰撫と状況把握、を直接の目的としているが、それを通じて③信明の「実心」を理解させ、混乱に乗じて「無道」な行いをしないこと、すなわち権威と秩序の回復を、信明という

藩主への帰服によって集中的に実現することを目的としたのである。それだけに、④怨嗟の的となり、権威の失墜を招いた森岡主膳の排除は同時に進める必要があった。入部以前の「国日記」天明四年（一七八四）七月十一日条で、施餓鬼執行と森岡主膳の家老職御免願いが一体となった目付触として周知されたのは、そうした信明の治政開始にともなう意志表明でもあったことになる。

それでは、この領内への「吊」＝弔いはどのように行われたのであろうか。「津軽編覧日記」天明四年（一七八四）十月条では、同月十八日に戸沢元吉・藤田小三郎が手附足軽二人を連れ、弘前を出立した。巡視先で寺庵があればそこに近郷に散乱した遺骨を取り集め、卒塔婆を建て供養を申し付け、金百疋宛を布施とした。寺庵等がない場所については散在していた遺骨を一か所に集め穴を掘って埋葬したという。そして、廻村した先で願等がある場合はそれを差し出させ、代官や手代等から統治の仕方を詳しく聴取していった。そして、十一月二十七日に弘前に戻っている。「在国日記」天明四年（一七八四）十月二十四日条では、前日夜に藤田小三郎と戸沢元吉が帰着したので、信明は四時過ぎに両人を召し出し様子を尋ね、「在々より差出候願書等、則差出受取置」いたことが記される。信明にとって、重要だったのは、両人がもたらした領民の関心の所在と解決を図らなければならない諸課題が何であるのかを把握することにあったと言えよう。

信明による「吊」＝弔いは、どのように領民に認識されたのであろうか。「平山日記」天明四年（一七八四）十月条では、藤田小三郎・戸沢元吉は各組ごとに寺院がある村に卒塔婆を立て、その前で先述の信明の「死亡之者共江御意被下置候趣」とされる「御自筆」の「覚」を読み上げた。それは、「御仁愛之程難有事、甚奉感称けり」と記される。死者を悼み、生者に救済への希望を与え、同寺に領民に危難をもたらした為政者を排除することで治者としてのあるべき姿を示すことに一定度は成功したと言えよう。

信明によるこうした治者としての領主像の再生は、元禄八年（一六九五）の飢饉の際の四代藩主信政による領内廻郷を意識してのものであろう[26]。元禄九年(一六九六)六月、帰国した藩主信政は、ただちに餓死者の供養と称し、七日間にわたり「無縁御仏御法事」を命ずるとともに、帰国直後(六月四日)家中扶持米渡しの削減を緩和し、同時に当時の藩政の実務者＝本締役を更迭(八月二十六日)し、藩当局者の交替を以って、権力そのものへの批判をそらしている。それらは、信明が初入部に先立ち取った餓死者供養、四合扶持の緩和、執政者森岡主膳の召し放ちに符合する。信明は、中興の明主とされた信政に傾倒していたとされるが、まさに信政の施策を再現していた。信政はこの間、八月二十一日から被害が甚しかった新田地帯の廻郷を行った。廻郷を含む藩主の一連の行動は、「仁政」者像の再構築の基点としての意味がある。ただし、信政は元禄九年(一六九六)にはすでに藩主となって四〇年を数え藩政の実権を把握していたのに対して、信明は藩主となったのは天明四年(一七八四)一月で初入部すらしておらず、藩政の掌握は完全ではなかった。こうした状況で、荒廃した領内を自ら廻郷することは到底不可能であるという判断から近習による廻郷となったのであろう。

四、津軽内膳の失脚と津軽多膳の台頭

森岡主膳と大谷津七郎との癒着は、津軽内膳と宮崎源兵衛という形で再現される。「国日記」天明四年(一七八四)七月十一日条では、「数十年御用達勤方致出情」してきた宮崎忠兵衛が、老齢のため実子源兵衛に「御用達手伝」を申し付けられたいとの願が出されている。なお、この時、宮崎久太郎・松山久蔵も「御用達手伝」を申し付けられている。ただ、「国日記」天明四年(一七八四)八月二十八日条では、町奉行が同じく「御用達手伝」に任命された藤田忠三郎ともども「御年始　御目見」を許されるよう、月番家老津軽内膳に願い出たところ、源兵衛のみが許され、忠三郎は許されなかった。源兵衛が用達手伝のなかでも優遇されていたことが知

られる。

この間の両者の具体的な関わりを示す史料は現時点では見出せていない。しかし、「在国日記」天明四年（一七八四）九月二十四日条では、

一、三上常左衛門江逢、用達手伝宮崎源兵衛、内膳へ懇意ニ館入致候ニ付、諸事権威を取勤向不宜候ハ、外々之障ニも相成、往々相募候得而ハ為合に不可然旨申出候事、

とあり、宮崎源兵衛は内膳との「懇意」の関係を利用して「館入」したとしている。「館入」は、銀主としての意味もあるが、ここでは用達手伝となり、藩財政との関わりをもったことを指していると思われる。すでにこの時点で、内膳との「懇意」の関係を笠に着ての、「諸事権威を取」る行為は問題となっていた。「在国日記」天明四年（一七八四）十月十二日条には、「○宮崎源兵衛之義申聞候事、尚及相談事、」と、信明が宮崎源兵衛について相当の疑いの目を向けていると想像させる記述があり、十三日条にはより明確に

一、棟方十左衛門罷出、逢願候ニ付、於山水之間逢候処、葛西縫右衛門人柄之義、用達宮崎源兵衛佞姦之義并野呂登取用義存念申出候事、尤調控一通差出、受取留置、

と、「佞姦」、口先巧みに従順を装いながら心中はよこしまな者として捉えられている。十五日条では館山源右衛門が大坂蔵元との取組に家老を大坂に派遣する経費調書を提出した際にも源兵衛について尋ね、「以之外不宜旨」との答えを得ている。

この結果、「在国日記」天明四年（一七八四）十月十六日条では、

一、用達手伝宮崎源兵衛義、段々聞糺候処、甚以佞姦邪顕之者にて、当時彼壱人ニて差働、下々殊之外疑惑ヲ生し、此節弥以金銭之融通致閉塞候由、扨々某折角昼夜令心労候所、左様之者、下ニ有之相妨、存念も下江不通、甚以不届至極存候、其方共も此場合左様之義心付も可有之事、如何相心得候哉、且又其方共之為にも不宜候義、早速用達手伝取上、急度可申付候旨申上ニて、三人江申渡候所、内膳別而恐入候段申出、多膳申出候ハ最初私江も内談有之候ニ付、可然旨同心仕候所、其節左様之義も相聞へ候ニ付、相談之上相伺可申候所、被仰出候趣無相違、恐入候段申出、尚其上、左様之義無之様互ニ申合可相勤旨申付候事、

（二条略）

一、八時過、夕飯、八半時迄、多膳へ逢、願申出、即刻於四季之間逢候処、先刻申渡之源兵衛義、申付方如何可申付候哉之旨申出候間、唯勤方不宜之間、用達引取申付候様申付候事、尤急度申付候へハ追放等ニてハ又却而町家人気ニも拘り可申候間、一通ニ申付可然旨申付候事、

とされている。源兵衛は「甚以佞姦邪顕之者」であり、それは①「当時彼壱人ニて差働、下々殊之外疑惑ヲ生し」ていることによる。②金銭の融通が滞り、信明自身が日夜心を砕いているのにもかかわらず、用達手伝として独断専横に振る舞うことで、③上意が正しく下達されないことへの苛立ちであるとも言えよう。そして、源兵衛の更迭について、「其方共」とされる「三人」、すなわち家老の津軽内膳・津軽多膳・津軽主水に申し渡している。内容は不明ながら、これがたんなる申し渡しでなかったことは、津軽内膳と多膳の返答によって知

ることができる。内膳は「別而恐入候段申出」たのみであるが、多膳は源兵衛から最初に「内談」があり、その時には「可然旨同心」したが、「其節左様之義も相聞へ候ニ付」、つまり宮崎源兵衛の悪評を聞き、信明に伺いを立てようとした時に申し渡しを受けたとしている。そして、「尚其上、左様之義無之様互ニ申合可相勤旨申付候事、」としている。

とくに、津軽内膳の素っ気ない対応は、内膳が森岡主膳失脚以前から「国日記」天明四年（一七八四）一月八日条に「一、此度津軽内膳儀、御繰合就御用、江戸・上方登被仰付罷登候処、去ル七日到着、早速翌八日、津軽屋三右衛門呼上、於御屋形、御家老并御用人中勘定奉行列座之上、別紙之趣、内膳申渡」と記されるように、御用金調達を通じて藩内外の蔵元や用達との関わりを強くもっていたことによろう。こうした関係は、飢饉にも関わらず廻米を行った森岡内膳執政期の家老森岡主膳―用人大谷津七郎―郡・勘定奉行などの実務グループ―用達山本四郎兵衛という癒着の構造に通じている。それだけに、津軽内膳―宮崎源兵衛の結びつきは、従来の蔵元や銀主との交渉の継続性や財政方としての能力からも、源兵衛が信明の意に反する人物であっても解消することはなかった。内膳の実権が続く限り、源兵衛はその地位を失うことはなかったのである。実際、「津軽編覧日記」天明五年（一七八五）九月条では、同二十日に用達「惣座頭」に任ぜられ、御米方への毎日の出仕が命ぜられている。そして、同天明六年二月四日条では「御繰合御用」のため、勘定奉行館美文内・御用達手伝町人宮崎源兵衛・町人山本四郎兵衛が酒田へ向かい、天明四年（一七八四）に同地で才覚した米・金の取扱協議と廃田開発の資金獲得を図っている。

この間、家中には四合扶持の支給が続いていたが、「国日記」天明五年（一七八五）九月二十八日条では、「一、去々年大凶作ニ付、御家中四合扶持被仰付候処、当年より三歩一渡之通被仰付候義、今日、一役壱人江御家老被仰渡候書付」が示され、四合扶持から「三歩一渡」となっている。その理由について、「当春ニ至り急ニ御米賦御不都合之筋」となり、江戸・大坂への廻米ができなくなった。このため、藩財政補填分の一部を取り崩して家中の救済に充て、「以　御仁恵格段之」って「三歩一御借方渡之通被仰付」れるとしている。つまり、「三歩一渡」とは、知行・扶持米の三分の一の借り上げへの緩和を意味する。しかし、「渡方之儀」は「御検見相済次第渡方申付」るものであった。つまり、知行高ではなく、実収高に対してであって、現実的には飢饉以来、農業生産が不安定な状況にあっては知行高の三分の二の収量の確保が「四合扶持」よりどれほどのメリットがあったのかは不明である。

こうした藩の対応がどのように藩士層に受けとめられていたのかを示すものに、「津軽編覧日記」天明六年二月条に記される落書がある。二月二十三日朝、東長町橋詰洗湯屋の際の矢来に、「宮崎源兵衛を切殺可申旨、其外様々の事書候由」の張り紙があったという。そして、同天明六年の二月中の落書とされるものは長文であり、社会状況の一端に触れながらの藩政批判となっている。その概要は次のようである。

信明は、「聖君」として記されるが、森岡主膳などの「佞悪人」を排し「正道」に戻すことを図るものの、「不作」のため却って家中は逼塞するなど期待外れであったことを揶揄する。そして能力のある者を抜擢し、蔦にかけた「津多」（津軽多膳）を頼り善政を謳うが、しかしそうした信明の申し渡しを「津内」（津軽内膳）は「耳へと鼻へと聞」き流している。「津内」は「上方才覚はんたん（万端）」を取り仕切っているが、財政の悪化に仮病を使って江戸に滞在し続け、折を見ての帰国を企んでいる。その「津内」は「寸善尺（魔）」、すなわち、良いことが少なく悪いことばかりが多い「宮崎親子」（忠兵衛・源兵衛）と結託し、財政立て直しの許しを得て、あわよくば信明の不興を買っている「源兵衛」を復権させ「我等と二人りが自由にしやうなら、国中挙て随ひなびかん」としようとしたとしている。落書のなかで「源兵衛」と同等に指弾される人物として「源八」がいる。「在国日記」天明六年（一七八六）十一月二十七日条では宮崎源兵衛の処罰に連座して、「秋田屋吉左衛門・

工藤源八抔も同様相勤候者」とある。このため、「源八」は用達である「源兵衛」と結びついて上方・酒田などでの調達にあたっていた城下町人と考えられる。

そして、「三歩一渡り」は「お江戸の仰」せであり、「お上」の事情も斟酌せず「一統悦び」ているが、よくよく考えれば「もつちへねへ（勿体ない）」ことである。しかも、江戸と国元との指示が齟齬してしまい、その判断は「津内」がするので、廻米も、田畑打ち起こしの資金の上方・酒田での調達も実はうまくいってはいない。まるで、「津内」に「森主」（森岡主膳）の霊魂が乗り移ったようである。なので「森主」のように「要めの一言」を言われない前に「退役・隠居」を図った方が良い、としている。

ここでは、藩政をめぐって信明―津軽多膳という路線と津軽内膳―宮崎源兵衛―工藤源八・（秋田屋吉左衛門）という路線が併立しており、後者が上方や酒田で財政補填や廃田復興のための金銭の調達に当たっていたことが分かる。しかし、それは上方への借財に依存するという森岡主膳執政期と何ら変わらないものであった。当然こうした借財には、その引当としての米穀が必要であり、飢饉後の安定しない生産状況下では、「国日記」天明五年（一七八五）九月二十八日条でみたように廻米中止となり行き詰まることとなった。このため、廻米に当てられる米穀一部を家中への扶持米に充当して、廻米量確保のための四合扶持から「三分一渡り」（知行米・扶持米の三分一借り上げ）となったと考えられよう。このことから、「もつちへねへ（勿体ない）」という表現がされているのであろう。

「津軽編覧日記」に収録された落書は、藩政をめぐる人間関係に詳しく、また内容から見て家中によるものと考えられる。そうした家中の執政者への不信は、家中秩序の緩みとなって現れた。「国日記」天明六年（一七八六）三月五日条の大目付触は、天和・貞享年中に家老・用人が往来の際、出会った家中に「無礼緩怠」の行いがないよう申し渡し、また宝暦十二年（一七六二）にも家中やその二男・三男の無礼を咎めたが、近年、またまた不心得の族があり、甚だ不埒の至りであるとして厳しく糺明することとしている。その背景には、家老・用人、具体的には津軽内膳—宮崎源兵衛という執政者とその結託者への無言の批判があり、そうした家中以下の「無礼緩怠」な行いとなったと考えるべきであろう。そして、後述するように、天明四年（一七八四）段階で毛内宜応から提出された家臣団の存在形態を抜本的に変革することで現実に対処しようとした「土着」—「在宅」制を積極的に評価する信明—津軽多膳と従来の借財による財政補填策による藩政運営を図る津軽内膳という異質な二つの路線は、借財策の行き詰まりによって併立から対立関係へと転化していく。それは森岡—大谷津—山田—山本という執政者と特権商人の癒着の構造の再現として怨嗟のまととなっていたことと相俟って、天明六年（一七八六）九月に内膳の失脚と宮崎源兵衛の処罰に結果した。

「国日記」天明六年（一七八六）九月十六日条で信明は、内膳の「当役職」（家老）を召し放ち、閉門に処している（ただし、内膳病気のため名代溝江伝左衛門に申し渡し）。

一、於添田儀左衛門宅、申渡之覚

津軽内膳名代
溝江伝左衛門

津軽内膳儀、近来取扱向　思召不相叶筋共有之候得共、従　御先代様重役も被　仰付候事故被遊御用捨、御手篤御取扱、其分被差置候処、去秋以来取扱向存寄も有之趣ニ而諸事一存ニ引担、御米金御登せ方等之儀、兼々急度申出候趣ニ付相違も無之義と被　思召候、且去々年は凶作後故、人民疲居候上之儀、無拠訳合共ニ而　御用捨向も有之、御収蔵減石相成、当御登せ穀之儀も御役人共一統評議被仰付候得共行届兼候処、其節は兎や角難渋共申出、不届之申分も有之候得共、其侭被打捨置候、依之去年之処、嘸取扱向行届

可申儀と被　思召候処、種々不取扱ニ而一向申分存寄共相違ニ相成、誠ニ不埒至極、右に付諸銀主気向ニ相抱り、必至と　御危難に至候段、不届至極被　思召候、其上去年御請書被差出候節、不法之儀共申出、諸事時不相待旨ニ而伺も不致、我儘取計、尚又一旦御退被差置候者共為差申分も無之候ニ我意ニ相用、依怙贔屓之儀共言語道断、全御打捨難被差置事ニ候得共、差当御危難之御場合、若も格段之存念取扱等可有之哉と御糺明之御沙汰、是迄御見合被差置候処、一向前後不行届、必至と御危難ニ為至、重々不届至極被思召候、御家老之職務ハ相立候哉、人君之御政道相乱候に心付不申、上を慢り蔑ニ致候段、重科之至候、依之当役職被召放、閉門被仰付之、

九月十六日

申渡
御家老
添田儀左衛門

出席
御家老
津軽主水

（以下、略）

その理由について、①「去秋」（天明五年〈一七八五〉）以来、自分に考えがあるというので、諸事について内膳の「一存」に任せ、「御米金」の上方や江戸への登せ方等などに間違いはないと信明は思っていた。また「去々年」（天明四年〈一七八四〉）は凶作直後で領民は疲弊しきっており減免などの措置をとったので年貢量は減少した。このため、諸役人協議の上、天明五年（一七八五）の廻米を中止するに至った。その際に「兎や角難渋」を申し立て、すなわち信明の意に背いて強硬に廻米実施を主張し、不届きと思ったがそのまま捨て置い

た。②そこまで強硬に賎政方について主張するので、内膳の担当する借銀調達は支障ないものと思っていたが目論見が外れ、諸銀主の気受けも悪くなり、貸し渋りなどで支障が生じた。③そのうえ、「去年」、御請書を差し出した時、「不法之儀」を申し立て、我が侭に事を進め、森岡主膳に連座するなどして職から遠ざけられた人物を独断で起用するなど言語道断の行いがあったとしている。

もちろん、①・②の廻米中止は、この間、上方・江戸での借財交渉を一手に引き受けていた津軽内膳にとっては致命的なことであり、諸銀主の気受けが悪くなるのも当然であった。したがって、藩の方針に内膳が異論を唱えても不思議はないとも言えよう。その点からすると、本質的なことは、むしろ③の、天明六年(一七八六)二月の落書が記すような、内膳による宮崎源兵衛を重用しての癒着に加えて、信明の主導には必ずしも服さない財政担当者を独断で登用して自らを中心とした党派的な集団を形成していたことにあろう。例えば、勘定奉行館美文内は天明四年(一七八四)一月には森岡主膳のもとで月番郡奉行を務め、「国日記」天明四年(一七八四)十月三日条で奸佞私曲を咎められた石郷岡徳左衛門、「不敬之口上」を咎められた小山内新吾、質座から賄賂を取り、用先の青森で「饗応」を受けた建部菊太夫らも勘定奉行や目付となっている。それだけでなく、森岡主膳・大谷津七郎と組み、天明飢饉をより深刻なものとしたと批判され、「国日記」天明三年(一七八三)十一月二十三日条で用人職を召し放たれた山田彦兵衛をも森岡主膳執政期同様、目付に登用していた。

これらのことは、【表2】からも明らかである。森岡主膳失脚の後も、内膳はそのまま家老職に止まっただけではなく、天明四年の五月から九月まで、主膳同様に月番家老職を独占している。そして、その間の奉行や目付には主膳執政期にそれを支えた主な家臣集団をそのまま充てていた。月番家老職は、天明四年十月から家老職の持ち廻りとなっているが、なお内膳の家老としての地位は【表2】の時点では保持されており、そのもとには必ずしも信明の藩政の方針に従順ではない集団が形成されていたと考えることができよう。

内膳にしてみれば、彼等は上方の蔵元などとの交渉に必要なノウハウをもつ者であることが再登用の理由ということになろう。しかし、明らかに信明の意向に反するものとなっている。それは、信明が藩政打開のために「賢才」を挙げるとしたこととは方向性が異なるだけでなく、五、において触れるように信明―多膳間で共通理解が成り立っている「在宅」制への指向という上方依存の藩財政のあり方からの脱却を模索する方向に対して、内膳は一層、上方の蔵元に依存することで当面の藩財政の悪化を糊塗する方向を推し進めようとしていたのである。年貢収納高が低迷するなかで借財に見合うべき廻米量確保のために四合扶持などの方策を継続した内膳―宮崎源兵衛に対する家中の不満は極限に達しており、そうした状況を利用して「三歩一渡」による寛ぎを家中に与えつつ信明―多膳による排除が行われたと考えられよう。そして、同日付で宮崎源兵衛もまた、町奉行所で「謀計を構へ重役江立入、巧言を以申掠、人情を相乱し、対諸士江及不礼、其上　御家法をも不憚、御政道之筋迄種々申唱、佞奸之致方、言語同断不届至極」として用達役の召し放ち、屋敷取り上げ、家財闕所の上、入牢が申し付けられた。見落としてならないのは、こうした津軽内膳―宮崎源兵衛の排除は突発的なものではなく、すでに「在国日記」天明四年（一七八四）十月十二日条で、信明が宮崎源兵衛について疑いの目を向けていたことにはじまっていたと考えられることである。

ただし、津軽内膳失脚の本質は、両都の蔵元に依存して借財を繰り返し、それに充当するために領内の用達あるいは用達手伝を通じて年貢米のみならず知行米をも対象として米穀・金銭を独占的に吸い上げるという、それまでの藩財政のあり方の踏襲の是非だけにとどまるものではない。そこからいかに脱却しようとするのか、それはやがて寛政改革につながる信明主導の藩政と内膳の政治基調の乖離にこそあったのである。

五、「毛内宜応存寄書」の位置―「在宅」制のゆくえ―

信明が喫緊の課題の解決策として「土着」―「在宅」制に着目したのは、飢饉後の農村状況と藩士財政の窮乏のいずれもを克服する方法としてである。天明飢饉後の農村状況のなかで、もっとも深刻であったのは廃田の増大であった。これに対応すべく主張されたのが毛内宜応(有右衛門茂粛)による「土着」―「在宅」制である。『津軽藩旧記伝類』に部分のみ引かれている「毛内家由緒書」では、宜応は宝暦八年(一七五八)に家督三百石を継ぎ、のち足軽頭となったが、天明二年(一七八二)四月一日に病身のため隠居を申し出ている。この点について、「国日記」天明二年(一七八二)四月一日条では、

一、於御書院二之間、内膳申渡之覚

(略)

横山千吉郎

毛内有右衛門

毛内有右衛門義、隠居願之通、家督無相違忰左門次郎江被下置、

とあり、同家の当主の通り名である有右衛門を名乗っていたことが分かる。左門次郎は、後に有右衛門(茂元)。宜応は、文化元年(一八〇四)六月十五日に死去したとされる。また、「秘書　毛内宜応存寄書　全」[27](以下、「毛内宜応存寄書」)では、宜応は「在宅、土着之存念」について、天明四年(一七八四)九月三日に条目のみ

を上申、同四日に詳細に申し出るよう命ぜられ、同月晦日に一冊にまとめて上程したとしている。これを受け、信明は十月十一日に対面した。宜応は「得失難易等、具に言上」し、信明は深更に及ぶまで「御熟談」するなど「重き御意」を示したとしている。

　これらの点について、「在国日記」からは次のようなことが確認される。「在国日記」天明四年（一七八四）九月三日条からも、

一、今朝、従大目付、毛内宜応より之言上書一通差出、昼頃書役迄高倉主計言上書一通差出候事、

と、大目付を介して「言上書」が提出されたことは事実とみられる。しかし、『津軽藩旧記伝類』所収の「毛内宜応筆記」では、四日に詳細を申し出るように命ぜられたとしているが、その旨についての記述は見られない。ただ、「在国日記」天明四年（一七八四）九月三十日条では、

一、昨日、勇八《（吉崎）》江申付、毛内宜応より言上書二通、勇八迄差出、受取置なり、頻ニ逢願ふ也、

とあり、信明が吉崎勇八を通じて宜応に言上書を提出するように働きかけ、これに答える形で宜応から二通提出されたことは確認できる。つまり、信明との面会は「頻ニ逢願ふ也」とあるように宜応が強く願い出たものであり、実際に対面したのは「在国日記」では天明四年（一七八四）十月十三日である。

一、八時過、夕飯、◯八半時過、毛内宜応、兼々逢候義願申出候間、於菊之間逢候所、兼而差出候存念書

之趣、尚申出、色々之手段頻ニ申出候事、尚書付差出候事、

「毛内宜応存寄書」とは、若干、ニュアンスが異なり、宜応が思うところを一方的に熱弁したようである。信明は再度「書付」として提出することを命じている。これについては、「在国日記」天明四年（一七八四）十月十四日条に、「存念書一冊」として

一、此間、毛内宜応差出候存念書一冊、多膳へ内々為見、及相談候事、尤留置、精々熟覧致候様申付候事、

と、家老津軽多膳に内々に渡し、熟読することを命じている。多膳は、同天明四年（一七八四）十月二十二日に「存念書」を返却している。

「毛内宜応存寄書」は、「天明四年（一七八四）申辰九月三日」、「辰九月十八日」、「辰九月廿七日」、および三つの「辰九月晦日」の日付の、計六つの「覚」からなる。このうち、実質的な内容は最初の「天明四年申辰九月三日」と最後の「辰九月晦日」の日付の二つの「覚」に示される。「在国日記」と「毛内宜応筆記」を対照すると、冒頭の「天明四年申辰九月三日」の日付の「覚」は「在国日記」同日条の記述に相当し、「辰九月十八日」の「覚」には同四日に信明の「被仰出候御自筆御書付之趣」を拝聴したこと、面会を申し入れたことが記される。したがって、「毛内宜応筆記」が記すように四日に詳細を申し出るように命ぜられたのではないことが分かる。「辰九月廿七日」の「覚」では、いまだに面会の許しが出ず、「御国家御急務之筋」を至急申し上げたいことが述べられる。

「毛内宜応存寄書」のうち、「天明四申辰九月三日」の「覚」は次の一五か条の施策の必要性を述べる。

一、農事之本を正し候得者旱溢之憂無御座候之御事
一、年を不経して凶年之御備を有する御事
一、兵を強し隣国之志を得る御事
一、御石数御定之御事
一、金・米・銭融通之御事
一、民に産業を教る御事
一、諸山御取立被遊方之御事
一、廃田御取立被遊方之御事
一、田畑仕付方厚薄之御事
一、五穀を以融通仕候御事
一、常免之御事
一、他国之金銀を入候而御郡中より出不申候被遊方之御事
一、諸色相場定之御事
一、九浦御締り被遊方之御事
一、諸湊繁昌仕候被遊方之御事

これらは藩政が直面する危機が何であるのかを示したに過ぎず、同「覚」にはこれらをいかに解決するの

か、その方法は述べられていない。これらを総合的に解決する方法として、「辰九月晦日」付の三つの「覚」においてはじめて「土着」が提示されている。そして、最初と二番目の「覚」では、「当時」の飢饉の影響で廃田が広がる状況は、かえって土地の給人手作地への転換をめぐって耕作者である百姓との摩擦が少ないということでもあり、むしろ「土着」を施行するのに最適の時期であるとしている。

「辰九月晦日」の三つの「覚」のうち最初のものは、九月三日に提出され、その後、面会を願い出たものの未だ許されず、「御忘等」もあるかと、要点である土着の得失、人材登用、米銭不融通[28]への対処、他散者の防止と引き戻し[29]、廃田復興について箇条書きにして、いずれの項目も文末は「御逢之上ニ而奉申上度」旨で終えている。同日付の二番目の「覚」は宜応の目的とするところは「人材を奉進メ候と土着と之二義」にあるとまとめている。三番目の「覚」は長文で、前文のほか二一か条にわたり、「毛内宜応存寄書」とされる実体そのものと言えよう。ただし、「在国日記」天明四年（一七八四）九月三十日条では、宜応から提出された「言上書」は二通となっている。したがって、同日に宜応が提出したのは、末尾を「此段又々奉言上候」、「右一条奉申上候」とした前二者の「覚」のみの可能性がある。

これに対して、「在国日記」天明四年（一七八四）十月十四日条では「此間、毛内宜応差出候存念書一冊」について、津軽多膳へ「精々熟覧致候様」に申し付けたとしているので、それなりの分量と内容をもつものであったことがうかがわれる。「在国日記」では前日天明四年（一七八四）十月十三日に面会が叶った宜応は、「毛内宜応存寄書」においては、十月十一日に面会となり「前書之得失并ニ筆紙ニ難尽儀共ニ奉言上」り、「重キ御意」を拝聴したとしている。二一か条からなる内容は、詳細に「在宅」の方法や理念を説いている。前半部では、天明飢饉以来、廃田が多く、分散した知行地を一か所にまとめる形で再編成すべきことを述べる。まず、知行地を管理する田屋所を設け、従臣・妻子を置いて田畑の手作りさせる。そうすれば、奢侈による出費が減り、家臣は武備を充実させることができ、藩財政も好転するという。さらに、農工商の三民をそれぞれのあるべき姿に戻すためにも、土着が重要であるとする。後半部では土着に関連する政策を述べており、土着地近辺の村に「文武」の学校を建てること、人別調査を行うこと、商品の相場を立てて五穀をもって融通すること、定免制を採用すること、諸役職は能力のある者を抜擢し任せることなどを提言している。したがって、「毛内宜応存寄書」で「土着」とされる方策は、兵農分離制の否定、兵農一体化ではなく、「在宅」という名目で弘前藩が近世前期において採っていた地方知行制へと回帰することにほかならない[30]。

こうした提言を受けて、「在宅」は「国日記」天明四年（一七八四）十二月二十八日条の大目付触によって実行に移されることとなった。

一、今日、大目付触、左之通

覚

此節廃田多有之候ニ付、御家中在宅致、廃田等取立之存念之族も有之段被為及　御聞、尤之儀ニ被思召候、併　御先祖　妙心院様被為定置候御手段之儀を被為乱候儀、憚被思召候、惣而御奉公向等専一ニ心懸之族は此表ニ罷在出情可被相勤候、廃田取立之儀も御国益之筋御奉公同様ニ被思召候ニ付、御先代之御掟ニ被為背候重キ筋には候得共、任其意御給禄之高ニ応し、地面割渡、在宅被仰付候間、勝手次第割渡可被仰付候、右之分は来秋御収納可被仰付候、猶郡奉行江被仰付候間可被申談候、乍去此節御手繰不被為届御難渋之御場合候得は、引越其外入用ニ付御手当願前繰渡等之儀、申出候而も不被仰付候、罷下之上ニ而仮令如何様之差支之儀有之共不被及御沙汰候、尤御扶持方御手当銭等之儀は来秋出作所務迄ハ是迄之通、猶出作之上御沙汰可被仰付候、且勤仕之儀も来一ヶ年御用捨可被仰付候、斯被仰付候上ハ急度成功相立候様可被致候、若又心得違之族勤仕も無之、利欲之筋而已ニ而人情相乱し、山林沢野を荒候儀、於有之候は急度可被御糺明候、随分取〆成功相立候様可被相心得候、此旨惣触可申触候、

十二月

大目付

しかし、この大目付触では宜応が「存寄書」で論じたような、全面的な「土着」策とはかけ離れた内容となっている。①ここでは「此節廃田多有之候ニ付、御家中在宅致、廃田等取立之存念之族も有之段」という藩士からの要望に応える形をとっており、廃田復興の手段としての「在宅」という位置づけを出ない。②「奉公等専一」の家臣は「此表」、すなわち城下弘前に居住とするが、「廃田取立之儀も御国益」であり「御給録之高ニ応し、地面割渡、在宅」を許すとしている。③「在宅」は「勝手次第」であり、役職についていない者の意志次第ということになっている。④さらに、「在宅」するに当たっての手当等は一切支給しないとしている。

なぜこのような内容として布告されたのであろうか。大きな理由としては、天明四年(一七八四)段階では、入部直後ということもあり、信明が完全には家臣団を掌握しきれていないことがあろう。すでに、「国日記」天明四年(一七八四)六月五日条で、江戸において用人大谷津七郎を天明飢饉にもかかわらず米穀の津出を強行し、窮民救済も行わなかっただけでなく、参府中の信寧にも報告しなかったことなどを咎めて、病気を理由に役を免じていた。しかし、国元で大谷津と気脈を通じていた家老森岡主膳ほかの処断は四か月後の「国日記」天明四年(一七八四)十月二日条にようやく記される。いずれも、前藩主信寧の権威を損じることを考えてか厳罰とはなっていない。穏便かつ緩慢な処置は、美談としてのみではなく、それだけ筆頭家老であった森岡主膳等の不測の動きを警戒したものでもあろう。

これら一連の動きは宜応の献策と同時に行われており、それだけに宜応が主張するような「土着」や人材登用を拙速に進めることができなかったのであろう。それだけでなく、信明を支える任にある筆頭家老津軽内膳は、この宜応の上申に対して、否定的であったと考えられる。「在国日記」天明四年（一七八四）九月二十九日条には、前藩主信寧の時から家老職にあった津軽内膳と同年九月十一日に新たに家老となった津軽多膳では、「家中在宅」についてまったく異なる反応をしたことが記される。

一、諸人より申出候、此度田地仕付候義、士民不足に付家中在宅之義、内膳江咄置候事、同人不承知之様子ニ有之なり、

一、多膳に逢、右家中在宅之一件咄置、尚此上植付等之義申付置候事、

ここでは、「家中在宅」という方策が、「存寄書」を提出した毛内宜応一人の意見ではなく、「諸人より申出」、すなわち複数の上申によるものであったことが分かる。そして、耕作者不足を補うための「家中在宅」について、二人の家老のうち津軽内膳は「不承知」であり、津軽多膳は明確には書かれていないが、信明が加えて田方の仕付についても申し付けたとしていることから同意であったろうことが伺われる。さきに「在国日記」天明四年（一七八四）十月十四日条で見たように、信明は多膳に宜応が差し出した「存念書」について相談し熟読することを命じている。少なくとも、宜応が提出した「存寄書」をめぐって信明が「家中在宅」構想に興味を示していることは確実であるが、この時点では失脚した前家老森岡主膳を中心とした勢力だけでなく、信明支持の勢力内部にあっても信明の政治構想を積極的に受容しようとする家老津軽多膳と消極的な筆頭家老津軽内膳の二つのグループが存在していたことになる。実際、「在国日記」天明四年（一七八四）十月二十七日条では、

一、多膳江逢、先達而土着之義、三奉行沙汰申付候処、先見合可然旨申出候、尤只今被仰付候而ハ差障之
　義も有之候由なり、右書付、則相返ス、

と、「土着」についての勘定・郡・町の三奉行の協議で、事情を考慮し実行は差し控えるべきで、今強行すれば「差障」も出兼ねないという結論が報告されている。この「差障」については実務責任者とも言うべき奉行層が慎重な姿勢をとっていることからみて、「土着」の実施による混乱と捉えることができる。しかしそれだけでなく、家老層も夫々意見を異にする状況での実施ともなれば政争を引き起こしかねないことへの懸念でもあったかとも思われる。

このようななかで、注目されるのは「在国日記」天明四年（一七八四）十二月十八日条である。

一、（略）、〇乳井貢江或人問候ニ付、貢、土着之義答釈致候書付内々為慰差出候間、受取、留置、

逼塞後の乳井貢の動向について、「国日記」天明四年（一七八四）五月十一日条の郡奉行への達しでは、

一、郡奉行江申遣候は、乳井貢儀、無調法之儀有之、去ル子年（安永九年）川原平村御預被仰付置候処、近頃ニ至り同村之者共人寄せ致、手習之師範之様成事致候様被為及　御聴之旨、同人事は先年同村江御預ヶ、急度相慎可罷有候処、近頃甚緩せ之儀ニ候、与得詮議之上弥左様ニも候ハヽ、向後右躰之儀無之様急度申付置候様被仰出候、此旨可被申付旨、申遣之、

と、川原平村預けであるにもかかわらず、「手習之師範」に類した行為があったことを「及御聴」び、すなわち信明の指示で僉議を受けている。「国日記」天明四年（一七八四）七月二十八日条の駒越組代官の「申出」では、そうした事実はなく昼夜を問わず番人を付けて監視しているとの報告がなされている。

なお、乳井貢のほか佐藤官蔵も「国日記」天明四年（一七九四）九月八日条で、信明の襲封と初入部による大赦の対象となり、それぞれ「牢居」となっていた川原平村（中津軽郡西目屋村）と「慎」のため押し込められていた相内太田村（五所川原市）から解き放たれ、「何れ之場所ニ而も徘徊勝手次第」となっていた。佐藤官蔵は、「国日記」宝暦三年（一七五三）八月十五日条で、乳井とともに「勘定所惣調方御用司取」となるなど、宝暦改革に深く関わった人物である。「国日記」天明四年（一七八四）十一月二十七日条では、

一、乳井貢儀、此節極難之趣相聞候之間、以　御憐愍同人生涯之内御扶持方五人扶持被下置候、此旨鈴木藤太江申付候様、

と、乳井が「極難」の状況にあるとの情報があったために、生涯、五人扶持を与えることとしている。「津軽編覧日記」では天明四年（一七八四）十月二十七日となっており、五人扶持に加えて「大小料」としての五両も加えられたとしている。「無超記」では、このことについて、

戒香院様御代初、乳井貢と云もの　御尊慮ニ叶ひ段々御取立にて御手廻より御家老次席御元司といふ職ニ被仰付禄千石賜りけり、御賞の上御書付を以親伯父のことく思召旨被仰出し事あり、然る処其後不調法之事有之知行没収遠在へ御追放之処、此度　御初入ニ而段々御政事被仰出候内、貢事不届ニ付御追放者被仰

付候得共、　御先代様一旦親伯父のことく思召候旨被仰出候者遠在へ御放被為置候儀甚御気之毒ニ思召よし、依而此度召返し弘前徘徊御免、　生涯五人扶持被下、　誠ニ以御追孝の御尊慮、　旧功を御損不被遊との御事かと皆人奉感服し也、

と、信明が父信寧への「御追孝」として行ったものとしている。しかし、「国日記」同日条では、窮乏のため妻子を連れて他国に移ろうとした佐藤官蔵に対しても、それを差し留める代わりに同様に生涯五人扶持が与えられている。少なくとも、信寧への「御追孝」のために貢のみが扶持を与えられたのではなかったのである。

この点について、「在国日記」の記事を追うと次のことが記される。

「在国日記」天明四年（一七八四）十一月二十六日条

一、（略）〇佐藤官蔵、他国願書出候ニ付、此者一廉之用にハ相立候者ニ付扶持遣シ、他国差留候様申付候事、尤乳井貢同罪之者ニ候間、貢ニも同様扶持遣候様ニ申付候事、尤五人フチツ、遣可然旨申出候間、其通申付事、

一、（略）〇乳井貢へ右小遣候義ニ付書付一結、右留置、

「在国日記」天明四年（一七八四）十一月二十七日条

一、（略）〇昨日申付候、官蔵・貢扶持之義、一戸八之丞も貢同様、是迄親類より願ニて四合扶持遣来候間、若貢計相直し、八之丞ハ其侭ニてハ如何可有之哉と申出候得共、一体訳之違候者故、矢張昨日申付候通、申付候様ニ申付候事、

「在国日記」によると、当初は佐藤官蔵が「他国願書」を出したため、「一廉之用」に立つ者として他国出を差し留めるために扶持を与えたことにはじまる。その際、官蔵が「貢同罪」、すなわち乳井貢に連座しての処罰を受けていたことから、同等の処分となった貢にも扶持が与えられたのである。さらに、親類から願の出ていた一戸八之丞についても対象とすべきという意見もあったが、これについては認められていない。

少なくとも、「無超記」が記したような信寧への「御追孝」から貢に扶持が与えられたのではなかった。むしろ、他国出を望む佐藤官蔵の引き留めという対処が引き起こした事態であったことになる。その佐藤官蔵について信明が「一廉之用にハ相立候者」と評価していたことは興味深い[31]。加えて、「在国日記」天明四年（一七八四）十二月十八日条では、「或人」が乳井貢に問い、貢が「土着之義答釈」した書付を内々に「慰」として差し出している。「答釈」、すなわち土着に関わる問題の解き明かしを信明は受け取り、留め置いたのである。乳井が主導した宝暦改革は知行蔵入の上で、商業資本―上層農の取り込みを基礎としている。信明による藩政、それに続く寛政改革の基調である知行形態と農民支配機構の変容をもたらす「土着」―「在宅」制に類似した政策は宝暦改革のなかにはない[32]。このため、「或人」とは、どのような人物であり、なぜ貢に「土着之義答釈」をさせ、しかもその「書付」を信明に差し出したのか、また受け取り、留め置いた信明の意図は何であったのか、いくつかの疑問が生まれる。少なくともどのような「答釈」であったにせよ、配流中の貢の見解（論理的裏付けと思われる）を信明がまったく拒絶はしていないことは注目される。中興の英主とされた四代信政による知行蔵入化を否定することになる「土着」―「在宅」制についての理論的枠組みを整えようとするものであったと思われる。

信明の治世開始にあっては、藩政上の混乱を引き起こす可能性をもった「存寄書」に基づく「土着」政策は全面的に取り入れられることはなかった。以降、廃田復興策に絞った形での「在宅」制への動きが進められる。この内容での「在宅」制が可能であったのは、すでに「在国日記」九月十一日条でも、「在宅」そのものは「諸人より申出」があったものであり、宜応の「存寄書」のなかの「辰（天明四年）九月晦日」の「覚」においても、次のように記されるように、

既ニ横嶋勝右衛門・後藤門之丞・伊東主税大分之田地を持、豊饒に暮し方仕罷有候、又ハ山田彦兵衛・渡辺将監・石郷岡徳右（左）衛門・横山平右衛門抔、其外数人、当年之廃田を取立、手作仕候御儀ニ御座候、右之通在着勝手次第、妻子も田屋所江引越候儀御免許被仰付候ハヽ、御家中残り少ニ手作可仕、左候得者夫喰等之御物入りも少く、御尊慮を不被労廃田仕付可申儀と奉存候、此風俗押移り御蔵地も取立方出情可仕と奉存候、

すでに、「廃田を取立、手作」する藩士が少なからずいたことがあるだろう。「在宅」はすでに任意には行われていたのである。ただし、注意すべきことは、ここに名が挙がったのは、山田彦兵衛・石郷岡徳右衛門など前藩主信寧に仕え、「国日記」天明四年（一七八四）十月三日条家老森岡主膳に連座して処断された者なども含めて、弓奉行であった横嶋勝右衛門などの中級以上の藩士である。つまり、この段階での「在宅」は、そうした藩からの助成を必要としないで田屋経営が可能であった者に限られる。

まとめにかえて—「才智之人物」の取り立てと信明の天明四～五年—

津軽信明は天明四年（一七八四）十月に森岡主膳を、天明六年（一七八六）九月には津軽内膳の役儀を召し放ち

閉門に処している。主膳の更迭は天明飢饉を招いた責任追及と藩主としての権力の確立のためであり、同時に領内への餓死者供養使の廻郷によって権威の再構築を図っていった。主膳の更迭後は内膳が藩政の実権を掌握したことは【表1】および【表2】によっても確認できるが、そのあり方は上方の蔵元と結びつき借財を重ねる森岡主膳執政期と変わらないものであり、森岡主膳―大谷津七郎という結びつきが津軽内膳―宮崎源兵衛という形で再現されていた。すでに、襲封直後から毛内宜応等による「土着」―「在宅」制への関心を寄せていた信明にとり、内膳は路線を異にする存在であり、天明六年(一七八六)には上方での調達の不備、領内経済の行き詰まりなどからこれも更迭することに成功している。

毛内宜応「存寄書」が主張する「御永久之御政道」を成就すべき「土着」―「在宅」制に関わる二一か条にわたる内容は、さきに述べたように天明四年(一七八四)段階の状況を克服しうる方法としての「土着」とその得失、そして人材登用に関わる。人材登用という点では、「在国日記」天明四年(一七八四)十月六日条でも、

一、半兵衛申聞候ハ、此度之手繰方、昨年之仕付方、以之外之義、甚六ヶ敷時合と相察候ニ付、此所賢才之者ヲ揚、格別之手段差立不申候ハヽ、永々之損失ニも可相成と存候間、此節不遠沙汰可然旨申候事、尤野呂登・楠美庄司等賢才之者候由、◯物頭初逢之義、何れも相待居候様子之由、其外賢才之者へ逢候ハヽ、下情ヲ聞宜可有之旨申聞ヶ候事、

天明四年(一七八四)十月七日条でも、

一、多膳申出候ハ、是非々々此度両奉行へ賢才之者ヲ揚候様ニ相願候事、尤之事也、

一、津軽文蔵義を城代ニ被仰付度義、大道寺隼人再役之義、村上宗内組入之義等も多膳申聞候事、○両奉行人品之義、猶及相談之事、

と、「賢才之者」の抜擢が上申されるが、それに先立って森岡派に組みしなかった者や、大道寺隼人など反森岡派でそのため閑職や逼塞に追い込まれていた者もその力量に応じての登用が図られた。そのことは【表2】のCおよびDからも読み取ることができよう。ただし、天明四年(一七八四)段階の「賢才之者」の登用とは、長期を展望した封建官僚の育成というより、直面する藩政の課題を認識し、信明と危機感を共有した者の抜擢の域を出るものではなかった。「在国日記」天明四年(一七八四)十月六日条で「賢才之者」と名が挙げられた野呂登は同十月十七日条で勘定奉行手伝いに抜擢され、同時に「頗る逸材」とされた菊池寛司も郡奉行手伝となっている。

一、八時過、夕飯、八半時迄、於山水之間、郡奉行増田三左衛門、手伝菊池寛司、勘定奉行相馬作左衛門・廻間新助、手伝野呂登、右何れも此度役義申付候ニ付逢、夫々ニ申付候事、寛司・登ハ少々存念申出候事、

この時点で、菊池寛司は野呂登とともに「少々存念」を申し述べるなどしている。さらに同十一月七日条では、菊池寛司は対馬久米次郎とともに米方勘定所に、また勘定奉行方からは笹角之丞・相馬作左衛門が郡所に交換で入り、両奉行所の「和順」を図る要員となっている。実務上も、郡―勘定をともにこなしうる人材として評価されていたのであろう。また、同天明四年(一七八四)十一月二十二日条では、菊池寛司は、

○菊地寛司存寄書、多膳へ為見候由ニ付、内々入一覧候旨、差出、留置、○大道寺隼人・山野十右衛門取立之義申出候事、

と、「存寄書」を家老津軽多膳に提出、多膳は内々に信明に提示している。信明は、天明四年（一七八四）十一月三十日条で、この「存念書」の不審点を付して戻している。この「存念書」は、同天明四年（一七八四）十二月十四日条で、

一、理左衛門江逢、此度申出候耕作手段、寛司存念之趣相聞江候ニ付、弥同心ニ候哉之旨相尋候処、中々不同心之趣も申出候ニ付、先ツ一々不審打候処、某之申所、全左様ニ候旨申出、感服之様子ニ相見江候ニ付、某存念も有之候間、追々咄可申候間、心を入相勤候様申付候所、難有畏候旨申出、納得致候事、

「耕作手順」に関するものであったことが分かり、奥勤郡奉行兼役三上理左衛門にその内容についての審問を行っている。理左衛門は信明が疑問とした点について、一々同心したとしている。菊池寛司の「存念」について、信明はこのように必ずしも同意しているわけではないが、細部にまで目を通し疑問点を担当部局の責任者に下問するまでの興味を示していたのである。

ところが、わずか二日後の同十二月十六日条では、

○郡奉行工藤忠次・手伝菊池寛司義取扱向不宜、我意之振舞、人気ニ相拘候ニ付、忠次ハ留守居組、寛司ハ已上支配ニ役下申付候様ニ申付候事、尤今晩可申付之旨、申付候事、

と、郡奉行工藤忠次とともに手伝菊池寛司は、「取扱向不宜、我意之振舞、人気ニ相拘」るとして「役下」となっている。工藤・菊池とも、このため「御奉公遠慮」を申し出て認められた。この「御奉公遠慮」は、十日後には許されているが、この一件は「賢才之者」を挙げるという実態が、現状を打開するためというより対症的療法にとどまり、しかも彼等をいかに活用するかという方法とシステムをもつものではなく、天明四年（一七八四）段階では多分に藩主信明の恣意的な判断に委ねられ、登用は「存念」という形で示される信明の政治的方向性との当面の合致といういきわめて心情的な理由によっていたと考えられる。

それでは、「賢才之者」を体系的・持続的に挙げることが可能となっていくのはどの段階なのであろうか。寛政二年（一七九〇）五月、信明は帰国すると、六月に【表2】のDに見られる牧野左次郎[33]を用人としている。八月に赤石安右衛門と菊池寛司が寛政改革の骨子となる意見書を提出した。これを受け、翌三年（一七九一）一月には赤石を郡奉行（勘定奉行兼帯）に、菊池を勘定奉行（郡奉行兼帯）に登用する。その際の、信明の人事構想について、「在国日記」寛政三年（一七九一）一月二十七日条では次のように記している。

一、隼人・左次郎江逢、此度存念之趣尚又申出、三奉行人品書付申出、尚是迄之内除候人物も存寄申出、勘弁可致旨申付之、

一、八半過より依願、多膳へ居間にて逢、此間勘定奉行江取直存念相尋候処答申出候得共、差当り格別之存念無之に付弥才智之人物申付可然用人沙汰申付、夫々差出、尚色々及相談、沙汰之通明日可申付旨申付之、○先刻隼人・左次郎内々申出候人品、尚及相談同意之趣なり、

また、寛政三年（一七九一）一月二十八日条では次のように記される。

一、九時頃、又款冬之間出座、役替申渡之、尤裡付上下、城附足軽頭へ秋元金九郎《長柄奉行》　郡奉行赤石安右衛門《作事奉行》　勘定奉行菊池寛司《留守居支配》、右之通申渡、無滞相済、如例家老二人侍座、

まず、三奉行の人選を用人の大道寺隼人と牧野左次郎によって進め、信明はこれまで無調法があった者も選考対象とすることを命じている。とくに、勘定奉行が現状打開のための「存念」を持たないために、これに代え用人の選考による「才智之人物」の登用を図ったのである。そして、用人二人の推挙する人物として赤石と菊池が登用され、二十八日に任命された。さらに、「在国日記」寛政三年（一七九一）二月六日条では、信明は弘前城内山水之間に赤石安右衛門・高屋吾助・菊池寛司・楠美荘司・成田祐右衛門を一人宛召し出し、「心得」を申し付け各人の「存念」を聞き糺している。この「存念」もたんなる職務遂行の意思の確認ではなく、「才智之人物」としての現状認識と打開に対する見通しまでも踏み込むものであろう。この時点では、赤石・菊池だけではなく、楠美荘司（勘定奉行）・成田祐衛門（勘定奉行）が登用されている。このほかには、寛政三年（一七九一）五月までに、竹内長左衛門（勘定奉行手伝）・工藤甚之助（錠口役兼勘定奉行）が登用されている。

こうしてみると、信明の死後、跡を継いだ養嗣子で九代藩主となった寧親のもとでのちの寛政改革に直接関わる人物の登用は、この時点で行われたことになる。それでは、信明襲封後、天明四年（一七八四）から五年（八五）にかけて「在国日記」のなかに繰り返された「賢才之者」の登用とは、どのような意味をもったのであろうか。その期間に、すでに菊池や赤石の名が上がっていたのはさきに見た通りである。また、「在国日記」天明四年（一七八四）十月六日条では、「此所賢才之者ヲ揚、格別之手段差立不申候、永々之損失ニも可相成と存候間」とそれが喫緊の課題であるとして、具体的に「野呂登・楠美庄司等賢才之者候由」と、野呂登・楠美荘司を挙げている。寛政三年（一七九一）段階で、勘定奉行などに登用された者だけでなく、例えば三橋勘之丞は

【表2】にみるように森岡主膳執政期に勘定奉行を務めていたが、津軽内膳執政期には名がなく、再び勘定奉行となっているのが確認されるのは内膳失脚後の天明五年(一七八五)二月になってからである。もちろん、これは月番の一覧であるので正確さには欠けるが、この前後には天明四年(一七八四)十一月に郡奉行菊池寛司、天明五年(一七八五)三月には勘定奉行野呂登の名がみられる。すでに天明四年(一七八四)末から五年(一七八五)にかけて、「賢才之者」の登用は徐々に進められていたのである。ただし、さきに触れたように抜擢するにたる実務経験と能力の評価からではなく、「存念」への共感という多分に藩主信明の恣意的な判断を出ていなかった。そのため、信明の意図と齟齬を生じると、ただちに「取扱向不宜、我意之振舞、人気ニ相拘」る事態を生じせしめ、早々に役職から離れざるを得ない結果となっていたのである。

また、【表2】からも読み取ることができるのは次のことである。津軽内膳の月番家老の独占が終わる天明四年(一七九四)九月から十二月を境として、菊池寛司・三橋勘之丞・大道寺隼人・野呂登・佐藤官蔵ら、「在国日記」のなかで「賢才之者」として挙げられた者、能力を評価された者が順次、実務の担当者として登用される。ただし、主膳執政期・内膳執政期から継続して登用される者も見られることは、信明―津軽多膳による藩政運営が、森岡主膳や津軽内膳といった執政者個人の政治責任を厳しく問うても、個々の藩士の登用は実務担当能力の有無や政策の継続性に配慮したものであったことを物語る。飢饉後の社会不安と窮迫のなかで、家中層の決定的な分裂を避けて藩政を運営することが、とくに天明期には優先されていたことの反映であろう。

それでは、なぜ寛政三年(一七九一)段階では「賢才之者」を体系的・持続的に挙げることが可能となっていたのであろうか。三奉行に充てられる「才智之人物」の登用は大道寺隼人と牧野左次郎という二人の用人による選考と推挙によっている。このうち、大道寺隼人は「国日記」天明三年(一七八三)十一月二十三日条で見たように、森岡主膳によって「一躰多言ニ而人を誇り、又非御役儀御勝手向取扱之手段等、色々申触、御政道筋誹謗」をしたとして、馬廻組頭役を取り上げられ、当分の出仕を差し留められていた。信明は、「国日記」天明四年（一七八四）四月二十五日条で大道寺隼人を遠慮御免として職務へ復帰させている。【表2】では津軽内膳執政期には名がみられないが、津軽多膳執政期の天明五年（一七八五）二月に諸手足軽頭と用番を務めていることが確認できる。これに対して、牧野左次郎は大組足軽頭として森岡主膳執政期、津軽内膳執政期、津軽多膳執政期を通じて職務を全うしたが、この段階では左次郎はそれ以上の職へと抜擢されることはなかった。

信明―多膳が主導する「賢才之者」の登用による藩政運営が寛政初年に実現したのは、彼等を抜擢すべき実務者としての大道寺隼人・牧野左次郎という用人層の存在があったればこそである。その用人たちは、信明―多膳と意思を同じくした者だけでなく、番方として藩政に関わりながらも中枢には参画できなかった者をも含む実践的な経験者から構成されていた。天明四年（一七八四）から五年（八五）には、たしかに「賢才之者」を抜擢することが信明によって図られているが、信明の権力掌握と主導する藩政の展開からすれば、この時期はやがて用人となるべき層が復権し取り立てられ、やがて「才智之人物」を登用する体制的・システムが整えられはじめた時期として評価されるべきであろう(34)。

註

（1）国文学研究資料館、津軽家文書、詳細は序を参照のこと。
（2）弘前市立弘前図書館蔵。八木橋文庫。
（3）この経緯は、『新編弘前市史』通史編2（近世1）（弘前市、二〇〇二年）第二章四節、および『青森県史』通史編2近世（青森県、二〇一八年）第八章第二節を参照のこと。
（4）『青森県史』資料編近世、学芸編（青森県、二〇〇四年）、所収。

（5）『青森県史』資料編近世、学芸編（青森県、二〇〇四年）、所収。
（6）外崎覚著（吉川半七出版、一八九七年）。
（7）弘前市立弘前図書館蔵、岩見文庫。
（8）この分析は、『新編弘前市史』通史編2（近世1）、第四章第一節による。
（9）弘前藩は寛文元年から慶応四年に至る、藩政に関する公式記録を残した（藩庁日記）。弘前で記録されたものを「御国日記」といい、江戸藩邸で記録されたものを「江戸日記」と称する。このうち、「御国日記」には、寛文元年から元治元年に至る領内の政治に関する各項目に加えて、江戸藩邸からの用状の控なども収められ総冊数は三三〇一冊を数える。ここでは、「国日記」と表現している。弘前市立弘前図書館収蔵。
（10）市郎左衛門建富。元文元年家督（百五十石）、寛延二年近習小性・小納戸役兼帯、宝暦元年病気のため御役御免、宝暦三年勘定奉行、宝暦五年元司職、宝暦七年新知千石、宝暦八年退役。
（11）弘前藩の宝暦改革の概要については、『青森県史』通史編2近世（青森県、二〇一八年）、第七章第一節二を参照。藩財政の再建を第一の目的に、全国市場との関わりや動向を注視し、かつ商業資本―上層農に立脚しながら、領内における商業統制・通貨統制を図ることによって借財の整理をし、農村状況に対応する郷士制・大庄屋制を導入した農政機構改革などによって、藩政全体の引き締めを図るものである。
（12）大谷津七郎茂成（素山）は明和六年用人。四百石。安永三年側用人。天明三年の青森町騒動の引き金の一つとなったとされている廻米強制は大谷津の判断による。（25）参照。
（13）六巻よりなる、五所川原市湊の平山家の家記。天文一九年為信の誕生より享和三年までの記述で、同家六代にあたる平山半左衛門の編著と思われる。平山家蔵。『みちのく叢書22』（国書刊行会、一九八三年）として復刻。なお、引用部分は必要に応じ読点を付している。
（14）天明三年七月、青森と鯵ヶ沢で打ちこわしや騒動が起きた。主要な要求は、青森・鯵ヶ沢両湊からの廻米停止と延期、廻米の囲い込みであった。藩の徹底的な弾圧にあって崩壊し、廻米は強行された。騒動直前に米価は急上昇したが、一万俵余の米が青森に搬入されており、商人の買い占めとして町方での打ちこわしが発生した。

(15)　森岡主膳元徳。延享四年馬廻組頭。宝暦元年手廻組頭のち兄の死により家督。寄合格、千石。翌年。大組武頭、同四年に表書院大番頭、同七年参政兼役。明和八年家老。天明飢饉に有効な対応を取れず、廻米を強行、餓死者の続出にもかかわらず救済を怠った。天明四年家老免職、蟄居。翌五年自宅の物置で自刃。

(16)　津軽多膳貞栄、実は津軽外記玄栄の三子。宝暦五年、家督、八百石。安永五年書院番頭・用人兼帯。天明六年、貞栄は上方から金一万七千両用達。ただし、奢侈のため寛政十一年行跡を咎められ、家老職罷免・慎、同年隠居を命ぜられる。

(17)　津軽多膳は、『津軽旧記伝類』(みちのく双書第五集、青森県文化財保護協会、一九五八年)の第十八、津軽大蔵為貞の項に曾孫として収録されており、各記録から抜粋された記事によって多膳に対する評伝の概要を知ることができる。(18)参照。

(18)　津軽家一門や藩主の夫人、著名な藩士、文学・兵学・武術・諸礼・孝義等各分野における練達者の列伝をまとめたもので各記事には典拠が明示される。『みちのく叢書3』(国書刊行会、一九八二年)として復刻。

(19)　津軽氏庶流、主水尚徳。明和七年家督、安永七年書院番頭・用人兼帯、同八年城代、天明四年家老手伝、同五年家老、文化三年死去。

(20)　木立要左衛門守貞が寛政四年三月、藩の命を受けて編集した編年史。翌年二月完成。為信より信明の代までの歴史を、諸家の旧記により、公儀に間わる事柄から民間のことわざ等に至るまで私見を加えずにまとめる。弘前市立弘前図書館蔵。

(21)　越王勾践に仕え、勾践を春秋五覇に数えられるまでに押し上げた最大の立役者とされている。格言「臥薪嘗胆」とともに伝えられる。典拠は、『史記』越世家・『十八史略』などであるが、この故事が藩士一般に理解されるものであったとすれば、むしろ『太平記』巻第四「呉越闘事」の、後醍醐天皇の臣児島高徳が桜の木に刻んだ「天莫空勾践、時非無范蠡」(天勾践を空しゅうする莫れ、時に范蠡無きにしも非ず)によるものであろう。

(22)　本来的には、『論語』顔淵第十二第十一章「斉景公問政於孔子」の「君君、臣臣、父父、子子」(君君たり、臣臣たり、父父たり、子子たり)だが、直接には「古文孝経」序の「君雖不君、臣不可以不臣」(君君たらずとも、臣臣たらざる可からず)、君は君たる徳がなくとも、臣は臣たる道を守って忠義を尽くさなければならない、による。

(23)『津軽編覧日記』には天明六年二月の落書のほか、天明八年には「右ハ風埜行衛と言上下二冊の書の内下冊より抜書す」と題した社会風刺書の写し、寛政元年、また寛政二年にも「ぐぁんにん(願人)」と題した落書が記され、社会状況を知ることができる。

(24)津軽内膳範盛が閉門を命じられた際の「国日記」天明六年十二月九日条では、

一、於添田儀左衛門宅、申渡之覚

溝江伝左衛門

津軽金蔵

津軽内膳儀、閉門御免被仰付、知行五百石被召上、蟄居被仰付之、悴金蔵江家督被下置、御留守居組被仰付之、

一、津軽多膳申出候、実方之兄津軽内膳儀、今晩閉門御免被仰付、知行之内五百石被召上、蟄居被仰付、悴金蔵江家督被下置、御留守居組被仰付候ニ付、御奉公遠慮差控奉伺旨申出之、不及差控旨被仰付旨、申遣之、

多膳の実(父)方の兄の立場にあることが分かる。また、「国日記」天明六年十二月十日条では、

一、津軽内膳儀ニ付、御奉公遠慮伺之通被仰付候面々、左之通、

実方之兄内膳儀ニ付　溝江伝左衛門

母方之伯父内膳儀ニ付　渡部将監

右同断　添田春次郎

父方之叔父内膳儀ニ付　津軽左多吉

右何れも伺之通被仰付旨、申遣之、

一、溝江鉄蔵申出候、父方之伯父津軽内膳儀に付、御奉公遠慮奉伺旨申出之、伺之通、
一、大道寺隼人申出候、母方之伯父津軽内膳儀に付、御奉公遠慮奉伺旨申出之、伺之通、
一、沢用次郎申出候、実父方之兄津軽内膳儀に付、御奉公遠慮奉伺旨申出之、伺之通、
一、津軽外記申出候、父方之伯父津軽内膳儀に付、御奉公遠慮奉伺旨申出之、伺之通、
右何れも御奉公遠慮、伺之通被仰付旨、夫々申遣之、
一、津軽内膳儀ニ付、御奉公遠慮奉伺旨申出之、不及遠慮旨被仰付候面々、左之通、
一、実方之甥内膳儀ニ付　三上権蔵
一、従弟内膳儀ニ付　佐田亀蔵
一、舅内膳儀ニ付　森岡金吾
一、実父方之従弟内膳ニ付　野呂万蔵
一、母方之従弟内膳儀ニ付　岡勘解由
一、舅内膳儀ニ付　津軽周蔵
一、実父方之従弟内膳儀ニ付　足立三蔵
一、実母方之従弟内膳儀ニ付　小倉藤左衛門
右何れも不及遠慮旨、夫々申遣之、

津軽氏庶流の中でもきわめて有力であったことが分かる。

(25)　青森町騒動では、町民の要求に反して廻米が強行されたことが、騒動やその後の飢饉の深刻化を招いたとされている。たしかに、廻米が強行されたことで救済に充てられる米穀の減少は招くものの、岩田浩太郎『近世都市騒擾の研究―民衆運動史における構造と主体―』（吉川弘文館、二〇〇四年）第十章に指摘されるように、騒動に伴う米改めでは米五二〇〇俵余、大豆六〇〇〇俵余が摘発されている。町民が藩経済の根幹である廻米中止を要求する点が従来大きく取り上げられてきたが、実際は飢饉にもかかわらず大量の米穀が貯えられているという地域経済の

構造に着目する必要があろう。

(26) これについては、浪川健治「津軽藩政の展開と飢饉─特に元禄八年飢饉をめぐって─」(『歴史』第五十二輯、東北史学会、一九七九年)を参照。

(27)『青森県史』資料編近世、学芸編(青森県、二〇〇四年)、所収。

(28) この時期については、瀧本壽史「宝暦・天明期津軽藩農村の諸問題」(『弘前大学國史研究』七一号、一九八〇年)が、農村奉公人の給銀の急騰による地主や家中の経営の行き詰まりを指摘している。同書、一一ページおよび表9。加えて、(23)の落書は奉公人給銀だけでなく、諸物価の高騰を記し、飢饉後も生産が安定しないために廻米が低調で正貨が領内に十分に供給されないことと相俟ってインフレ状況を生み出していたことを示している。

(29) この時代では、飢饉による領外への逃亡者のみならず、松前稼による労働力流出が問題化しはじめている。「在国日記」天明五年一月九日条では「○小者躰之者、兎角松前渡海可有之旨差留之義、触書差出候由、則右ニ付三奉行沙汰申出、右之通申付候事」と、信明自らがその阻止を指示するまでになっている。

(30)「毛内宜応存寄書」のうち、九月三日付「覚」では、「御神社様往昔被差立候御法令之御儀者は、下愚之私共奉称候も恐多奉存候得共、聖教ニ御基キ時々物々之理を尽し、時勢ニ順ひ、土地に叶ひ、万世不朽之御政道と奉存候」と述べる。弘前藩で神格化された藩主は高照神社に祀られる四代信政のみであり、信政によって確立した総検地・俸禄制への転換・年貢収取体系の変更などの藩体制を「万世不朽之御政道」としている。しかし、「乍去御創業者御成就被遊候得共、御守成之儀者御半途に被遊御逝去之旨、右御尊慮共古老之口実に相伝り候」として、それが完全なものとなる前に信政は死去してしまい、いわば中途半端なものとなってしまった。そして、時代が下るとともに社会秩序は乱れ、「御郡中之衰微、日々に人情時々に囂頑ニ罷成」ったという理解を示す。あくまでも、趣旨は「依之早々御政道を往古に御引戻し、神君之御遺政を御嗣、猶又遺漏之御法令・時勢之変違等ハ以御尊慮御潤色被遊度御儀」としており、「遺漏之御法令・時勢之変違等」を信明が神君信政の意を受け継いで現実に対応し、「早々御政之御本源を御立被遊度奉存候」としている。神格化された信政をともすれば否定することになる、「土着」─「在宅」制のいささか苦しい正当化が行われる。

(31)【表2】によって分かるように、佐藤官蔵は天明五年四月および九月には、月番勘定奉行となっており、才を買われて登用されていることが分かる。信明は、宝暦改革の失敗によって同じく押し込めとなっていた乳井貢と佐藤官蔵を赦免したが、乳井からは参考までに意見を聞くに留まり、佐藤は実務集団のなかに再登用している。つまり、信明にとって必要だったのは、人材登用策と「在宅」制の抽象的な論理づけではなく、遂行する実務に長けた能吏であったということになる。

(32)宝暦改革における農政および農村支配は、町在の有力者を郷士に取り込み、その上で大庄屋制を採用し、一八世紀後半の農民層の分化と地主制の展開に対応して、上層農による一村を越えた土地所持のひろがりを数か村ないしは組単位の農民と土地の把握に変え、上層農を郷士として代官—村役人の中間に位置づけるものであった。

(33)牧野左次郎恒貞は牧野門次郎恒凭《つねより》の養子。実は山田彦兵衛勝令四男、宝暦十二年家督、五百石。安永六年山鹿流兵学師範。山田彦兵衛実子にもかかわらず登用されたのは、番方に長く財政への関与が少なかったことによろう。

(34)実際にその成果は、寛政二年、御目見得以上支配であった菊池寛司は作事奉行赤石安右衛門とともに、宜応の「存寄書」をより具体化した「覚」によって「土着」—「在宅」制を寛政改革の柱として推進することになる。この寛政改革の中核を担った竹内長左衛門・楠美荘司・工藤甚之助・成田祐右衛門・三橋勘之丞らはこうした過程から生まれてきたと言えよう。天明期には、あくまでも個別的な「賢才之者」の登用にとどまるものでしかなかったが、寛政改革のなかで「才智之人物」を登用する体制的・システムが成立した藩校による治者としての封建官僚養成が目指されるようになる。

天明四年における津軽信明の政務――「直捌」の実態に注目して――

清水翔太郎

はじめに

弘前藩主津軽信明については天明の飢饉の復興に尽力した「明君」として、病没直後から言行録[1]が作成され、近代においては顕彰を目的とした伝記も刊行された[2]。本稿は、それらにより形成された言説に対し、信明の自筆記録の分析を通して、政務と政治的権威としての実態を明らかにし、藩政におけるその具体的な役割を考察するものである。

信明は天明の飢饉の最中、天明四年（一七八四）二月に家督相続し、寛政三年（一七九一）に江戸で没したが、その治世で注目されてきたのは、天明四年の初入部、および寛政二年から翌年にかけての最後の入部時である。それは地方知行制を復活させる藩士「在宅」（土着）に関する法令が出されたこと、及び寛政改革において それを遂行する人材が登用されたことによる。次代寧親のもとで遂行された寛政改革において本格化した藩士「在宅」政策や藩校の設立は、信明による意見書の奨励及び人材登用などの上に実現したものと捉えられている。特に家督相続後、信明は自筆書付を多発し、「自らのリーダーシップで階級的威信の保持と階級的結集を図ろうとした[3]」とされる。信明はそこで「直捌」を表明しているのだが、その政務の実態については論じられてこなかった。

本稿では、藩主の政務空間としての「奥」に注目し、家臣との具体的な遣り取りから、信明が標榜した「直捌」の実態を明らかにする。幕政史においては、江戸城本丸御殿の「表」・「奥」・「大奥」と三つに分離した空間構造の内、将軍の政務空間である「奥」に注目し、側用人による側近政治などが論じられてきた[(4)]。藩政史および大名家研究においても、「奥」における大名と家臣の関係に注目し、その政務を分析することは、当該期の大名の政治的役割を明らかにするとともに、その実像に迫る上でも意味のあることであろう。これを可能にするのは信明の政務記録の存在である。

信明自筆の政務記録は、「在国日記」の他にも「天明四辰年家督より同八年在所江出巳前迄之用向書留」と表題の付された史料が国文学研究資料館に残されている[(5)]。これは正しくは「天明四辰年家督より同八月在所江出立前迄之用向書留」であり、天明四年二月の家督相続から八月に初入部で江戸屋敷を立つまでの政務の様子が記されている。現在所在の確認できる藩主在任期間における江戸屋敷での唯一の政務記録である。本稿では天明四年(一七八四)二月に信明が家督相続をしてから、初入部を済ませ、翌五年三月に弘前を発するまでの一年間を分析対象とし、政務の実態と先行研究で指摘されてきた意見書の奨励が信明の政務にどのように反映されていたのかを明らかにする。

また本稿では、政治的権威としての信明の姿にも注目し、大名と領民の関係についても若干の考察を試みたい。天明六年の二度目の入部時について、湊村肝煎の残した記録には「屋形様御下り御着城、町在之者共御通筋江出奉拝候、御名君ニ被為有候と誰申共無申候而、御郡中大形満たり賑々敷前代未聞の事に候[(6)]」とある。民衆が行列を拝し、誰それとなく「名君」であると言い、賑わしく前代未聞のことと記されており、信明の権威を身に感じている様子が窺える。高野信治氏は「心意統治」という視点を提示し、武家領主と地域社会・民衆の関係を権威が介在した政治的問題として捉えるべきことを指摘しているが[7]、本稿ではそれに学び、初入部における政治的権威の示し方に注目し、「明君」として領民に認識された背景について考察したい。

一、家督相続直後の江戸での政務

1.「屋形へ移徙」と政務の開始

天明四年閏一月八日、信明の父信寧は江戸上屋敷において没した。姻戚大名の寄合を経て、津軽家では二月八日に信明の跡目願を老中に差し出し、忌明の翌三十日、信明は登城して、相続が許可された[8]。この時期の動向を信明が記した「用向書留」は、横半切紙が一〇束、上包でまとめられており、その内一つは「閏十月朔より晦日至日記下書」と記された横半切紙が付されている。これは天明六年閏十月の日記の下書で、「在国日記」四巻に収載されるべきものが、何らかの理由で清書されることなく残されたのだろう。これ以外の九束は時系列順にまとめられていないものの、それらを並び替えると、二月一日から六月二十一日分までは一日あるいは二日分の出来事が横半切紙に詳細に記されている。それ以後、例えば六月二十二日は「儀正月勘定帳二冊返」と、これは家老添田儀左衛門へ正月の勘定帳を返却したことを意味するが、箇条書で面会した役人名、確認した書類などが記されているのみである[9]。

信明の政務について画期となるのは、三月十一日の「屋形へ移徙」、すなわち上屋敷の藩主の政務空間に移ってからのことである。それ以前も信明は上屋敷内に居住していたようだが、「屋形」へ居を移したことを契機として日々政務に励んでいる。

ただし世嗣時の居住空間にあった二月中においても信明は、文書に目を通し、国許の状況を気にかけていたことが窺える。十一日には、「内膳・儀左衛門へ逢、在所餓死人数相尋候所、未不申越候趣なり」と、家老津軽内膳と添田儀左衛門へ餓死者の人数を尋ねたものの確かな答えはなかった。十六日には家老両名と会い、「戒香院様御意も御座候間、旧冬より餓死人ヲ回向申付候様ニ尤寺院之義、両人相談之上可申付旨申出候也」とあり、翌日には「家老より七郎ヲ以伺出候間、報恩寺・長勝寺両菩提所江申付候」と、餓死者の供養を菩提寺に命じている。また、二月十日には深浦荘厳寺の聞笈と会っている。聞笈は、国許の状況を訴え出るため江戸へ出奔したが、江戸屋敷に留められ、信明への面会を願い出ていた。これについては同日の記載に「荘厳寺逢候義、此間家老とも相談致候処決不申候間、今朝弥逢候趣両人江以手紙申遣候也」とあり、家老には事後承諾の形で信明が主体的に会っていたことがわかる。信明が面会を求められ応諾する姿勢は、国許での家臣との関係に通じるものがあるが、これは後述する。

三月十一日の屋形への移徙前後の状況をみると、前日には屋形での政務について、信明は家老らと次のように取り決めている。

> 明日移徙致候へは、日々表座敷へ出席致諸用向承候ニ付、家老初、用人・勘定奉行・目付迄も罷出相伺候様ニ申付候事、尤書役壱人も小姓組番所へ相詰、用向伺罷出候者書役へ申聞、書役一寸此方へ申聞、夫々呼伺、事取扱候様致候間、右之趣相心得、夫々可申付候旨、内膳・儀左衛門へ申付置候事

信明は家老をはじめ、用人・勘定奉行・目付の用向について、日々表座敷に出て報告を受ける意向であり、書役による取次の作法まで家老に指示している。また十二日には、「日々用承候刻限ハ、平日九半時迄、精進

日并三・六、九時迄と申付候事」と、平日については、九半時、精進日及び三・六日は九時までと定め、用人・聞番・勘定奉行・目付には個別に面会し、日々用向の報告を受ける意向であることを伝えている。実際には、登城や仏参、姻戚大名家などへの外出により政務をしていない日もある。なお国許には「四時ょり九時半頃迄御座之間ニ被遊御座候間、御次ニ御書役相詰罷在候ニ付用人を以相伺候様被　仰出候(10)」と伝えられており、御座の間（表座敷）で四時から政務をしていたことがわかる。信明は「屋形へ移徙」以後、時間を定め、家老から上がってくる案件の他、これらの役人から直に報告を受けて議論をする形で政務を進めることとなる。このような政務の姿勢を役付のみならず広く家中に知らしめ、さらに意見を求めたのが三月十七日付の自筆書付である。

2．三月十七日付自筆書付と意見書の奨励

三月十七日付の自筆書付は七条からなり、家督相続を受けて信明が所信を述べたものである。江戸在番の藩士たちへ提示された翌十八日には、「儀左衛門江逢、昨日之書付何れも得と覚候様ニ為見候様ニ申付候、役所廉ニ而も写置候而も宜候間、其旨尚亦可申付旨申候事」とあるように、信明は、書付の内容を覚えるよう命じている。その中でも意見書を奨励したのが次の条文である(11)。

一、役人初諸士迄も一統心を合、為ニ相成候儀一同ニ心懸、出情相勤可申候、右ニ付仮令無益成事有之候而も直ニ申聞候、役筋家中江戸国許共目見已下之者迄も一統存寄次第言上書差出候様可致候、若間違の筋有之候而も一向不苦候間、何事ニ不寄心付候儀は、無遠慮差出可申候、惣して下の情上へ不通候而ハ国家の治りかたき事古今歴然の処ニ候

右言上書、上ハ封を致し、封印ニ銘々の印を致し内へ名前相認、印判も居可申候、右之通致、江戸表は目付、国評は大目付へ可差可申候

このように家中一統に心を合わせて忠勤を励むことを命じるにあたり、信明が直に家中の意見を聞く意向であることが述べられている。そこで、無益なことでも遠慮なく意見書を差し出すように信明は求めている。ただし、意見書には封印の上、名前を記し、江戸は目付、国許は大目付へ差し出すように定めている。

「用向書留」からは、これ以前、三月五日の飛脚にて留守居組頭藤田庄助と高岡祭司諏訪門兵衛、大目付、隠密を担う早道から計四通の意見書が信明のもとに差し出されていることがわかる。自筆書付が出された後も江戸徒目付や国許用人組頭・大目付より差し出されている。その後四月に入ってから六日までに国許四通、江戸一通の意見書が信明の手に渡っている。しかし信明の期待には及ばなかったようで、十日には用人河合半右衛門に対して「先頃家中一統書付ヲ以申渡候処、言上書今ニ差出不申候ニ付、尚何事ニ寄らす差出候様ニ申付候様ニ申付候事」と、意見書の提出を改めて命じている。この後、足軽目付をはじめ江戸詰の役人より三通、国許からも目付などから二通差し出されている。

一方で十八日には、目付戸沢惣助が「此間申付候書付ニ付、言上書等兎角難、とても差出兼候間、目安箱差出候ハヽ、可然旨申出候事」と、自筆書付の通り「言上書等」を差し出すのは難しいので、目安箱を設置すべきことを伝えている。これに対し二十七日には「惣助へ逢、目安箱之義詮義致追々ニ可申付旨申置候事」とある。先行研究においては、意見書奨励のため江戸藩邸と弘前城門に「受言函」が設置されたと述べられてきた[12]が、これは意見書というよりは、不正告発の訴状を差し出しやすくするための方策と考えるべきである。目安箱設置後、五月二十一日には、戸沢は「目安箱開之義、目前ニて開可然旨申出候事」と、信明の目前で目安箱

を開くべきことを進言している。さらに、翌日には「訴箱取扱之義、目付より伺出候ニ付、儀左衛門申出方書付為見候得とも、国許之とハ違候間、我等用心ニ開可申候間、目付是へ致持参候様申付候事、尤取はづし之義ハ伺之通足軽目付へ可申付旨申付候事」とある。このように目安箱と訴箱は混同して用いられており、後述するが、国許で目安箱から取り出されているのはすべて訴状である。ここでは足軽目付が取り外したものを目付が信明の許に持参し、信明が自ら開くことを添田儀左衛門に伝えているが、そこで取り出されたものは訴状と考えてよいであろう。目付戸沢の進言は、不正を告発しやすい環境を整備することを意図し、信明にとっては自らに直結した形で家中の不正を把握して、それを正すことを意図したものと言えよう。

3．初入部の延期と金主との交渉

信明が襲封したのは、国許への入部の年に当っていた。信明の言行録において、先例にこだわらず行列を簡素にして初入部したことは述べられてきた。[13] 確かに、「用向書留」からも行列帳を手許に置き、先例を把握するとともに、道具類まで役人に問い合わせ、信明は、簡略化を図っていたことがわかるが、ここで注目したいのは、初入部の時期である。先例に則れば、津軽家では、四月下旬に幕府から暇の許可を得、端午の節句後江戸を立ち、五月の内に入部するのが一般的であった。信明の初入部も四月二十五日に暇願を許可され、翌二十六日には供廻省略願を差し出し、翌日に許可された。同日には自筆書付を発し、初入部に際して家中及び領民にその心得を伝えたが、その後江戸滞府願を出し、信明が江戸を発したのは、八月三日、弘前着城は八月二十日のことであった。江戸発駕が遅れたのは、入部費用を捻出することができなかったことによる。また領民が収穫を終え、飢饉状態から解放されるのを待つことも考慮していたようで、その上で自らの姿を領民まで見せたことは信明の初入部を祝祭性を伴うものとしたが、それについては後述する。

そもそも信明は、この年の入部を避けたかったようで、幕閣へ働きかけていた。相続直後の二月二十日には、「孫之丞田沼へ罷越、俊蔵へ内々申聞候様申付候ハ、御暇年ニ候へとも旧年凶作ニ付彼方差支候間、相成候ハ、御暇不被下候様致度旨、極密申聞置候事」とあり、聞番大谷津孫之丞に、凶作による差支えを理由として、田沼意次の用人高木俊蔵へ工作することを極内々に命じている。なお、これについて事前に家老及び用人に相談した形跡はない。当該期、津軽家では対幕関係について、信明の姉の嫁ぎ先である福山阿部家の指南を受けることが多かった。これは義兄阿部正倫が寺社奉行兼奏者番を務めていたことによるが、十五日には「御暇之義内々相談、備中守殿（正倫）へ以書付申遣」とあるので、正倫へ相談した上でのことであったようである。しかしうまくいかず、二十六日には「内膳・儀左衛門へ逢、此度御暇順年ニ付、相成候ハ、在所江も下向致へく旨申付、在所江も申遣、双方沙汰之上、尚可申出旨申付候事、尤書付差遣候事」と、家老へ下向することを命じた。

このような事情から、信明は端午の節句に登城したのを最後に、七月二十九日に「屋形様御下之御痛所御快気被遊候ニ付、今日四時御供揃ニ而御出勤、御老中様江被遊　御出候(14)」と、病の快復を老中に報告するまで、「端午後勤無之候ハ、供廻用意致間敷旨申出候通申付候事」として、津梁院への参詣の他、ほとんど外出せずに三か月余り上屋敷に籠り、政務に専念することとなった。その間特に勘定奉行らと金策に走ることとなる。

信明は財政状況を気にかけ、家老から上がってきた「金銀銭受払勘定目録帳」、「廻米勘定帳」等に目を通して決裁した他、勘定奉行との直の遣り取りにより財政状況を把握するとともに金策に努めている。その方策は倹約による支出削減と御用商人からの借用によるものだが、これまで依存してきた江戸・大坂両商人はもとより、新規開拓を図っていた。

屋形への移徙直後から、信明は、勘定奉行の落合大助と上田惣蔵とは財政について密にやり取りをしている。三月十六日には「大助江逢、金調候様申付候事、尤常用取続無心元候間、其上之処相調見候様申付候事」とあり、二十五日には「大助江逢繰合之義相尋候事、来秋迄之心当甚無覚束旨申候事、倹約立替可然旨申候事」と、来秋までの繰合が困難で、倹約をすべきと報告を受けている。五月十三日には、落合は「倹約之触有之度旨」を進言し、二十三日に倹約を命じる自筆書付が家中に出されるに至った[15]。

信明と落合・上田は金主の新規開拓を図っているが、その一つのルートとして熊本藩細川家があった。信明は部屋住の頃から、「明君」として名高かった細川重賢とは、その嫡子と同様の待遇を受け、居間で閑談をするなど親しく交際し、家督相続から初入部までは足繁く細川家を訪ねていたと信明言行録[16]にはある。「用向書留」からも細川家に出入りしている様子が窺えるが、重賢との直のやり取りについては定かではない。ただし、役人との関係を通して、四月以降、信明は細川家の用達商人の情報を得、借金の仲介を願い出るなどしていたことはわかる。

四月七日には「大助へ逢、此間内々元吉へ申聞候細川越中守殿用達町人之名承申候処、芝町仙波太郎兵衛と申候者之由、尚勝手向咄合致候事并此間諸々当借之義懸合候由、大助申聞候事」とあり、細川家の用達町人が仙波太郎兵衛であることと、勝手向の事を話し合い、当借の懸け合いをしたことについて報告を受けている。これを受けて五月四日、暇乞いのため信明は細川家を訪ねているが、「今日細川殿へ罷越候節、用人福田杢平罷出候ニ付、兼々御懇意ニ付御心添御頼申上、其上彼方御館入仕候仙波太郎兵衛と申者申承知仕候ニ付、此者手前用向相達呉候様申聞置罷帰候事、尤右掛合雨森権八可致旨申聞置候事」とあり、用人福田杢平に仙波太郎兵衛との仲介を依頼している。津軽家では用人雨森権八が懸け合うと信明は福田に伝えているが、「義左衛門へ不申聞候間、従小河町手紙供帰之節遣候事」とあり、「儀左衛門へ逢候而、此間細川越中守殿一件申聞、権八相談取計候様申付候事」と、六日に家老添田儀左衛門へ直接会って、雨森と相談の上取り計らうように命じている。つまり、家老や用人へは事後承諾の形で、信明と落合の間で話が進められていたことになる。しかし、十二日には「細川殿へ此間罷越候節申入候仙波太郎兵衛江用向達候義、口入相頼候処、同人より断申出候由、用人福田杢平より権八迄申来、細川殿答書到来、同人断之手紙も為見来候」と、仙波から断られたことについて細川家から報告があった。

翌日には「大助江逢、細川殿断ニ付外手段も可有之候哉尋候所、此間権八申聞候菊屋五郎右衛門江懸合見可申旨申候事」と、信明は落合と対応を相談し、雨森から報告のあった菊屋五郎右衛門へ懸けあうこととなった。また、大坂商人の交渉のため用人喜多川監物と勘定奉行三橋勘之丞が五月二十三日江戸に到着し、喜多川は「金子受元ニて調達無之候而ハ下向之差支日前ニ候間、何卒三右衛門江懸合致度」とし、信明もそれを認めて津軽屋へ費用の捻出を依頼することとなった。これにより二千両を得て江戸発駕が可能となった。一方で雨森権八には菊屋五郎左衛門との交渉を命じているが、これは断られている。

この後は大坂商人との交渉が課題となる。信明は喜多川より直書を求められたため、鴻池又左衛門・茨木屋和助・蔵木屋安右衛門・山崎屋藤蔵への直書を持たせている。蔵木屋宛の信明直書写[17]が残っているが、そこで信明は「致下向、直々指揮を相加、極難之者共救遣度」と、「直捌」を表明して貸借を求めている。しかし喜多川・三橋による大坂での交渉は成果がでず、入部後十一月には二千両程度の調達にとどまったと報告があった[18]。

このように信明は江戸において、勘定奉行や用人と共に金主の新規開拓などを試みたが、よい方向には進まなかった。ここで注目したいのは、勘定奉行との距離の近さであり、こうした役方の役人との関係については、国許における郡奉行との近さを指摘できる。

二、国許における「直捌」の展開

1．初入部の演出

本章では弘前着城後の信明の政務について見ていくが、その前に信明を領民に「明君」と印象づける上で効果を有した初入部の様子を述べておく。それは先例より三か月遅れたこと、さらに信明が自筆書付を発して、家中から領民にまでその姿を現したことが大きく影響している。

天明三年の大凶作による餓死者のピークは翌一月から三月にかけてであったとされる。天明四年は労働力の激減や猛暑・干ばつもあって、収穫は四分の一作に過ぎなかったが、七月には七夕祭りや宵宮があり、酒盛りなどが開かれ、にぎわいを取り戻してきたと言う[19]。『平山日記』にも干ばつの影響が記され、食糧事情については次のようにある[20]。

七月七日之頃より粟豆小豆之類之わせ物を給べ申候、早稲ハ盆之頃より給べ申候、上盆前弘前ニ而銭壱匁ニ付米五合余相成候間諸民余程賑ひ申候、然共一向手作不致、夏中蔾犬たで、まるこばの類ニ而命つなぎ候者ハ冬に至り翌巳之年迄も極難候得共、餓死とても無之候

冬に難渋する者もあったが、餓死する者はなく、七月七日の頃から粟や小豆、盆の頃から早稲を食すようになっていたと言う。つまり収穫を終え、領民はひとまず飢餓の恐怖からは免れていた時期に、信明は国許に姿

を現したのである。着城に際してはその二日前に自筆書付[21]を差し出し、意図的に自らの姿を見せている。

此度之下向者全人民之為而已無理ニ下り候、此時合之事故手段も無之候得共、直捌ニ致候ハヽ人民共も安堵可致候、某も責而彼等難儀之様子も直々尋遣、幸に彼等息才ニ凌候体をも見遣度候間、着城之節百姓・町人とも其庄屋・名主・町役人等附添、碇関より本城迄路々後ニ不被成様ニ夫々間罷出、某無事ニ下着之様子見候様可申付候、併此節甚困窮致餓疲居候者共之事故、却而難儀差支相成候而は又不宜候間、何れも勝手次第罷出候様可申触候也

八月

着城之節家中目見以上ハ相定り一統可罷出候得共、此度者格別之儀故以下之者共もいつれも道筋妨ニ不成所江罷出候様可申付候、尤困窮之処難儀不成様ニ夫々可申付候也

八月

尚々足軽小人迄も勝手次第可罷出候也

ここで信明は全領民のため無理に下向したことを述べ、自らの「直捌」により困難を乗り切ることを主張している。そして困難を強いられた領民の姿を確認することを望み、百姓・町人には、村役人・町役人付き添いのもと、道に出て行列を見るように命じている。さらに家中に対して目見以下の家臣にも出るように命じているが、双方とも困窮の者に対する配慮の姿勢も見せている。

この時の様子について『平山日記』には自筆書付の写しとともに「御廻状ニ而相廻り候ニ付、御領内之全民

悦事無限、夜を日に継而御城下江罷上り、御入国之御尊顔を奉拝候[22]」とあり、自筆書付の写しが廻状として領内に伝達され、領民は喜び弘前城下に出て信明の姿を確認したとある。生死を彷徨う困難を経験し、収穫を終えひとまず安堵していたところに「直捌」により領民を救済せんとする新たな藩主がやってくる。信明の治世はこうして、領民の期待を高揚させて動き出したと言えよう。

自らの言葉により「仁君」として民に寄り添う姿を喧伝する上で、近習小姓を名代とした餓死者供養も大きな意味を持った。これについては後述するが、自筆書付をもって供養のことを村々まで知らせるとともに、近習小姓には各地に卒塔婆を立てさせ、その前に民を集めて「去年大凶作ニ而一統及飢渇其方とも終ニ死亡を免れ不申候段不便至極ニ覚、依之戸沢元吉・藤田小三郎を名代として差遣、亡魂弔申上候、責而は朽骨是より安穏ニ相成亡魂地下某実心を感候様」と記した自筆書付を読ませている。『平山日記』ではこの自筆書付が引用され、「御仁愛之程難有事甚奉感称けり[23]」とある。既に菩提寺などで祈祷を行っていたが、これは「仁君」としての信明をより身近なものに感じさせる効果を有したと考えられる。

生死を彷徨う困難を経験した民衆の心に自筆書付を以て訴えかける方策は、「明君」としての信明への期待へとつながり、冒頭で述べたような翌年の入部時の状況を生み出したと言えよう。

2．弘前城内での政務

着城後の八月二十二日、信明は月番の家老津軽内膳と国許での政務について相談しているが[24]、「在国日記」一巻には次のようにある。

此度下着ニ付、日々用向承候義、江戸表之通ニ可致哉之旨、致相談候処、左候而は用所も繁多故、却而差支も可有之候間、用次第申出、其節山吹之間江出席可然旨申出候、則右之通、用人・大目付・四奉行・目付とも江申付置候様ニ申付候事

このように信明が江戸屋敷と同様に政務をとるべきか相談したところ、内膳は用所も多忙を極め、差支えることもあると意見を述べ、用が出来次第役人の方から申し出て、山吹の間で信明に報告することとなった。弘前城本丸御殿は御用所、表座敷（公的儀礼の場）、奥（藩主の政務の場）、奥座敷（藩主の私的生活の場）の四つの空間で構成されていたとされる[25]。信明の日々の政務は、奥にあった山吹（款冬）の間における月番の役人との用談を基本とし、それを終えた後、必要に応じてその他の役人などと用談をしている。着城の翌日である八月二十一日には、信明は山吹の間で月番の家老津軽内膳に会い「是迄内膳取扱候用向、書付とも差出受取置候、外に帳面も三冊、内一帳ハ米方用留書、四月廿六日より五月三日迄之一冊、二帳ハ手鑑調方帳也」と、内膳が取り扱っていた文書を受け取り、家老の職務の実情を把握しようとしている。これらを「いつれも留置、追々可申筈」として、二十六日に信明は「山吹之間江出座、内膳へ逢なり、此間廿一日ニ差出之書付とも相返、夫々申付候事、右之内笛方手伝之義ハ先見合申付候事」と返却し、対応を申し付けている。なお二十一日には、江戸屋敷での政務開始時と同様に、用人から奉行まで個別に面会したが、用人・大目付・目付は山吹の間で面会し、その後「八半時過、夕飯、已後山水之間江出座」し、奉行と面会した。その様子は、「在国日記」一巻に次のようにある。

一、寺社奉行対馬武左衛門・秋元金九郎、郡奉行佐々木又八・工藤忠次、町奉行対馬彦左衛門・成田保次郎、勘定奉行湯元弥五右衛門・笹角之丞・石郷岡徳左衛門・小山内新五郎、右四奉行銘々ニ逢ふ也、

六時過、相済、於四季之内、奥勤郡奉行兼役三上理左衛門・対馬久米次郎、舘美文内江逢也、其々具ニ様子相尋候事

ここで注目したいのは、奥勤を兼ねた郡奉行が三名おり、彼らは兼役でない同役が山水の間で対面しているのに対し、奥座敷にある四季之間で面会していることである。

3．領内の情報収集と郡方への影響力―奥勤郡奉行と近習小姓の巡見―

江戸における信明と勘定奉行との近さは先に述べたが、国許では特に郡奉行との関係の近さを指摘することができる。郡奉行に奥勤を兼役させることが津軽家で恒常的に行われていたかは定かではないが、信明は彼らを奥座敷の居間に呼び、領内の様子を尋ね、時には職務に関して指図をしている。信明が飢饉による被害を受けた領内の実状を知る上で機能したのが、こうした郡奉行と直結したルートと近習小姓による領内巡見であった。

信明は奥勤郡奉行との面会の様子について、九月四日には「夕飯前、久米次郎西座敷ニて逢、在々之容子委細相尋、尚明年之処出勤可致旨申付候事[26]」と、十月十四日には「於居間文内へ逢、在方之様子与得相尋[27]」と「在国日記」に記している。面会場所は「西座敷」と「居間」とあるが、西座敷は奥座敷の居間にあたるので、これらは同じ空間である。つまり信明は奥勤郡奉行と私的性格の強い空間で面会していることがわかる。そこで得た情報は信明の政治的意思の形成につながり、山吹の間での政務に反映されたものと考えられる。具体的には「在国日記」一巻には、八月二十六日の三上理左衛門との用談の様子が記されている[28]。

理左衛門江逢、郡中之様子相尋候事、収蔵之義相尋候所、段々相減、漸拾万俵位と中考致候由申候事、〇

何卒雪前ニ巡見致候ハ、可然旨申事也、尤三里四方位、拾里位ハ休処も有之候へとも、五里位之処ハ休処無之由也、○明年仕付之義、只今より用水取扱候様被仰付度由、○明年夫喰三万俵ほと渡候へハ先宜由、尚随分出精取計候様ニ申付候事

信明は領内の様子を尋ね、収納が減少していることや翌年の仕付と夫喰米のことについて報告を受けている。ここで重要なのは三上が領内巡見を求めていることであろう。しかし、これは実現せず、近習小姓戸沢元吉と藤田小三郎を餓死者供養のため遣わすこととなる。餓死者供養は、八月二十三日に津軽多膳が「餓死之者共之為施餓死(鬼)之義、存寄書付一通差出」、それに対して信明が同意したことによる(29)。九月十二日に領内に出された自筆書付(30)には「某在々巡見致し直ニ吊遣度候へ共左候而は諸事差支も多、殊ニ疲候人馬却而痛ニなり、諸人之ためにも不成事ニ存候、依而側廻り之内能々心懸、某之意を得、心居候ものを撰ミ、為名代差出、彼等へ申含遣し、能々取扱を可申候」とある。また「生存居候者とも江様子共ニ与得致見聞候様ニ申付候間、相尋次第不寄何事、逐一ニ可被申聞候」とあるように、戸沢と藤田は信明の耳目となり、領内を巡見することとなったのである。

両者は九月十六日に信明に暇乞いをし、十月十七日には「昨晩近在へ止宿之積ニ付、則弘前へ上り、今日機嫌伺ニ出ニ付、逢候て荒々様子相尋候事、在々より之願書数通差出留置(31)」と、信明に面会して様子を報告するとともに、村々からの願書を差し出している。そして二十四日には巡見を終え、再度願書を差し出した。これらの願書は信明が一覧した後、「此間名代廻リ差出候在々よりの願書四十五通相渡、申渡宜分点羽ヲ以申出候様ニ申付候事」と、対馬久米次郎に渡され、申し渡してよいものを吟味して申し出るように命じている。またここから内容は詳らかではないが、願書は四十五通差し出されていたことがわかる。この後、十二月三日には

「側廻、在々為名代廻郷ニ付、願書共、郡奉行沙汰申付、点羽等も申出候ニ付相渡、尚用人存念相尋申触候様ニ申付候事、則願書一袋、添書二通、相渡候也」と、信明は願書を家老津軽多膳に渡し、用人を介した上で触れ出すように命じている。

また、奥勤郡奉行とは、藩士より差し出された「在宅」願書の取扱とともに、翌年の耕作に関する触をめぐる議論をしている。十一月二十五日には対馬久米次郎から「先日申付候側廻江差出候在方願出、夫々点羽致差出候事、并触書下書為見候事、何れも留置」と、点羽を付した「在宅」願書と触書の下書が差し出され、信明は留め置いている。これらについて十一月三十日には「此間差出候在方願調・触書等之内、不審并相尋候事共有之、相尋、尚今一応沙汰致申出候様申付候事、其外色々取扱向等相尋候事」と、信明は月番となった三上理左衛門に不審点などを問い、再度検討するよう命じている。

耕作手段に関する触をめぐる議論は、十一月二十七日に信明から「在方〆り合不宜候間、触差出候義、下書ヲ以ケ様之趣ニ郡奉行江申付候様ニ申付候事、尤書付相渡」と多膳を介して郡奉行に命じたことに端を発する。十二月十二日には「多膳より、半兵衛ヲ以、郡奉行より耕地一件存念書、四奉行・用人共沙汰書添一結」と、存念書が信明に差し出されるが、十四日には「山吹之間江出座、多膳江逢、一昨日差出候来耕作郡奉行存念書、四奉行・用人沙汰書共一結相渡、甚以右手段不宜候間、不審書添、尚此処一応沙汰可致旨申付候事、右ニ付某存念も極密ニ咄置候事」とあるように、信明は多膳に対し不満をもらし再検討を命じるとともに、自らの意向を話している。さらに同日、三上理左衛門にも不審を述べている。信明は「此度申出候耕作手段、寛司存念之趣相聞江候ニ付、弥同心ニ候哉」と、郡奉行手伝の菊池寛司に賛同するかと尋ねると、三上は「中々不同心之趣も申出候ニ付、先ツ一々不審打候」と、不同意であると答えたので信明は不審を述べている。三上は「某之申所、全左様ニ候旨申出、感服之様子ニ相見江候ニ付、某存念も有之候間、追々咄可申候間、心を入相勤候様申付候所、難有畏候旨申出、納得致候事」とあるように、信明の述べたことに同意したようなので、信明はいずれ自らの意向を伝えるので忠勤を励むよう命じている。

郡奉行に奥勤を兼ねさせ、自らの側においたことは、信明の「直捌」において二つの意味を有していたと言えよう。第一に領内の情報と郡奉行の職務の遂行状況を把握することができたことである。そして第二には、家老を介して上がってきた文書について、郡奉行に対して直に不審を述べるなどして自らの意向を郡方政策に反映させることにつながったのである。

三、意見収集の実態と人材登用の挫折

1．信明直結の上申ルート

三月十七日付の自筆書付により、国許では大目付を介して意見書を差し出すことを信明が命じたことは先に述べた。着城後には隠居した家臣の意見書も受け付け(32)ることとし、望みにより直に会って議論をするなど、意見収集を積極的に行っている。

また信明は江戸と同様に目安箱開封の仕組みを変更し、自らに直結した訴願のルートを築いている様子が「在国日記」一巻からわかる。八月二十七日には「制札場ニ有之候目安箱、毎月晦日ニ於用所開候処、此度より在邑中ハ目前ニ開候様ニ可申付候、尤大目付持参、錠開候様ニ大目付へ可申付旨申付候事」と家老津軽内膳に命じている。すなわち、これまで目安箱は、毎月晦日に家老がその執務空間である用所で開錠していたが、この後は大目付が持参の上、信明の面前でということである。同日には大目付高屋半左衛門にも「訴状箱、山

吹之間ニて開錠致候様申付候事」と、信明は山吹の間での開錠を命じている。翌二十八日には「訴箱之義、此間申付候通、尚取扱候義差出候廉等ハ是迄之通ニて可然旨申付候事、尤町奉行より用人共江差出、夫より家老江申通、用透次第、用所上之間ニおゐて大目付開候由、右ニ付家老へ通御座候ハ、此方へ申聞、其上大目付款冬之間へ持参開錠可然旨申付候事」とあるように、これまで目安箱は町奉行から用人へ差し出し、その後家老の用が済み次第、用所上の間で大目付が開錠していたが、家老へ通した後未開錠のまま信明に報告し、その上で大目付が山吹の間まで持参して開錠することとなった。

実際に翌二十九日には「治左衛門訴状箱持参申付、於山吹之間同人開之、右之内より四通差出、其外ニ治左衛門へ差出候由言上書二通差出、いつれも受取置候事」と、大目付戸田治左衛門が訴状箱を持参し、山吹の間で開錠し、訴状四通を信明に差し出している。また合わせて戸田のもとに出された言上書二通も信明に差し出されている。訴状四通の内二通については、九月三日に「一通ハ大組警固取扱不宜、組之者難義之趣名不認申出、又一通ハ中之馬屋木立数馬預之馬屋親要左衛門と申合、不埒之取扱有之候由、是も名無ニて申出也、右故先為心得相渡置也」と、不正を告発する内容であったが、名が記されていなかったため、信明は心得として津軽内膳へ渡している。

このように、訴状箱はかつて家老が開錠していたものを山吹の間において信明の面前で開錠するように改められ、信明が一覧した上で家老に渡され、対応を評議させるようになった。こうして信明に直結する意見書の提出及び訴願の仕組みが構築された。

意見書については、大目付から多数差し出されていることが確認できるが、訴状と同様、名の記されていないのものがあり、信明はそれを問題視している。八月二十二日には「今朝七郎右衛門より名之不知印計の言上書一封差出、伝兵衛より此間着前、早道より差出候由ニて出ス」と、用人兼松七郎右衛門から名前のわからない印のみの意見書が差し出されている。これは着城前、隠密を担う早道より差し出されたものであると言う。

九月四日、着城後初めて出された自筆書付[33]は「直々取捌候ハ、一統之為ニも可成哉与夫而已念慮ニ不絶令到着候、其方共も某常々令苦心候条能々心得、尚尽心出情呉候様ニ致度候」とあるように、信明は再度「直捌」を主張し、家臣の出精を求めるなど、五条からなるが、その内一条では、名の記されていない意見書について問題視している。

去年中より惣家中と申、或ハ名を不顕候言上書数度差出候者共志の程ハ神妙ニ候、併申分甚不法ニて礼義を失候条不届之至候、急度糾明の上申付方も有之候得共、先此度は致用捨候、此上右体の義無理之様ニ可致候、仮令君ニ君たらさる事有とも、臣ニ臣たらさる理あらんや、忠臣の臣ニ決而無之処ニ候、能々可勘弁候、古范蠡亡国の君子事ニ、敬礼少も不怠、誠忠甚至候事ハ其方共ニ能手本と存候、某常ニ人を上用るニ心を苦居候へは、左様の者共有之候てハ登庸する事も有間敷候、銘々鄙劣の心を去り、能々忠誠相励候事可為専一候

信明は惣家中と名乗った者、あるいは名前を記さずに意見書を差し出した者に対し、礼法に反するとして誡めている。惣家中とある意見書については、四月五日、江戸において「七郎右衛門方へ長勝寺より宛所ニて中ハ惣家中言上書壱封差出候事[34]」と、信明のもとに差し出されていた。その内容は定かではないが、天明八年五月二十八日には「廻り徒代目付より東長町へ張紙致候者有之、右張紙剥取、大目付迄差出候由、差出一覧之所、家中極難ニ付、救願惣家中と相認有之候、右ニ付候而も兼々評義之通、何れ手当筋無之候而は相叶申間敷候間、尚精々沙汰改候様申付候[35]」とあり、「家中極難ニ付救願惣家中」と記された張紙があったことが信明に

報告されていることから、これも手当を求める内容であったものと考えられる。

このように名を名乗らずに一方的に主張をすることを信明が問題視しているのは、意見を政策に反映させる上で、意見書のみならず、さらなる議論を想定してのこと、また条文の最後にあるように、人材登用の手段として重視していたことによる[36]。では、意見書の奨励は政策、及び人材登用へどの程度反映されたのか。次にこの点について見ていく。

2．意見書の「在宅」政策への反映

天明四年十二月に出された「藩士在宅令」は、望み次第、手当なしで「在宅」を奨励したものであり、寛政四年令が二百石以下の藩士に強制したのに対し、本令はこれ以前にも出された奨励策の延長線上にあるものと指摘されている[37]。天明四年令は毛内宜応の意見書の影響を受けたものとされ、発令までの過程を「在国日記」における記述から見てみたい。

九月三日には「今朝、従大目付、毛内宜応より之言上書一通差出[38]」と、意見書が大目付から信明の手に渡っていることが確認できる。毛内の意見書をまとめた「秘記」によれば、この意見書では「御政道之御本源を御正シ可被遊御事」として大名と家臣の関係について述べられているものの、「御永久之御政被差立度御事」として「廃田御取立被遊方之御事」など、具体的な政策が十五条記されているのみで詳述されていない。そのため毛内は十八日に「先日奉差上候存念之趣巨細之業は相顕れ不申、外にも数条愚意之存寄も御座候上、御場合臥候而御不益之御儀共も御座候、猶筆紙に難及御儀も御座候ニ付、乍恐御逢之上ニ而御直ニ奉申上度奉存候」と願い出ている[39]。

「在国日記」において、信明が「在宅」政策について初めて言及するのは九月二十九日のことで、「諸人より申出候此度田地仕付候義、士民不足に付家中在宅之義、内膳江咄置候事、同人不承知之様子ニ有之候なり」、「多膳に逢、右家中在宅之一件咄置、尚此上植付等之義申付置候事」とあり、家老津軽内膳と多膳に個別に相談している。毛内の他にも「在宅」政策を主張する藩士がいたようだが、内膳は反対の様子であったと言う。翌三十日には「昨日勇八江申付毛内宜応より言上書二通、勇八迄差出、受取置なり、頻ニ逢願ふ也(40)」とあり、ここで「在宅」政策について詳述した意見書が信明に差し出されている。「秘記」には、「昨廿九日吉崎勇八ヲ以御内々之奉蒙御意候趣、先達而奉言上候存念、其後又々御逢奉願候筋は定而永き儀ニも可有之、左候得は御忘等も可有御座御儀ニ付、可成たけはヶ条に相記し奉差上、其上与得御熟覧之上ニ而、追而御逢可被成下置旨被仰出、不肖之私、愚昧之存念奉申上候(41)」とあり、毛内は、信明から箇条書にした意見書を差し出すことを命じられ、それを熟覧した上で会うことを伝達されていたことがわかる。こうした経過から、「在宅」に関する献策がいくつかある中で信明は面会を求める毛内に関心を持ち、詳細な意見書の提出を命じたのだろう。

十月十三日に信明は毛内と面会することになるが、それ以前にも「多膳ハ土着一件之義、及相談候事(42)」と、月番の家老津軽多膳に「在宅」の件を相談している他、十二日には「土着之義申付方、考量之趣申遣候事」と、具体的な内容は定かではないが、家中への伝達について考えを多膳へ伝えていたことが「在国日記」一巻に記されている。

毛内との面会の様子は「八半時過、毛内宜応、兼々逢候義願申出候間、於菊之間逢候所、兼而差出候存念書之趣、尚申出、色々之手段頻ニ申出候事、尚書付差出候事」と、菊の間において様々な手段について話し、さらに毛内は、書付を差し出したと記されている。翌十四日には「此間、毛内宜応差出候存念書一冊、多膳へ内々為見、及相談候事、尤留置、精々熟覧致候様申付候事」と、信明は多膳へその意見書を見せて相談し、熟覧するように命じている。

毛内との面会は議論を本格化させることとなった。十七日には「此間為見土着存念等之義、猶夫々沙汰可申付旨申付候事」と、信明は「在宅」について理非を見極めるべきことを多膳に命じ、二十二日には、多膳は信明に意見書を返却しており、その意見は詳述されていないが、概ね信明の意向と同様であったものと考えられる。二十七日には「多膳江逢、先達而土着之義、三奉行沙汰申付候処、先見合可然旨申出候、尤只今被仰付候而ハ差障之義も有之候由なり、右書付、則相返ス」と、勘定・郡・町奉行は見合わせるべきと考えていることが伝えられている。

この後の過程は定かではないが、「在国日記」二巻には、十二月二十七日には「家中望之者、廃田打起ニ付、在宅勝手次第と申付候ニ付、触下書昨日為見候所、不宜候間認直し、則相渡候事」とあり、翌二十八日の発令当日まで「昨日相渡候触書、少々人気ニ可相障哉之所有之由申出候に付、尚考量致可認直取返置」とあるように、多膳と議論をして修正していたことがわかる。その上で「八半時過、又々於四季之間多膳江逢、先刻之触書認直相渡候事」と触が出された。

天明四年令発令までの過程をまとめれば、家中からの「在宅」に関する意見書があり、その中でも、信明は直に面会した毛内宜応の意見書へ共鳴し、家老津軽多膳の協力のもと進められたようである。ただし家老津軽内膳や三奉行は反対の意向であり、折衝の過程は不明ながら、手当なしの「在宅」が奨励されるにとどまったものと考えられる。

「在宅」政策は、信明晩年の寛政二年（一七九〇）から準備期を経て、寛政四年から本格的に展開し、同十年に政策が廃止されるまで継続した。当該期と準備期で相違するのは、実務官僚等改革主体の有無であろう。「在宅」政策を主とした寛政の改革は、寛政二年、赤石安右衛門と菊池寛司の改革に関する意見書に基づいて着手されたとされる。意見書をふまえた上で赤石は郡奉行、菊池は勘定奉行に登用され、両者を中心に「在宅」政策が進められた[43]。言わば献策が当人らにより政策化された点に、当該期と大きな違いがある。毛内は足軽頭などを務めたが、天明二年には病気を理由に隠居しており、自らの献策を政策化する主体たり得なかった。さらに実務官僚が慎重な姿勢を示したことで信明と津軽多膳が主体となったものの、それを推進するのは困難であったとみてよいであろう。

当該期において信明は、家老・用人などから上がってくる「人目論」を主として、意見聴取をして人事権を行使しており、意見書が登用につながった例は定かではない。江戸屋敷においては「在所青森深浦町奉行明キ有之候ニ付役替、其外両番頭明ニ付役替、夫々人目論従在所申出、家老目論之通ニ申付候事[44]」と、深浦町奉行や番頭について家老の目論の通り命じている。着城直後の八月二十三日には家老津軽多膳が「宜敷人品相撰之義申出候」と、人材登用を求めているが、それに対し信明は「某も中々見分之義急ニハ不相知候間、いつれも能々人品見分之上可申出旨申付候事[45]」とあり、人を見分けるのは急には困難であるとして、よい人材を見極めて申し出るように命じている。信明は特に勘定奉行と郡奉行の人事については慎重に行っていたが、九月四日には「多膳・甚五左衛門目通致度旨申出、即刻款冬之間江出座、両人一所ニ罷出、此間両人江申付置候両奉行人目論存念申出、尤両端ニ相認差出、委細人品等相尋、尚亦与得思慮之上可申旨申聞置候事[46]」とあり、多膳が用人吉村場左衛門とともに人目論を差し出し、それに対し信明は人柄などを尋ね、思慮の上、再度上申することが伝えられている。

三月十七日付の自筆書付以後、多数の意見書が信明のもとに差し出されたものの、それらを基に人材を登用し、政策を遂行するまでには至らなかった。むしろ不正に走ろうとするなど「士道」に背く行いをする藩士が多数いることを信明は知ることとなったのである。

3．意見収集と人材登用の挫折

毛内の他にも意見書を差し出した上で面会を求める藩士がおり、実際に信明は応じたことがあった。その一人葛西縫右衛門とは十月八日に菊の間で面会し、「多年心懸候由にて金三百両拝借仕、三年之内取扱、三年内ニ上納仕度旨、子細は金銭融通ヲ相開候手段之由、一向不相分義共ニて聢とふまへも無之様ニ相見候なり、与得勘弁之上可申付旨、申聞候事[47]」と、葛西は金銭融通を開く手段として三百両拝借し、三年以内に上納したいと願い出ている。信明はそれを一向に理解できないことと考えていたが、十一日には「葛西縫右衛門義、姦佞之者之由、多膳申出候事、依而此間縫右衛門申出之趣相咄候事[48]」と、多膳から葛西が「姦佞之者」であると報告を受けている。十三日にも願に応じて、信明は手廻組頭棟方十左衛門と山水之間で面会したが、棟方は「葛西縫右衛門人柄之義、用達宮崎源兵衛佞姦之義」など、葛西の人柄とともに、用達宮崎源兵衛が「佞姦」であると信明に伝えている。同日には「高倉主計罷出、逢願候ニ付、是又逢候処、段々政事之存念申出候事、是亦宮崎源兵衛ニ付下金銭融通差塞候趣申出候事[49]」と、馬廻組頭高倉主計も宮崎が下金で不正を働いていると述べている。つまり信明は家臣との面会を重ねる中で、葛西の悪事のみならず、用達手伝の宮崎源兵衛が不正をはたらいていることがわかったのである。

こうして自ら収集した情報をもとに、信明は十一月十六日に山吹の間において家老三人に次のように伝達した[50]。

用達手伝宮崎源兵衛義、段々聞糺候処、甚以佞姦邪顕之者にて、当時彼壱人ニて差働、下々殊之外極惑ヲ生し、此節弥以金銭之融通致閉塞候由、扨々某折角昼夜令心労候所、左様之者、下ニ有之相妨、存念も下江不通、甚以不届至極存候、其方共も此場合左様之義心付も可有之事、如何相心得候哉、且又其方共之為にも不宜候義、早速用達手伝取上、急度可申付候旨口上ニて、三人江申渡候所、内膳別而恐入候段申出、多膳申出候ハ最初私江も内談有之候ニ付、可然旨同心仕候所、其節左様之義も相聞へ候ニ付、相談之上相伺可申候所、被仰出候趣無相違、恐入候段申出、尚其上左様之義無之様互ニ申合可相勤旨申付候事

宮崎が下級藩士を惑わし、金銭の融通を閉塞させていることを述べ、自筆書付で伝達した意向が家臣へ浸透していないことを信明は痛切に嘆くとともに、早急に用達手伝の職を取り上げるように命じている。また不正を暴くことのできなかった家老らの不注意を咎めている。この場合、宮崎の不正について家老より前に信明の耳に入り、多膳には信明から知らされていたが、対応が後手に回ることとなったのである。なお、十一月五日には「葛西縫右衛門、先日逢願ニ付逢候所、不埒之義とも申出、其後も以書付不埒之義申出、不届ニ付遠慮申付候様申付候、則今晩と申付候事」[51]と、面会後も書付を差し出した葛西に対し、信明は遠慮を命じている。この後、宮崎を中心とした蔵米をめぐる不正が明るみになり、天明六年(一七八六)十二月には宮崎と結託した秋田屋や米屋、藩士工藤源八らが処罰されることとなる[52]。

この一件により信明は、自筆書付による教諭の限界を知ることとなった。天明五年二月十五日、信明は参勤を翌月に控え、「当参府之義、此時合延引もいたし取捌等も可致程之義ニ候へとも、初而之義、其上家督後直ニ御暇ニ付、勤之間も無之候ニ付、弥来月末発駕致候旨、家中一統申渡、自筆書付相渡、明後日一統為見候様ニ申付候事」[53]と、参勤を延期し、藩政に専念すべきことを痛感しながらも、初入部かつ家督相続後間もなく、江戸での勤めを果さなければならないことから、翌月発駕するにあたり、自筆書付を家中に発している。その内、前文とそれに続く二条は次の通りである。

其方共数年及難渋候ゆへ夫々沙汰も申付遣度心懸候所、去年も不作ニて減石ニいたり、手繰も六ヶ敷場合ニ候得共、無理ニ旧冬夫々少分なから取続方も申付候、某心底能々察候て如何様ニも取続出情可相励候、且また有ましき事ニハ覚候へ共、時変は難計候、万一いか成不作等有之候て及飢渇候ほとの大変有之候共、武道堅固ニ相守り、国の恥辱ニ及候事有ましき心懸可為専一候、万一少しも武士道ニ背候筋有之候へハ、天災は相逃候とも某か厳刑は全く逃申間敷候、

一、惣して家中の者とも、其身の言行相慎、奉公向キ出情相励、某か心底を察、日夜無油断心懸可申候、入部後家中の風儀察候所、不正の者も有之様子ニ相見得候、乍然未聢と不見定候故、不及糾明令参府候、惣して家中の者言行正敷者は弥善を磨キ、不正の者は其悪を改、相互ニ正し合、明年下着迄に家中の風儀相直り、某か致安堵候様可致候、言語塞り候てハ上下の情不通候故、一統言上書差出候様申付候得ハ、其内勝手次第不正無礼の筋共申出、格別尤と覚候申分も無之、申出の一言にても其者の善悪邪正相分り候事ニ候、右体の書付差出候者共一々糾明可申付候得共、此度ハ初入の事故令宥赦候、銘々心得違の筋与得銘々の心を以鄙劣不正之心を責、已来左様の事無之様可致候、向後右体の不埒之筋於有之ハ急度糾明可申付候

一、惣して家中学問の致方、不宜候趣有之候、聖賢の書を読、能々人倫五常の道を知、銘々其身の為に行事肝要候、唯詩文章のミニ相拘り妄言活口を事と致候ハ無益の学問ニて候、真実身の為ニ致候学問第一ニて候、其外武芸等不懈出情可致候、師範の者も同意ニ相心懸、家中取立可申候

前文では飢えに及ぶほどの困窮の中でも、武士道を固く守るべきことが述べられている。それに背いた場

合、天災からは逃れられるとしても信明の厳刑から逃れることはできないと述べ、これまでになく厳しい物言いで家中の不届を戒める内容となっている。

これに続く第一条では、言行を慎むべきことが説かれているが、葛西の一件を受けてのことであることは想像に難くない。信明は意見書を奨励したものの、勝手次第無礼なことを申し出る藩士に対し、今後はきつく問いただす意向を伝えている。

さらに重要なのは、続く第二条で初めて学問の重要性が説かれていることである。三月以来、信明は自筆書付で儒教的道徳精神について述べてきたものの、学問について言及されることはなかった。それがここで初めて言及され、特に「身の為」に学問をすべきことを家中に伝達しているのである。

藩校が設置されるのは、次代寧親の治世においてであり、信明の遺命として着手された。信明にはその構想があり、寛政三年（一七九二）二月には、それまで不定期であった城中講釈を定期的に設けたことは指摘されてきた[54]。なお「在国日記」からは、信明を中心に側役が参加する講釈が行われていたことがわかる。天明八年（一七八八）八月二十八日条（八巻）には「八半過より山水之間下段着座、於梅之間、図書、帝範・臣軌講釈申付之、聴聞ス、尤両冊之序計講、家老・用人・大目付、其外側向一統、聴聞申付之、七半前、相済、今日、着後、初而ニ付、図書へ手熨斗遣之、一統麻上下着也[55]」とある。これを最初に、以後八の日には梅の間で、後に藩校の設立にも関わる山崎図書（蘭洲）に講釈をさせ、家老、用人、大目付、側役の家臣に聴聞を命じている。翌年二月以降は、家臣に講釈を任せることもあり、三月八日には「八半過より於西湖之間、牧野左次郎へ全書講釈申付、聴聞ス、流義之面々、いつれも罷出、尤左次郎初承候ニ付、同人ハ麻上下着、某ハ肩衣着、いつれもハ平服ニ申付也[56]」と、小姓組頭であった牧野左次郎が「全書」の講釈をしている。牧野は寛政二年（一七九一）に用人となり、赤石安右衛門や菊池寛司を推挙し、寛政改革の主体となるが、信明にとっては、こうした講釈の場が側役の家臣の能力を見極め、人材を登用する手段となったものと考えられる。また、寛政二年七月一日条（十二巻）には「於芙蓉之間、図書、大学之講釈勤之、北之方家老・城代・用人・大目付・側廻、鷺之間へ組頭初物頭、其外礼ニ罷出候面々罷出聴聞、組頭共初へ学問心懸相励候様申付之、無間も相済[57]」とあり、側役のみならず、月並御礼で出仕した家臣に山崎の「大学」講釈の聴聞を命じている。

信明にとって初入部は、藩士たちの退廃を目の当たりにすることとなった。その危機感から学問による教化の必要性を痛感し、自ら実践するに至ったと理解できよう。

おわりに

津軽信明は、天明の飢饉で混迷する弘前藩を建て直すためには役付のみならずそれ以外の藩士まで同心することが肝要であると考え、自らその統合の中心たることを自覚し、「直捌」を標榜した自筆書付を多発した。信明の「直捌」において重要な柱となったのは、役人との直談と意見書の奨励であった。信明の政務は山吹の間での月番の家老との用談を核とするが、実務官僚との用談を重視した。特に勘定奉行と郡奉行といった実務官僚とは居間で用談をすることもあり、勘定方及び郡方の政策にまで関与することとなった。

自筆書付は領民にまで達せられたものもあり、信明の政治的権威を身近なものに感じさせる上で効果的であった。家中に対しては自らの意思を表明し、忠勤を求めるために多発したが、それを一方的なものとせず、意見書を差し出すことを求め、役付以外との家臣との議論も望んだ。しかしこれは功を奏さず、匿名の一方的な批判、あるいは不正に加担し金策に走るような「士道」に背くものが目立った。「在宅」政策のように献策が政策化されるものもあったが、人材登用は進まず、信明の望みに反して、不正の告発として機能した側面が大きかったと言えよう。信明は初入部を経て、学問を通じた藩士の綱紀粛正の必要性を痛感し、後に自らに近い家臣たちとの講釈からより広く藩士への講釈の場を定期的に設けることで実践していくこととなった。

こうした信明の「直捌」は、自らあるいは側近が恣意的に権力を振るうようなものではなく、代々の官僚制の原則を崩さずに議論を活発化させることを意識し、自らをその中心においたものと捉えることができよう。笠谷和比古氏は、大名家（藩）における意思決定は「各階層の家臣・役人がそれぞれ有する、「持分」に応じた決定力の合算・比較の中で行われるもの」とした[58]。それをふまえると、信明はその均衡を維持した上で、自らの意思を反映させる仕組みを構築したと言えるが、世襲制にあってこうした方法で藩政を遂行できた藩主は限られよう。信明の跡を継いだ寧親は文化十年（一八一三）から同十四年（一八一七）にかけて日記を付けている[59]。寧親は、目安箱開錠の仕組みは引き継いでいるものの、実務官僚との近さは窺い知れず、在国中において詳しく書き留めているのは、江戸から届いた用状の内容であり、その関心は江戸での幕府との関係にあったことが窺える。

本稿では、津軽信明の政務について、襲封から一年余と短い期間の分析にとどまってしまった。初入部に際して構築された「直捌」のあり方が寛政期にかけてどのように展開していくのか。今後の課題としたい。

註

（1）「津軽孝公行実」（『青森県史』資料編、近世、学芸関係）、「無超記」（『青森県史』資料編、近世、学芸関係、二〇〇四年）。

（2）外崎覚『津軽信明公伝』吉川半七刊行、一八九七年。

（3）瀧本壽史「寛政改革と藩士土着政策」（長谷川成一編『津軽藩の基礎的研究』国書刊行会、一九八四年）、同

「津軽藩寛政改革意見書の分析」（『弘前大学國史研究』七十九、一九八五年）、『新編　弘前市史』通史編二（近世二）、二〇〇二年。

（4）深井雅海『徳川将軍政治権力の研究』吉川弘文館、一九九一年、同『綱吉と吉宗』吉川弘文館、二〇一二年、福留真紀『徳川将軍側近の研究』校倉書房、二〇〇六年。

（5）国文学研究資料館蔵津軽家文書。以下、本史料については「用向書留」と略記する。

（6）『みちのく叢書第二十二集　平山日記』青森県文化財保護協会、一九六七年。

（7）高野信治『近世大名家臣団と領主制』吉川弘文館、一九九七年、同『近世領主支配と地域社会』校倉書房、二〇〇九年。

（8）「江戸日記」天明四年二月八日・晦日（弘前市立弘前図書館蔵津軽家文書）。

（9）以下本章での引用は注記のないものは「用向書留」による。

（10）「国日記」天明四年三月二十八日（弘前市立弘前図書館蔵津軽家文書）。

（11）「御定法之御書付御自筆之写」（国文学研究資料館蔵津軽家文書）。

（12）『新編　弘前市史』通史編二（近世一）、二〇〇二年。

（13）「津軽孝公行実」（『青森県史』資料編、近世、学芸関係、二〇〇四年）。

（14）「江戸日記」天明四年七月二十九日（弘前市立弘前図書館蔵津軽家文書）。

（15）「御定法之御書付御自筆之写」（国文学研究資料館蔵津軽家文書）。

（16）「無超記」（『青森県史』資料編、近世、学芸関係、二〇〇四年）。

（17）「調達金ニ付津軽土佐守御直書写」（国文学研究資料館津軽家文書）。

（18）「在国日記」二巻、天明四年十一月二十日（国文学研究資料館蔵津軽家文書）。

（19）『新編弘前市史』通史編二（近世一）、二〇〇二年。

（20）前掲註（6）に同じ。

（21）「御定法之御書付御自筆之写」（国文学研究資料館蔵津軽家文書）。

(22) 前掲註(6)に同じ。
(23) 前掲註(6)に同じ。
(24) 以下本節の引用は「在国日記」一巻(国文学研究資料館蔵津軽家文書)による。
(25) 『新編弘前市史』通史編三(近世二)、二〇〇三年。
(26) 「在国日記」一巻、天明四年九月四日。
(27) 「在国日記」二巻、天明四年十月十四日。
(28) 「在国日記」一巻、天明四年八月二十七日。
(29) 「在国日記」一巻、天明四年八月二十三日。
(30) 「国日記」天明四年九月十二日(弘前市立弘前図書館蔵津軽家文書)。
(31) 以下本節の引用は「在国日記」二巻による。
(32) 以下本節の引用は注記のないものは「在国日記」一巻による。
(33) 「御定法之御書付御自筆之写」(国文学研究資料館蔵津軽家文書)。
(34) 「用向書留」(国文学研究資料館蔵津軽家文書)。
(35) 「在国日記」七巻、天明八年五月二十八日。
(36) 仙台藩では、一八世紀後半以降献策書が多く差し出されたが、J・F・モリス氏は、飢饉という大惨事を経験して従来の政治のシステムを修正する必要があるという武士身分内部の世論が形成され、その認識から質の高い現状分析と政策提言を生み出す議論が一部において行われていたことにその背景を求めている。また藩上層部は有望視した藩士に献策を促し、人事の参考にしていたことを指摘している(J・F・モリス『近世武士の「公」と「私」―仙台藩士玉蟲十蔵のキャリアと挫折』清文堂、二〇〇九年)。
(37) 前掲注(3)に同じ。
(38) 「在国日記」一巻、天明四年九月三日。
(39) 毛内宜応「秘記」(『青森県史』資料編、近世、学芸関係、二〇〇四年)。

(40)「在国日記」一巻、天明四年九月二十九日・三十日。
(41)前掲注(39)に同じ。
(42)以下本節の引用は註記のない限り「在国日記」二巻による。
(43)『新編　弘前市史』通史編二(近世一)、二〇〇二年。
(44)「用向書留」(国文学研究資料館蔵津軽家文書)。
(45)「在国日記」一巻、天明四年八月二十三日。
(46)「在国日記」一巻、天明四年九月四日。
(47)「在国日記」二巻、天明四年十月八日。
(48)「在国日記」二巻、天明四年十月十一日。
(49)「在国日記」二巻、天明四年十月十三日。
(50)「在国日記」二巻、天明四年十一月十六日。
(51)「在国日記」二巻、天明四年十一月五日。
(52)「国日記」天明六年十一月二十日(弘前市立弘前図書館蔵津軽家文書)。
(53)「津軽孝公行実」(『青森県史』資料編、近世、学芸関係、二〇〇四年)。
(54)『弘前市史』通史編三(近世二)、二〇〇三年。
(55)「在国日記」八巻、天明八年八月二十八日。
(56)「在国日記」十巻、天明九年三月八日。
(57)「在国日記」十二巻、寛政二年七月一日。
(58)笠谷和比古『近世武家社会の政治構造』吉川弘文館、一九九三年、同『武家政治の源流と展開―近世武家社会研究論考―』清文堂、二〇一一年。
(59)「日記(在国)」他十四点が残されている(国文学研究資料館蔵津軽家文書)。

［付記］

本稿脱稿後、福田千鶴『近世武家社会の奥向構造』（吉川弘文館、二〇一八年）が刊行された。福田氏は従来の武家屋敷の空間構造の理解を再検討すべきことを指摘しているが、本稿では論に組み入れることができなかった。今後の課題としたい。

弘前藩主・津軽信明と「家」構成員
―「在国日記」から「津軽孝公行実」「無超記」へ―

根本みなみ

はじめに

近世大名家研究において、大名・家臣双方の帰属集団としての「御家」は、大名という第一人者の「家」が拡大し、家臣の「家」を擬制的な家関係のなかに組み込むことによって成立したとされる[1]。つまり、「御家」が大名の「家」が拡大した結果である以上、「御家」の中心には常に大名の「家」がある。これは、大名の「家」の相続が「御家」の存続の根幹を支えていること、大名「家」同士の婚姻などの通路が結果として「御家」の関係性そのものを表象していることなど、多くの場面で看取することができる[2]。

しかし、このように中心にあるはずの個別の「家」としての大名「家」についての研究は今日に至るまで十分になされているとは言いがたい[3]。そもそも、大名「家」を構成するのは一体誰なのか。大名家の屋敷空間構造は「表」と「奥」に分離され、前者が当主を始めとする男性を中心とする空間、後者が大名の家族を中心とする生活の場としての空間として位置づけられる。一九九〇年代以降、特に「奥」で居住する女性たちの存在に目が向けられ、かつては男性社会である「表」からは隔絶された社会とされた「奥」のイメージが見直されてきた[4]。

では、「表」と「奥」を行き来する大名にとって、「奥」に居住する人々、さらには個別の「家」としての大名「家」とはどういった枠組みであったのだろうか。藩政史料、敢えて言うならば公的な性格を帯びた史料上に登場する大名の「家」構成員たちの姿は極めて少ない。しかし、大名家もあくまでも「家」であり、そこに所属する構成員らはどのような形を以て当主である大名と関わっていたのか明らかにしなくては、「御家」の中心にある個別の「家」としての大名「家」の実態を解明することはできない。

さらに、「家」というものの本質が、超世代的に存続を希求される観念的な存在である以上[5]、「家」を構成するのは生きた人間のみではない。「家」の当主によって執行される先祖祭祀における格式の差は「家」の内における先祖の位置づけの表象でもあった。例えば、先祖に対する祭祀を考える際、大名家の墓標や過去帳について検討してきた澁谷悠子氏は、本来ならば供養の対象から外れる人物であっても、大名の実父・生母となるなどの要件を満たした場合、墓標が建立され過去帳に記載されて供養の対象となることを明らかにした[6]。つまり、大名の「家」構成員とは理路整然と整理されていたというよりも、その時々の事情を斟酌しながら再構成されるものであったのである。側室の位置づけはどのようにすべきか、また側室のなかでも大名後継者を生んだ生母とそれ以外をどのように区別するのかなど、大名家が主体的に区分をしていかなくてはならない問題が多数あったのである。

さらに、こうした大名「家」内部の問題を対象とすることで改めて問いたいのは、帰属集団としての「御家」と個別の「家」の関係性である。実際に生きた大名の行動は藩、さらには帰属する集団の「御家」にどのように連関していくのだろうか。いわば、大名の「家」と藩の位相を問うた上で、大名個人の行動との関わりの回路を解明することが必要である。大名の行動において近代的な「公」「私」という区分が存在するかは慎重に考える必要はあるが、一方で現実に生きた大名の行動がいかなる形で「御家」や藩の段階に表出していくのか、ここでは大名自身が執筆した「在国日記」と後世に作成された「津軽孝公行実」と「無超記」を対象として分析していく。

一、津軽信明と「家」構成員

1. 生い立ち

津軽信明は宝暦十二年（一七六二）六月二十二日に第七代藩主・津軽信寧の第四子として、弘前で誕生した。生母は信寧側室の妙詮院（青木助右衛門の妹）である。姉妹に比佐（同母姉・宝暦五年生）・屋佐（同母姉・宝暦九年生）・俊（異母姉ヵ宝暦十年生）・義（同母妹・宝暦十三年生）・愛（異母妹・明和二年〈一七六五〉生）がいる。父・信寧の正室は白河新田藩主・白河藩主・姫路藩主松平明矩の娘（真寿院・延享元年〈一七四四〉生）であり、明和四年（一七六七）、信明は真寿院の養子となり、江戸へ登った。これ以降は父の死に伴って家督を相続し、初入国を果たす天明四年（一七八四）まで江戸での生活を続けた。

家督を相続する以前の信明の生活については、国文学研究資料館所蔵の「江戸在住日記」に記述されている。そこでまずはこの史料から、江戸における信明の生活について見ていく。

まずは、同史料のなかで、父である信寧は「屋形様」(7)と記されている。しかし、実母である妙詮院に関わる個別の言及は確認することができない。その一方で「御前様」(8)、つまり養母である真寿院との交流については記述が散見される。この「江戸在住日記」を記した段階で信明はすでに満二十一歳であり、養育を受けるという立場ではなかったが、例えば「例右ニ付、菓子中付候得共、此節之儀ゆへ相止候なり、大豆煮計申付候也」(9)

とした信明に対し、「御前様より御内々ニて少々御菓子被下置候也[10]」という記述がある。国許の飢饉の様子を知った信明が菓子を控えたことを聞いた真寿院が「御内々」という形で信明に菓子を与えたのであるが、成長した後も、こうした形で信明の生活のなかに真寿院の存在を看取することが出来る。

また、「御前様」を含めた「家」構成員が生活する場は「奥[11]」として記載されており、信明も頻繁にここに出入りしていた。例えば、「江戸在住日記」では「稽古中、一寸罷出候様被仰出候ニ付、御奥江罷出、折節道泉罷出居候而、哥なと直し申付候、即刻退散[12]」と記述されている。

そのほかに特徴的なのは、妹である愛の存在である。信明は、「奥」を訪れた際にはこの愛の部屋で夕食をとるなど、親しい関係であったことがわかる。また、十月二十四日は愛の誕生日であり、信寧・真寿院・信明・愛・園・幸が集まり、「御盃事[13]」が開かれたことが記されている。

これらを見る限り、信明は男女を問わず「家」構成員との関わりを密に有していたと言える。このように「奥」との密接な関わりは、後述する「津軽孝公行実」では、父である信寧や養母である真寿院との関係に集約されている。これは「孝」という側面の強調であると言える。しかし、「江戸在住日記」を見る限り、こうした形式化された「御伺」という行為のみではなく、「南部屋」に移った後も関係が継続されていたのである。

さらに、名君・信明を描く上で重要な要素となる国許飢饉との関連について述べておきたい。十月二十五日条には「御国許飢饉に付諸事御省略ニ付、朝夕御膳御菜へらし候様被仰出、御表之通に申付候[14]」とし、信明の膳が省略されたことが記されている。ただし、この段階では他の「家」構成員らに言及がないものの、こうした行動が後に名君たる所以として読み替えられていったのである。

また、同日条には「但いたつらに化物をこしらへ、奥江持参、人々ををどす也、何ともこわかり、大さわきなり[15]」という記述も見られる。藩政と直接関わるものではないが、信明という一人の人間を考える上では、飢饉による自身の節約と「奥」に対するいたずらが同日に記述されているという点は非常に興味深いと言えよう。

さらに、信明は他の大名の行動についても関心を寄せている。例えば、十一月十八日条で信明は飢饉に関わる倹約のため綿服の着用について真寿院に相談している。この時、信明は「松平大和守《（直恒）》殿抔も木綿被着候よし承及候間、右之段心付候也[16]」とし、縁戚関係にある大名家の行動が世子である信明の行動に影響していたのである。

また、その後藩主として弘前へ下った後に記した「在国日記」の記述と比較した際、「江戸在住日記」のなかでは、寺社参詣の記事が圧倒的に少ない。寺社への参詣や先祖の法要の主体となったのは、父である信寧であり、世子・信明の関与する割合は少なかった。唯一、十月十八日に江戸における津軽家の菩提所である上野津梁院で廟所を参詣したという記述が見られるほか、「神拝[17]」「大黒天江拝礼[18]」「稲荷[19]」へ参詣をしたという記述も見られる。しかし、こうした例は少なく、大抵は父である信寧が津梁院へ参詣するのを見送ったという記述であり、「家」の当主が祭祀権を行使する存在であったことがよく分かる。

2. 世子時代の信明の生活

信明は、世子であった時代でも多くの仕事をこなしていた。「江戸在住日記」を見ると、信明が家臣から国許の状況について尋ねていたことや国許から届く用状にも目を通していたことが分かる。また、こうした藩政に関わる仕事の他にも、例えば、天明三年十月一日、岩城采女の婚姻御礼の名代など大名「家」同士の関係性に基づく役割について、当主である父・信寧と同様にこなしていたことが分かる。

また、信明自身が家臣を率いて出馬する場面もあった。天明三年十月十二日、御成小路で発生した火事に際しては、以下の通り行動したことを記述している。

【史料二】「江戸在住日記」天明三年十月十一日条

一、夜四時、御成小路辺出火に付、御三階ニ罷越見候処、北風強、二タ口にも相成候、　屋形様ニも被為　入御覧被遊候而、御帰之節御跡より御奥江罷出居候処、出(火脱カ)二タ口ニも相成、風はけしく候故、太鼓為打候様、伺之通被　仰付、則揃太鼓打也、尤其節退散、火事具着用いたし、又々御奥江罷出候処、七郎も罷出、　屋形様御相談被遊候処、出可然旨申上、則出太鼓被　仰付候ニ付、不暇も御玄関へ罷出、一番手人数出、引続、出馬致也、

この史料からは、信明は「火事具」を着用した上で、信寧に出馬の有無を尋ねていたこと、その上で信明自身が家臣を率いて出馬していたことが確認できる。但しこの時、津軽家自体は非番であったため、家臣を番所へ派遣して状況を確認した上で、引き上げている。しかし、同月二十八日に小伝馬町で火事が発生した際には同じく非番であったにもかかわらず、当番である細川家よりも先に信明自身が番所まで赴いている。

また大名「家」同士の関係として興味深いのが、装束に関する記述である。「江戸在住日記」十月二日条には鍋島家と山内家から装束の借用依頼が来ていたことが記述されている。この時、鍋島家は「大紋」[20]を、山内家は「烏帽子・大紋」[21]を所望し、津軽家がこれらの品を貸し出した。これらの装束に関わる問題についても世子である信明が把握していたのである。

他大名家との交際に対する信明の行動について、「津軽孝公行実」では「御家督は御年数も無之候得共、御部屋住より御勤は御年数も被為在候故、大抵の御勤向ハ御直勤被成、御同席の儀諸事御巧者ニ被成御座、其上

御英才ニ被成御座候故、近頃は御同席様方渾而之義御取扱　公ニ多く御頼被成候」[22]と述べられている。「在国日記」の記述を踏まえれば、こうした記述は完全な創作とも言えないであろう。

3. 世子時代の信明と人間関係

信明が正室を迎えたのは、天明四年（一七八四）のことである。正室となったのは、姫路藩主・前橋藩主・川越藩主松平朝矩（大和守）の娘・喜佐姫であった。喜佐姫の実家について、「津軽孝公行実」では「川越侯」とされている。この喜佐姫は信明の養母・真寿院から見れば姪に当たり、婚姻自体が「家」同士の関係性の延長であったと言えよう。

一方、信明の周辺には婚姻により「家」を離れたはずの姉の姿も見られる。天明三年（一七八三）十一月二日には「一、此間、小川町より御庭前の蔦紅葉被為進候ニ付、懸詠今日認、御前様江差上候、明日彼方へ被為進候由なり、呉服橋よりも紅葉参候、是も懸詠認、今日差上候、是ハ今日お愛殿より差遣候よしなり[23]」とあり、嫁いだ姉や養母の真寿院と紅葉の贈答をしていることが分かる。紅葉などの植物の贈答は信明が弘前に帰国した後にも頻繁に見られており、彼らにとっては親しみのある贈り物であったのであろう。

ここまで信明を取り巻く「家」構成員について見てきたが、「江戸在住日記」には「家」構成員のほかにも登場人物が見られる。例えば喜佐姫の兄弟である松平大和守（直恒）が度々弘前藩の江戸藩邸を訪れていたほか、信明自身も姉の嫁ぎ先である小川町の福山藩邸を訪れている。

このほかにも、「江戸在住日記」には、江戸藩邸の信明のもとに、和三郎が度々訪問していることが記述されている。和三郎とは、後に信明の養嗣子となる津軽寧親である。同人は明和二年（一七六五）に弘前藩の分家である黒石藩五代藩主・津軽著高の子として生まれた。安永七年（一七七八）、父の死により、黒石藩津軽家を相続し、天明二年(一七八二)に信寧から偏諱を受け、寧親と名乗るようになったが、信明の死後、養子として弘前藩津軽家の家督を相続した。

例えば、十月五日条を見ると、信明が柔術の稽古を受けた際、和三郎が同席していたことが記述されており、信明より三歳年少の分家の子である和三郎が日常生活のなかで本家に出入りし、教育を受けていたことが分かる。

そして、この和三郎とともに、信明の学友とも言える存在として記述されているのが、「与一」である。この与一は年齢から考えるに、那須資明のことであると考えられる。那須資明は宝暦十年(一七六〇)に交代寄合旗本那須資虎の子として生まれた。安永六年(一七七七)に家督を相続し、信明の妹・愛を正室に迎えた。

津軽家と那須家の関係については烏山藩二代藩主・資徳が弘前藩四代藩主・信政の三男であったことから始まる。そして、資徳の家督相続に対する不満から「烏山騒動」と呼ばれる御家騒動が発生し、結果、資徳は改易されたものの、元禄十三年(一七〇〇)に実父・信政の働きかけによって旗本に取り立てられた[24]。しかし、「江戸在住日記」を見ると、信明と同年代の資明が度々津軽家を訪れていたことから、その後も津軽家と那須家の関係性は継続していたことが分かる。

このように、信明・与一・和三郎という年齢の近い三人が柔術や馬術、弓稽古といった教養の場をともにしていたのである。大名間の人的関係は、主に家督相続後に目が向けられてきたが、信明の「江戸在住日記」からは将来の大名の人的関係の萌芽は、世子時代から整備されていたことが分かる。大名子弟の教育については、嫡子・庶子、国許・江戸の違いによって異なる部分は大きいが、江戸居住の子弟らが、早くから教育の場を通して後の人的関係の土台を形成したのである。

このように、江戸で幅広い関係性を構築していた信明であるが、天明四年(一七八四)に父・信寧の死去により、家督を相続した。このことにより、信明の生活や同人を取り巻く人々はどのように変容していくのだろうか。

二、寺社参詣から見る「家」内秩序―「家」構成員の序列化―

在国中の信明の生活について、「津軽孝公行実」には「御寺参の外御城外へ被為出候事無之、少したりとも御慰かましき事一切無御座候」[25]としている。実際、後掲の表で示すように、在国中の信明は頻繁に領内の寺社を参詣していることが確認できる。しかし、こうした参詣の内訳を細かく見ていくと、ほぼ全てが「家」構成員の月命日や遠忌法要に相当しており、大名の生活の大部分を法要が占めざるえない状況にあったことが看取できる。さらに言えば、大名家を相続するということは、その「家」の当主として、祭祀を執行していく責任を負うということでもある。そこで、まずは信明の生活における「家」構成員らへの宗教儀礼を検討していく。

1.父をめぐる法要

まずは、「江戸日記」における信寧死去までの経過を見ていく[26]。天明四年(一七八四)閏正月二日、信明の父である信寧が「御不例」となった。翌日から阿部正倫ら親戚大名が藩邸へ見舞いと称して出入りし、同月七日に信明の跡目相続願いが提出された。そして、翌八日に信寧の死去が発表された。ただし、これは公式な発表であり、実際には閏正月二日の段階で信寧は死去しており、その後の過程は、信明の家督相続に対する幕府の許可を得るまでの時間を得るためのものであった。このため、当初、信著の命日は閏正月八日として幕府へ届けられた。

次に「国日記」における信寧の死去までの記述を見ていく[27]。閏正月十四日、二日付の飛脚により、信寧の「御不例」が伝えられ、領内寺社に信寧の回復祈祷が命じられた。そして、同二十日には、信寧死去の報が弘前へ伝えられた。その後、翌月二日には報恩寺(天台宗)へ二月六〜八日、長勝寺(曹洞宗)には二月七・八日に法要執行が命じられた。

しかし、ここで議論となったのは信寧の命日の確定である。前述したように、実際の命日は閏正月二日であるが、幕府向けの報告では閏正月八日となっていた。近世において、家督相続の関係上、先代藩主の命日が操作されるということは決して稀な出来事ではなかった。むしろ、問題となったのは、こうした操作の後処理である。

弘前藩の場合、天明四年六月五日に、実際に死去した二日と死去が幕府へ伝えられた八日の双方が命日として示され、参詣日とされた。つまり、信寧の死去直後から国許である弘前でも、命日の操作があったことが知らされていたのである。また、上野津梁院で法要を終えた後、信寧の位牌は六月十二日に弘前へ到着し、報恩寺・長勝寺にそれぞれ納められた。

では、こうした命日の操作は、入国後の信明の生活にいかなる影響を与えたのか。「在国日記」は信明が弘前へ初入国を果たした天明四年八月二十日から始まるが、その後の参詣先を析出したのが一二九ページの【表1】である。入国直後の八月二十五日に長勝寺・報恩寺・本行寺を参詣し、その後九月八日には報恩寺に参詣している。一方、九月二日には、領内の寺社に登城が命じられていたため、信明自身の参詣はない。

しかし、二日と八日の宗教儀礼の内容には相違点もある。入国後の九月二日には「朝飯前　霊殿江拝、御配膳如例月相済[28]」という記述がある。この後「御霊殿」への「御配膳」ないし「御霊膳」という記述は毎月二日に見られる。また、この記述が見られないのが天明五年正月二日であるが、五日には「二日ハ三が日中故戒香院様江御霊膳配」とあり、この記述からは毎月二日の「御配膳」「御霊膳」が「戒香院」、つまり信寧のためのものであったことが判明する。このように九月段階では二日・八日双方が命日とされながらも、実際には信明の生活のなかで命日としてより重視されていたのは、実際に死去した二日であったことが分かる。[29]

しかし、こうした命日の二重化は、早々に見直されることとなる。「在国日記」天明四年十月五日条には以下の通りの記述がある。

【史料二】「在国日記」天明四年十月五日条

来月戒香院様御一周忌取越御法事申付ニ付、御忌日之義ハ是迄御届日、表立相用候得とも却而粗末ニも奉存、前々之例も有之候間、来月二日より御正当計相心得候様に江戸表ニも申遣、尚此表江も順期申触候様申付候事、[30]

この史料からは「御届日」、つまり幕府へ届けた表向きの命日である八日ではなく、今後は実際に死去した二日のみを正式な命日として取り扱うことが指示されたことがわかる。これにより信明の毎月八日の寺社参詣は中止された。一方、その後も毎月二日の「御配膳」「御霊膳」は継続されている。

ところで、弘前における津軽家の菩提寺をめぐっては長勝寺・報恩寺の二つがある。信寧が死去した際、法要は江戸で行われたが、先述したように位牌は報恩寺・長勝寺双方に納められた。以下は位牌が弘前に到着した際の「国日記」の記述である。

【史料三】「国日記」天明四年六月十二日条

一、今日従江戸表　戒香院様御位牌御到着先格之通富田町より御行列ニ而報恩寺江被為　入候、右御用懸甚五左衛門被　仰付之、

一、御長持壱竿着ニ付報恩寺ニ而開キ候処、御位牌弐通入御一躰者報恩寺江御安座、今　御一躰者報恩寺より御行列ニ而長勝寺江被為入候、[31]

この記述から分かるように、信寧の位牌はまず報恩寺へ入った後、一つは報恩寺へ、もう一つは報恩寺から再度行列を組んで長勝寺へと運び込まれた。このように、当初は信寧の法要について報恩寺を中心に進められていたことが分かる。

しかし、一周忌を前にした同年十月五日条の「国日記」には「此度　戒香院様御霊屋御宝塔長勝寺江御建立被　仰付候、此旨申達候様寺社奉行江申遣候[32]」という記述がある。つまり、一周忌の前段階では、長勝寺に霊屋を建立することが企図されていたのである。しかし、現在の長勝寺で確認できるのは初代為信正室の本葬墓・二代信枚正室の本葬墓・六代信著の本葬墓・二代信枚分霊墓・三代信義の分霊墓のみであり、信寧の霊屋はない。関根達人氏は、信寧の霊屋が建立されなかった理由について、計画は立てたものの、天明飢饉などの社会不安のなかで建立が頓挫したのではないかと述べている[33]。

信明の行動という観点から見ると次ページの【表1】からわかるように、信寧の命日である二日の信明の参詣先は報恩寺に集中していた。長勝寺における信寧の霊屋建立がいつ頃頓挫したのかは判然としないが、信寧の行動を見るとかなり早い段階で計画は頓挫し、信寧への祭祀は城内での「御霊膳」と報恩寺への参詣の二つへと集約されていったと考えられる。

【表1】「在国日記」に記載された信明の参詣先

	日付	参詣先
第1巻 天明4年（1784）	8月25日	長勝寺
		報恩寺
		本行寺
	9月8日	報恩寺
	9月25日	報恩寺
第2巻 天明4年（1784）	10月2日	報恩寺
	10月18日	報恩寺
	11月2日	報恩寺
	11月25日	長勝寺
		報恩寺
	12月2日	報恩寺
	12月5日	長勝寺
	12月25日	長勝寺
		報恩寺
第3巻 天明5年（1785）	1月5日	長勝寺
		報恩寺
	1月14日	長勝寺
		本行寺
	1月19日	報恩寺
	1月25日	長勝寺
		報恩寺
	2月2日	報恩寺
		館神
	2月3日	神明宮
		東照宮
		八幡宮
		薬王院
		最勝院
	3月2日	報恩寺
第4巻 天明6年（1786）	11月2日	報恩寺
	11月3日	堂社
	11月25日	長勝寺
		報恩寺
	12月2日	報恩寺
	12月5日	長勝寺
第5巻 天明7年（1787）	1月23日	神明宮
		東照宮
		薬王院
		八幡宮
		最勝院
	1月25日	長勝寺
		報恩寺
		本行寺
	2月2日	報恩寺
第6巻 天明7年（1787）	3月2日	報恩寺
	3月11日	弘前乗廻
	4月2日	報恩寺
	4月5日	長勝寺
		報恩寺
		本行寺
第7巻 天明8年（1788）	6月1日	神明宮
		東照宮
		八幡宮
		薬王院
		最勝院
	6月2日	長勝寺
		報恩寺
		本行寺
	6月14日	本行寺
第8巻 天明8年（1788）	7月2日	報恩寺
	7月7日	報恩寺
	7月21日	高岡
		百澤下居宮
		百澤寺
		求守持堂
	8月2日	報恩寺
	9月2日	報恩寺
	9月3日	久渡寺
	9月5日	長勝寺
	9月25日	報恩寺
第9巻 天明8年（1788）	10月2日	報恩寺
	10月17日	山之観音
		長勝寺
	10月18日	報恩寺
	10月21日	清水観音
	11月2日	報恩寺
	11月25日	長勝寺
		報恩寺
	12月2日	報恩寺
	12月5日	長勝寺
第10巻 天明9年（1789）	1月10日	神明宮
		東照宮
		薬王院
		八幡宮
		最勝院
	1月14日	長勝寺
		報恩寺
	1月19日	報恩寺
	1月25日	報恩寺
	2月2日	報恩寺
第11巻 寛政2年（1790）	5月25日	長勝寺
		報恩寺
		本行寺
	6月2日	報恩寺
第12巻 寛政2年（1790）	7月2日	報恩寺
	7月7日	報恩寺
	7月21日	高岡
		百澤下居宮
		百澤寺
		救聞持堂
	8月12日	猿賀
		深砂宮
		神宮寺
第13巻 寛政2年（1790）	9月2日	報恩寺
	9月5日	革秀寺
	9月25日	報恩寺
	9月26日	愛宕
	10月2日	報恩寺
	10月18日	報恩寺
第14巻 寛政2年（1790）	11月2日	報恩寺
	11月25日	長勝寺
		報恩寺
	12月2日	報恩寺
	12月5日	長勝寺
	12月25日	長勝寺
		報恩寺
第15巻 寛政3年（1791）	1月10日	神明宮
		東照宮
		薬王院
		八幡宮
		最勝院
	1月14日	長勝寺
		報恩寺
		本行寺
	1月19日	報恩寺
	2月2日	報恩寺
第16巻 寛政3年（1791）	3月2日	報恩寺
	4月2日	報恩寺
	4月4日	隣松寺
	4月19日	住吉宮
		五穀大明神
		報恩寺
		慈専院

2．歴代当主をめぐる祭祀と寺社

信寧の一周忌は信明の参勤交代との調整により、十一月に行われることとなった。以下は江戸の津梁院から出された法要の格式に対する問い合わせに関わる詮議である。

【史料四】「国日記」天明四年十月一日条

一、来巳正月　戒香院様御一周忌被為　当候に付、当十一月江御取越御法事可被　仰付哉、　何方様之御格合可被　仰付哉之旨津梁院より別紙書面之通申来候に付僉儀申付候処、　妙心院《信政》様　玄圭院《信寿》様　顕休院《信著》様右御三人様御一周忌之節二夜三日之御法事被　仰付候、　瑞巌院《信興》様御一周忌之節者御逮夜御当日之御法事被　仰付候、　顕休院様三十三回御忌御法事之節も二夜三日御法事被　仰付候、仍而此度　戒香院様御一周忌御法事二夜三日仰付候哉、(34)

ここでは、他の津軽家歴代正統の信政・信寿・信著を類例としていることが分かる。換言すれば、津軽家のなかではそれ以外の当主、為信・信枚が別格ということが出来よう。

【表2】　歴代当主の命日及び墓所

	没年及び命日	墓所
津軽為信	慶長12年(1608)12月5日	革秀寺
津軽信枚	寛永8年(1631)1月14日	津梁院・長勝寺
津軽信義	明暦元年(1655)11月25日	長勝寺・報恩寺・妙寿寺
津軽信政	宝永7年(1710)10月18日	南谷寺(目赤不動)・高照神社
津軽信寿	延享3年(1746)1月19日	津梁院
津軽信興	享保15年(1731)11月25日	津梁院
津軽信著	延享元年(1744)5月25日	津梁院・長勝寺
津軽信寧	天明4年(1784)閏1月2日	寛永寺・津梁院

では、こうした先祖の序列は信明の生活のなかにどのように反映されていたのか。【表2】は歴代藩主の命日の一覧であるが、【表1】と対応させると、実父・信寧の月命日である毎月二日には報恩寺を参詣している様子が確認出来る。これは為信の月命日(毎月五日)の参詣よりも頻度が高い。「無超記」では、信明の信政に対する尊敬の念について「一、御在国の頃ハ御家の御旧記共あまた御取寄せ遊し、御髪の間も御膳の御かはりの間も御側ニ差置、御覧被遊しなり、高岡(信政)様御代こと〳〵く御慕ひ被遊しなり」(35)と述べているが、大名自身の参詣としては父である信寧に対する供養が大きな比重を占めていたことが分かる。

また「在国日記」からは歴代藩主の正室に対する供養も確認できる。信政の正室・梅応院や信寿の正室・法雲院の命日には、信明自身が報恩寺に参詣している。但し、信枚の正室・葉縦院の命日である三月二十九日には寺社参詣の記述がないなど、正室の間での区別があった形跡も見られる。

また、供養の対象となっているのは、正室のみではない。「在国日記」十六巻では三月十六〜二十一日にかけ、信明は「御裡方様」の法要に際する参詣の状況について詮議を命じた他、三代藩主・信義の側室で四代藩主・信政の生母であった久祥院の法要に際して、隣松寺へ信明自ら参詣したという記述がある。また、信寧の生母・円受院（寛保元年〈一七四一〉六月十四日卒）については、六月十四日に菩提寺である本行寺への参詣が行われており、これが同人に対する供養であると考えられる。これに対し、大名生母とならなかった側室については、寺社参詣という形での供養が見られないのも特徴である。

さらにここで注目したいのが革秀寺への参詣である。革秀寺は二代藩主・信枚が父・為信の菩提所として創建した寺である。しかし、天明四年（一七八四）に初入国を果たして以来、信明は同寺を参詣したことはなかった。そのため、天明七年（一七八七）二月六日条で革秀寺から信明に対し、大名自らの参詣を求める嘆願がなされた。しかし、その後も長らく信明は同寺に対する参詣は行わなかった。

実際に同寺への参詣が行われるのは、革秀寺の嘆願から約五か月後であるが、参詣を決めたことについて、信明は「在国日記」の寛政二年（一七九〇）七月二十九日条で以下の通り見解を述べている。

【史料五】「在国日記」寛政二年七月二十九日条

某未革秀寺へ参詣不致候、是迄　御代々御参詣被遊候義、御不同ニハ候得共、御先祖之義故参詣致可然と存候間及相談候処、随分可然旨申出候間、左候ハ、　来月五日頃参詣も致度候間、詮義致候様申付之、(36)

ここで信明は歴代当主が皆革秀寺へ参詣していたわけではないと断りながらも、先祖を祀る寺社であることを理由に、同寺への参詣を決定している。しかし、実際に参詣が行われたのは予定より一月遅れた同年九月五日である。為信の月命日の信明の参詣先は長勝寺に集中しており、革秀寺への参詣が寛政二年まで実現しなかったのも、その必要性を信明自身も実感しにくい状況にあったことを如実に示していると言えよう。革秀寺は後に津軽家の祖として顕彰の対象となる為信の菩提寺として、信明の跡を相続した寧親治世に為信の廟所の大修理がなされた。しかし、その前段階において、同寺がこのような状況であったことは、弘前藩の祭祀秩序を考える上で興味深い記述である。

また、こうした切実な要請のほかにも、例えば天明八年（一七八八）十月十七日の長勝寺参詣に際しては、長勝寺から「長勝寺、園中、菊手入致候ニ付、何とそ為見度旨、書役共迄相願候[37]」ということが「在国日記」に記されている。このように考えると、寺社参詣自体が信明にとっては娯楽としての側面もあったことが分かる。

しかし、ここで寺社参詣の本質が信明にとって公務であったか娯楽であったかを問うことは大名の生活を考える上で重要ではない。むしろ、先述の革秀寺の事例と合わせて考えると、大名の生活において娯楽と政務、より抽象的に言えば「公」と「私」という観念が極めて曖昧であったと言うこともできよう。つまり、大名が寺社に参詣するという行為自体が、「公」でもあり「私」でもあったのである。

また、津軽家の先祖祭祀で注目しなくてはならないのは、高照神社への参詣である。天明八年（一七八八）七月二十一日と寛政二年七月二十一日の二度、自ら高照神社を参拝したほか、百澤寺などを訪れている。高照神社とは、弘前藩四代藩主・信政を祭神とする神社である。中興の祖とされる信政は正保三年（一六四六）、三代藩主・信義の嫡男として誕生した。明暦元年（一六五五）父・信義の死去に伴い、信政は家督を相続し、四代藩主となった。また、信政は当初は山鹿素行に師事していたもの、寛文十一年（一六七一）に吉川惟足に師事し、吉川神道を学んだ。惟足が元禄七年（一六九四）に死去した後も、吉川家第二代吉川従長に学び、翌八年（一六九五）「高照霊社」の霊社号を授けられた。

信政は生前に高岡の地を自身の葬地と定め、神道形式で埋葬することを遺言した。そして、信政が死去した宝永七年（一七一〇）から正徳元年（一七一一）にかけ、信政の遺命という形で五代藩主・信寿によって建立されたのが、高照神社である。なお、「在国日記」では「高照」ではなく、「高岡」と表記されているが、これは信政への畏敬の念から、「高照」ではなく、「高岡」と表記されているものと考えられる(38)。

では、信明は高照神社参拝で何を行ったのか。まずは天明八年七月二十一日の行程を見ていく。

【史料六】在国日記　天明八年七月二十一日条

一、七時起、半過朝飯、六供揃、過、野袴・羽織ニて出、高岡之装束所へ着、即刻入湯いたし、夫より供寄申付、平帷子・長袴着致社参、拝殿江上り漱・手水致、　御本社江参拝、畢而、又正面より下り、御廟所江参詣、是又拝殿ニて一通拝いたし、左之口より下り、　御石碑両所共拝致、又拝殿江上り、正面より下り、夫より又拝殿江上り　御神供頂戴、畢而、暫神楽見、三番済、退下、又候装束所へ上ル、此節家老初、百澤へ先ニ行、右之内焼飯等給、無間も供寄申付（高岡参詣ハ一統供上下、百沢ハ徒已下平服故、此所ニて着替）、夫より出、百澤下居宮拝殿ニて漱・手水致、本尊へ拝なし、直ニ、　御本社江拝、畢而、百沢寺江立寄、　護摩堂へ拝、畢而、百澤寺へ逢、菓子出、無間も立、夫より求守持堂江参詣、畢而、又高岡装束所へ行、着替、夕飯弁当給る也、飯後暫有て供寄申付、野袴着、家老監物・用人甚五左衛門へ逢、尤今朝着の節も逢也、夫より出、八半打三才五分、廻り帰城(39)、

「野袴・羽織」で城を出た信明は高岡についた後、「入湯」を済ませ、着替えを行った。その後、「御本社」や信政の廟所へ参拝を済ませ、拝殿を参詣した後、神楽を見学している。また、昼食後、信明は「高岡参詣ハ一統供上下、百澤ハ徒已下平服故、此所ニて着替[10]」としていることから、信明のみではなく、家臣もここで着替えを行っていたことが分かる。

特に高岡参詣は「一統供上下」とし、その後の参詣は「徒已下平服」としていることから、高岡、つまり、高照神社参詣に際して重い格式が用いられていたと言えよう。この点において、高照神社が家中においても重んじられていたことが分かる。

また、信明の動向についてはより詳しく検討するため、寛政二年の参詣の行程も見ていく。

【史料七】「在国日記」寛政二年七月二十一日条

一、七時起、半過朝飯、六過供寄申付、野袴・羽織着罷出、

一、高岡装束所へ着、供家老・用人・用懸用人へ逢、夫より入湯、

一、右後、供寄申付、大紋着、香ヲ留出、　神橋より下乗、拝殿へ着座、手水遣、夫より　御本社江参拝、太刀目録献之、畢而、　御廟江参詣、拝殿にて拝、夫より　御石牌二ヶ所へ拝、畢而、又拝殿江着座、

　御神供頂戴、　神君御筆中臣祓拝見并今日之祝詞見之、　御神楽見、五番程済罷退装束所へ帰、

一、夫より長襠・染帷子着替、又供寄申付百沢へ罷出、下居宮参詣、如例太刀献之、尤大堂へハ拝無、畢而、百沢寺へ立寄護摩堂江拝、於同所　　為信公・信牧公・信義公御影懸物へ拝礼、　為信公御指之由、大御刀拝見并仏像舎利へ拝、畢而、座敷へ着座、最勝院へ逢、岩木山由来等相尋之、菓子・冷麦等出無

程立、夫より　救聞持堂へ参詣、夫より　高岡装束所江着座（当時百沢寺無住ニ付最勝院先立ニ出る、護摩堂へ参詣前後之義、少々召連有之）

下一、右後今朝出懸之服着、料理給、無程罷帰、

上一、百沢より帰、直ニ家老　・用人・惣奉行参詣相済祝ニ罷出候ニ付、儀左衛門・十左衛門《惣奉行》・半左衛《用達》門・左《供》次郎へ逢、

一、新法師村より馬ニ乗、駒越渡床机ニて渡、夫より六時少過帰城、

一、帰城後、入湯、五頃、夜食、五半過、寝、

一、今日、途中田面之様、不残かゞミ中ニ色付候所も有之、熟毛と相見へ候也、

一、今日、百沢寺護摩堂参詣之義、出迎等間違之義有之、右ハ吉崎勇八、此間中取扱不行届恐入候趣、新蔵ヲ以申出候ニ付、今日ハ参詣も相済候義故用捨申付之、[41]

ここでは装束や参詣の様子などは天明三年と相違はない。しかし、その後百澤寺を訪れた際には為信・信牧（枚）・元義の「御影掛物」への参詣や為信のものと伝わる「大御刀」などを見たことを記述している。また、その後、無住であった百澤寺の代わりとして信明と対面した最勝院に岩木山の由来などを尋ねた。弘前藩領内における岩木山信仰は現在でも継承されており、「在国日記」では藩主・信明も城内の廊下から岩木山を拝していたことが記述されている。ここで岩木山の由来を尋ねたのも、こうした信仰を背景とするものであったと言えよう。

また、城内へ出る高照神社への参詣と併せて、領内の田畑の様子を確認したことも記述している。これらの点から考えると、信明の高照神社への参詣という行為は、信政個人への信仰というよりも、為信ら先祖全般に対する供養や興味関心、弘前藩領内特有の岩木山信仰、さらには領内巡見といった統治者としての責務が混在

した行為であると言えよう。

3．大名子女への祭祀と信明

ここまで、父や先祖への遠忌法要、つまり男性へ対する位置づけについて検討をしてきた。しかし、信明が当主であった時期の「家」構成員は男性のみではない。一節で述べたように、信明は姉妹が多く、なかには屋佐のように、嫁ぐ前に死去していた姉もいた。未婚のまま死去した姉は津軽家の江戸の菩提寺である常福寺に葬られた。

寛政二年（一七九〇）六月七日に姉・屋佐（冷光院）の命日に「霊殿」へ参拝したことが記されている。つまり、弘前に墓のない子女に対しても、城内の「霊殿」で祭祀が行われていたのである。また、「在国日記」五巻二月十六日条では長勝寺での法要にあわせて冷光院・照月院（信明姉・俊）の回向も併せて行った記述がある。

こうした城内の「霊殿」での祭祀については、多くは「国日記」に記載されていない。これは報恩寺・長勝寺への参詣が「国日記」に記載されていることとは対照的である。しかし、これは城外の寺院への参詣の場合、前日に供揃えの命を出す必要があることに起因するためであると考えられる。換言すれば、信明による祭祀を考える上では「国日記」や「江戸日記」の記述で確認できるのは、家臣の出仕を必要とする場合であり、信明という個人の信仰や祖先祭祀のあり方としてはあくまでも一面的なものであると言わざるを得ない。

また、「在国日記」五巻二月十六日条には信明の姉・屋佐（冷光院）、姉・俊（照月院）の回向に際し、金一両を納めるように指示を出している。両人は未婚の内に死去し、墓所は江戸の常福寺にある。このように、未婚の内に死去した女性については津軽家の内にある存在として祭祀が行われていたのである。

さらに、ここでは、天明八年（一七八八）に死去した信明の妹・愛について見ていく。先述したように、世子として江戸で生活していた時から、信明は愛の部屋を度々訪れるなど、仲が良かった様子がうかがわれる。その後、愛は「江戸在住日記」に登場していた与一、つまり、那須資明の正室となる。

信明が弘前へ帰国した後も愛夫婦との交流は続いており、書状や贈り物の交換が続けられていたことが「在国日記」の記述からも分かる。しかし、天明八年八月六日、愛の大病の報が弘前にいた信明のもとに届いた。以下はその容態である。

【史料八】「在国日記」天明八年八月六日条

一、江戸表、去月廿四日立、九日振早飛脚、八半頃着之上、お愛事、六月初より不快にて少々浮腫有之候処、去月廿三日夕より塞強、甚差塞リ候容躰之趣、書役用状申来之、奉札等来、御書等ハ不来、夜ニ入、従監物、右用状二封、書役差出、留置、[42]

この報を受けた信明は翌七日に領内の神明宮・八幡宮に対し、愛の回復を祈願する祈祷の執行を命じている。また、その夜に家老三人と対面した際にも、愛の病状を話題にしている。さらに、八日には祈祷とともに「守札」を江戸へ送ることが決められた。しかし、その後八月八日に到着した飛脚により、七月二十五日に愛が死去したことが伝えられた。つまり、先の飛脚が江戸を立った翌日に、愛は死去していたのである。

愛の死去を受け、弘前領内には「鳴物停止七日・普請作事五日、家業之外殺生三日」[43]が命じられるとともに、翌月十五日開催予定であった八幡宮の祭礼を十六日とすることが相談された。[44]また、八月三十日には愛の法号が信明に諦心院とされたことが伝えられた。この後、「在国日記」の記述からは、諦心院が津軽家から連れて行った女中の処遇や、同人の遺品の取り扱いについて信明のもとで相談がなされたことが記述されている。特に道具について、信明は与一つまり愛の夫である資明へ与えるように指示を出した[45]。

しかし、「在国日記」からは、この後愛、つまり諦心院への祭祀が行われた様子は確認できない。これが嫁ぎ先で死去した愛と、婚約はしていたものの津軽家の「家」構成員のまま死去した姉たちの違いである。一方、愛の死去とは愛の夫である資明との関係が断絶したことと同義ではない。「在国日記」を見ると、この後も信明と与一の間で書状の交換がなされていたことが確認できる[46]。さらに、この際に書状や贈り物のみではなく「詩作」が同封されていた事例も確認でき、世子時代から共に教育を受けた与一との関係性が愛の死後も続いていたと言える。

また、こうした祭祀と少々性格の異なる祭祀として仙石好古への供養がある。仙石好古は信著の子であり、信明から見れば伯父にあたる。寛保元年（一七四一）に誕生した同人は仙石久当の養子となったが、安永五年（一七七六）に死去した。この人物に対しても「在国日記」では十三回忌に際し、「霊殿」で祭祀を行っている[47]。但し、これについて、信明は「御形代ハ此表ニ無之候得共、致念拝也[48]」としている。このように年回忌に際しては、「家」を出た構成員が供養の対象となっていたことが分かる。

三、江戸―弘前間の交流

1．大名と女性―養母・正室・生母をめぐって―

信明は家督相続し、弘前へ下った後も、江戸に居住する「家」構成員らとの関係を維持していた。そして、江戸に居住する「家」構成員の中心となったのが、信寧の正室である真寿院であった。信明は、江戸の「家」

構成員らへ書状や物品を送る際、常に真寿院を筆頭にしている。これに対し、真寿院も弘前の信明へ書状や物品を送っており、親密な関係を維持していたことがわかる。また、贈答の対象として「奥」という表記がある。近世武家社会においては空間の区別としての「表」と「奥」という区別があるが、この場合は「奥向き」というよりも、信明の正室である喜佐姫そのものを指しているものと考えられる。

そこで、まず真寿院（信明養母）・喜佐姫（信明正室）・妙詮院（信明生母）との贈答を中心に見ていく。次ページの【表3】はそれぞれに対する信明と三人の贈答品である。この表を見ると、信明が「庭前紅葉折」「報恩寺之紅葉折」「当所之干菓子」など、弘前にゆかりのある品物を江戸に居住する女性に送っていたことが分かる。岡山藩藩医の家で生まれ、江戸の旗本へ嫁いだ女性が、国元の家族に家周辺の絵図を送ってくれるように求めたという事例が報告されている[49]。しかし、このように離れた土地の物を求めたのは大名とその「家」構成員も同様である。それぞれの地域の植物や菓子などを贈り合うという行為は大名夫婦・親子の場合でも見られており、江戸に居住する大名正室らも大名の領国の産物を手にしていたことが分かる。

また、真寿院と喜佐姫との間での差として、信明が喜佐姫には「道中日記」「日々之義認書付」を贈ったことがあげられる。この贈答がなされたのは、寛政二年（一七九〇）五月二十日であり、信明が弘前に到着した直後である。この「道中日記」が信明自身の手によるものなのかは判然としないが、恐らく近況を伝える目的で、江戸の喜佐姫にこうした史料を贈ったものと考えられる。

さらに、個人的な贈り物だけではなく、特には他家の「奥」を対象としたものもあった。天明四年（一七八四）十二月六日条で真寿院に「身取鱈三尺」を贈ったことに関する記述があるが、信明はこれについて「奥」の分も含まれていること、また「尤江戸奥より方々の奥江差上候様ニ申遣候事」[50]としている。つまり、江戸方における「奥」同士の交際関係について、間接的ではあるが信明自身が関与していたのである。特にこの時の

【表3】　信明の贈答行為の内訳

信明→真寿院	鳳鳴寺製御茶　初米　秋田煎餅　庭前紅葉折　報恩寺之紅葉折　祭礼帳　身取鱈　口切ノ茶　此方之懐中暦　柚ノ香茶　熊胆　高岡供物　薬　白雪羹　鮭　奥仕立粕漬茄子　三馬屋梨子　囃子番組　桜鱒　莒之実　唐塗御箸　栗　手製生姜練　花塩
信明→喜佐姫	当所之干菓子　初米　身取鱈　稽古茶　金平糖　千代文　昆布　略歴　額之絵図　道中日記　日々之義認書付　栗　唐塗箸　手製菓子　鮭　奥仕立粕漬茄子　三馬屋梨子　囃子番組　菓子生姜練　観音洗米御供　西之郭蕨竹筒ニ入少々
信明→妙詮院	菓子　初米　筋子　鱈　略歴　千代文　栗　生姜練　柚の香茶　二之丸庭之銀杏　同所（二之丸）之押し花　鮭　三馬屋梨子　囃子番組
真寿院→信明	天王寺御符　御供物　御守札　枝柿　羽衣熨餅　鯵ノ干物　饂飩　太神宮御祈祷御符　田作り　御多葉粉入　御しき梅　かすていら　柚子　浅草海苔　畳いわし　更紗梅　干鮎　煎餅　鰑　羽衣漬
喜佐姫→信明	菓子　柚子　甘露梅　重詰肴　海苔　干魚　田作り　蜜柑　楊枝差　御多葉粉入　初夢漬　かすていら　干鮎　料理道具　薩摩芋　干大根　きせる筒　羽衣漬　筆紙　梅かえ田婦　初霜かる焼　熊胆奇応丸　丸熨斗　梅花　胡椒練
妙詮院→信明	焼鰹　重詰菓子　御祈祷之御守札　椎茸　氷砂糖　梅見てんふ　更紗梅　唐納豆　水飴　御多葉粉入　御所おこし　常福寺御守護　玉露糖　薩摩芋　長ひじき　神明生姜　羽衣漬　煮〆蓮根　干瓢

「鱈」は献上品であり、江戸居住の「家」構成員らにはその残りが贈られたのであるが、いわば弘前領内の特産品が江戸における「奥」同士の交際関係にも用いられていたのである。こうした点をふまえれば、信明から贈られた弘前の特産物も江戸に居住する津軽家の人々のみによって消費されたのではなく、時に贈答行為を通して他家へもたらされていった可能性も考慮すべきであろう。

　では反対に江戸に居住した女性たちは信明に何を贈ったのか。再び、【表3】から真寿院・喜佐姫・妙詮院の三人を事例に見ていく。三人とも「かすていら」など入手して信明に贈っている。特に、妙詮院が贈った「神明生姜」は芝大神宮の生姜市で入手できるものであり、江戸名産の縁起物である。つまり、「奥」の女性たちが手に入れた江戸の名産品が国元の信明に贈られていたのである。

　また、このなかでも「初夢漬」とは小ナスを砂糖漬けにした菓子であるが、これは現在も千葉県匝瑳市の名産となっている。彼女たちがどこでこうした品を手に入れたのかは「江戸日記」からも明らかには出来ない。しかし、津軽家の献上品である「鱈」が津軽家の「奥」を介して他家の「奥」へと持ち込まれていたように、こうした品も津軽家をとりまく「家」同士の関係性を介して持ち込まれたのではないだろうか。

真寿院・喜佐姫・妙寿院と信明の間の贈答関係を見ると、社会的な役割、具体的には養母・正室・側室といったことに起因する差は殆ど見ることは出来ない。ただし、「国日記」「江戸日記」においては、妙詮院も「様」付とされているのに対し、信明の記述した「在国日記」では妙詮院は「殿」で表記されている。また、記載される順も「在国日記」では真寿院を筆頭にし、妙詮院は「奥」、つまり喜佐姫よりも後ろに記載されており、この点において、信明の示す「家」構成員の序列を読み取ることが出来るのである。

2．信明死後の「家」構成員

「津軽編覧日記」によれば、信明の臨終に際しては、養母の真寿院、正室の喜佐姫、姉の「阿部様之奥様」（＝小川町奥様）・妹の義貞院（堀親忠室）、実母の妙詮院がその場に居合わせていたと記述されている。[51]「編覧日記」は後世の編纂であるが、その場に居合わせる「家」の構成員として、これらの女性が想定されていたことが分かる。

先述したように、信明は後継者となる実子がいなかったため、分家の寧親（和三郎）が弘前藩津軽家の家督を相続した。弘前市立弘前図書館所蔵の「年中行事」は、江戸における寧親の生活に関する史料である。これは寛政七年（一七九五）から翌八年（一七九六）までの江戸での生活について記述したものであるが、このなかでは「家」構成員として真寿院らの名前が見られる。

【史料十】「年中行事」寛政七年十二月二十八日条

一、御宝船　但福神之方上ニ重ねる事、今日ハ宝舟之方御用　壱通
但大奉書、絵ハ御絵師認之、歌御祐筆認之、小奉書上包紺白水引ニ而結え、紅青御のし包添之、小札附御
祐筆認候ハ、春慶木具江載之、
右御退出後　御前江上之、
一、右同　壱通ツ、
但儺名今日より已前ニ有之候歳には其節差上可申事、
真寿院様　瑤池院様　御前様江
一、御宝ふね　古帖大奉書　壱通ツ、
中奉書判行摺小細工人摺之上包等上ニ同、
阿部伊勢守様之御奥様　妙詮院様　御姫様江(52)

これは正月に「宝船」を枕の下に入れるという慣習のための用意である。「宝船」の絵を枕の下に入れて眠ると良い初夢がみられると言われる。「在国日記」でも信明が「宝船」の絵を小納戸から出させて、側廻や奥へ配っていたという記述が見られる。しかし、この史料からは、こうした慣習が江戸の弘前藩邸でも行われていたこと、その対象となっていたのが、真寿院・瑤池院(信明正室喜佐姫)・「阿部伊勢守様之御奥様」(信明の姉)・妙詮院(信明生母)など先代藩主・信明の代の「家」構成員たちであったことが分かる。特に、嫁いだ姉も信明の死後も引き続き津軽家に関係する人々に含まれていたことは注視すべきである。

また、別の史料からは大名の生母となった側室である久祥院・円受院も引き続き供養の対象となっていたこ

とが確認できる[53]。つまり、この段階において、大名生母となった側室は、明確に大名家の一員として歴代当主が供養する対象として位置づけられていたのである。

先述したように、寧親(和三郎)は分家である黒石津軽家からの養子であった。しかし、養子に入るということは、形式上の養父となる信明のみではなく、「家」構成員全員と新たな関係を築く必要があった。近世期において養子藩主は各家で普遍的に見られる存在である。しかし、こうした存在をめぐる新たな視角として、「家」という観点を考えた際、先代からの「家」構成員らは、新たな藩主、この場合であれば「家」の当主となる人物の行動にいかなる形で関与していったのかその可能性に着目する必要があろう。

四、描かれる「家」構成員—「津軽孝公行実」「無超記」—

では、どの程度信明の生活は「津軽孝公行実」「無超記」に正確に記載されているのであろうか。また、こうした記述は信明の生活のどの局面を意識的に切り取ったものなのであろうか。さらに、「江戸在住日記」や「在国日記」に登場した津軽家の人々はいかなる描かれ方をしているのであろうか。

まず、信明の顕彰を意図して作成された「津軽孝公行実」「無超記」のなかで、信明と「家」構成員の関係性がどのように描かれているのか見ていく。寛政五年(一七九三)六月に古田献可が執筆した「津軽孝公行実」は、信明の生涯について、年代を追って記述している。小島康敬氏は筆者である古田献可という人物について特定はできないとしながらも、同書の文面から信明の側に仕えた人物ではないかと推定している[54]。

一方、「無超記」は天保九年(一八三八)に島田静、嘉永五年(一八五二)に山本有龍が書写したものである[55]。前者が信明の生涯を年代に沿って叙述しているのに対し、後者の「無超記」は信明の言動そのものに注目しているという違いはあるが、双方とも信明の明君化を企図した書物であるという点は共通している。

　では、この二つの書物のなかで、津軽家の人々、本稿で言うところの「家」構成員たちはどのように描かれているのだろうか。まず「津軽孝公行実」の場合、幼年期の信明をめぐっては養母となった真寿院との関係性が詳細に記述されている。同書によれば真寿院は信明を「御所生の如く御親しみ、深く　公にも御愛敬を被尽候」であったという。

　同書のなかでは、信明と真寿院との関係について、具体的な逸話を引用している。以下は、「津軽孝公行実」の記述である。

【史料十二】

一、御六・七歳の頃御扇子に御絵を被成候て、真寿夫人へ御覧ニ被入候処、右御扇子の内急ニ一本御隠し被成候。殊の外御困り被成候御様子故、御側ニ侍り居る女中、定ておかしき絵にても被成候故と奉存候。　真寿夫人御意被成候者、何故かくし被申候や、夫をも見せらへと御意被成候処、　公被仰上候ハ、一向心付不申候て不調法仕候。是へ持参仕候て心付申候。兼而御嫌の鼠を認申候故、是は御覧ニ入不申候と被仰上候。御側ニ罷在候者何れも驚き奉り、感心仕候。御幼年の内より斯く御粛敬の御義ニ被成御座候。　真寿夫人、翌日綿にて拵候鼠を一ツあけさせ被成、御側ニ被置候て、　公被為入候節御意被成候は、昨日鼠を絵かき被申候て、殊の外心遣ひ被成候。近頃は鼠をさして嫌ひ不申候とて、右の鼠を御手ニとらせられ、　公の御覧に被入候て、重て心遣ひ有ましき旨御意被成候。　真寿夫人の思召難有御儀賢淑と可奉申候也。

一、或年、彗星のことく芒角を生し候星出候を、　真寿夫人殊の外御心ニ懸られ候処、　公御幼年にて被仰上候は、何の障ニも成候星にも御座有ましく候間、必御気遣被遊間敷旨被仰上候。元より　公御幼稚の御心なれハ殊の外御恐被成候へとも、真寿夫人へ者右之通被仰上候て、御慰め被成候[56]。

こうした逸話が示すのは、信明と真寿院との関係が、養子縁組みという制度上のものだけではなく、いわゆる心情面での関係性や実際の養育に関わるものであったことである。ただし、同書で信明の「親」として位置づけられているのは「御両親様[57]」、つまり、父・信寧と「母」である真寿院のみであり、ここに生母である妙詮院に対する言及はない。

また、信明は十四歳になった際、南御部屋へと生活の場を移したが、この点について「女中の手を御離被成候様ニとの[58]」父・信寧の意向であったとされている。さらに、信明の正室である喜佐姫（史料中では「瑤池夫人」と表記）については、信明の死後、信明と取り交わした書翰の裏に「普門品」を書き、それを埋め、宝塔を建立したという逸話が記載されている。

次に、「無超記」を見ていく。「無超記」は幼年期の信明に関わる逸話としては、父の命によって江戸に登ることに対し、信明が弘前を恋しがったということが記述されている。また、両親に関わる記述としては以下の通り言及されている。

【史料十二】

一、御部屋住之御頃明六半時御表へ御出被遊、御髪御膳等相済、四ツ時中上候と御表へ御機嫌御窺として御出被遊、御座敷に御待被遊御小性組之頭御案内申上御居間江被為入候事定例也、未御早過被遊候節ハ幾度ニ而も御帰り御宜しき頃御伺也、又夕七時中上候へ者御稽古中ニ而も必御召替ニ而御窺ニ御入被遊

候、　屋形様御留守にハ　御前様へも右之通御伺なり、風雨寒暑共に御懈怠不被遊候[59]、

　このように、信明と信寧・真寿院との関係性が「御窺」の定例化という行為によって表象されているのである。このほかにも、「無超記」では、信明自身が自らの御膳の数を少なくした一方、真寿院と妙詮院の御膳には変更がないように取り計らったことが記述されている。先述のように、「江戸在住日記」では、信明が自ら膳の数を少なくしたことは記述されているが、「無超記」では養母・生母に対する逸話が追加されているのである。これは、親子の親愛というよりも、「孝」の側面をより強調するものであると言えよう。

　こうした点は信明と和三郎との関係にも反映されている。「無超記」は信明と和三郎の関係について以下のように記述している。

【史料十三】

一、御世継御独りもましまさす常に御なけき遊し候得共、終に　御前様并御妾壱人の外御召仕ひ無之にも御妊身なし故に俄に御分知津軽和三郎様御養子御願ひ被遊御願済、御世しろしめし御徳業御継被遊る事不思議の御事なりと人々申あへり、某等久しく御側ニ仕へ奉りし故今更驚き奉りしハ、御部屋住の御頃和三郎様御稽古の御相手として御出被成候処、御分知左近様御死去故一入和三郎様を御不便ニ思召よし　御意ありき、扨和三郎様ニハ万端御見習之為御居間へも御通り御膳の御相伴も被成候様被仰出し、又雷の鳴し時和三郎様御嫌ひのよし、其節　御膝元へ召させられ御背中を御押へ被遊、那須与一様ニハ却而和三郎様より御下座ニ而雷を御凌き被成し、只今奉恐察るに恐多き御事なから永く御世継ニ立せらるへき御見習の事にや、其頃ハ誰も子細心ニもとめられすかく御不便に御養育被遊しハ誠に　御実子様に御かわり被

遊御義かなと一入難有御親子の御縁かなとそ奉存れり、[60]

「無超記」の筆者は、信明が養子として和三郎、つまり分家である黒石津軽家の寧親を指名したことについて、幼少期以来の逸話に言及している。つまり、部屋住時代から信明と和三郎は親しい交流があり、それが本分家関係という以上に親密なものであったということを示し、和三郎が後継者となったことと信明の遺志を関係づけ、「御親子の御縁」として言及している。また、後年に後継者となった和三郎との比較対象として同様に信明のそばにいた「那須与一様」の存在も記述している。しかし、この場合は与一の方が「御下座」にあったことを示し、後に和三郎が信明の養子となり、津軽家を相続したことと関連づけて言及しているのである。

ただし、信明が「奥を御離御部屋御移徙被遊、御近習小性御寝所ニ不寝御番申上候計也、女中の手に御成長不被遊候[61]」という逸話は二冊の書物でも共通しており、信明の成長という過程において、「女中」という存在が排除されたことが二つの書物では強調されている。

こうした点を見ていくと、二つの書物に記された信明の行動は、「江戸在住日記」や「在国日記」に記された信明の行動と大きく相違しているというよりも、後世に意義付けされた部分が目立つことが分かる。それは「江戸在住日記」における信明と奥との関わりに見られるような関わりが、「津軽孝公行実」「無超記」では養母である真寿院への孝行という性質の行為に集約されている部分などで顕著に見ることができよう。これは換言すれば二つの書物に記された信明の行動自体が創作なのではなく、信明の名君化の本質とはこうした意義付けや解釈のし直しであったと言える。

五、考察

ここまで信明が記した「江戸在住日記」及び「在国日記」をもとに、信明という一大名の生活における「家」構成員との関係性について検討を行ってきた。まず、特筆すべき点として、世子時代に執筆した「江戸在住日記」と大名「家」の当主となった「在国日記」では後者のなかでは「家」の当主として祭祀を執行している様子を看取することが出来る。

但し、この信明という一大名の日記からは、当該期の津軽家という「家」において特定の先祖を顕彰し、別格に位置づけるという方向性を読み取ることはできない。むしろ、「家」の当主としての信明の生活のなかでは、父や姉に対する祭祀が継続されており、ここからは信明の想定する「津軽家」の枠組みを知ることができる。

また、信明という一大名の生活のなかで見た時、特徴的なのは、先祖に対する祭祀秩序が極めて単純化されているという点である。男性、特に歴代藩主については大きな差が見られないことは先述した通りであるが、この点は正室・側室という女性についても同様である。他方、津軽家の場合、大名生母となった側室は二名(三代藩主・信義生母の荘厳院を除く)と少ないことも影響していると考えられるが、大名生母とならなかった側室らへの祭祀は「在国日記」の記述からは確認が出来ない。

大名による先祖祭祀について、萩藩を対象に分析した岸本覚氏は、大名の生活における先祖への祭祀が結果として大名の生活の大部分を占めかねない状況となり、その解決策として先祖を序列化して把握する祭祀改革が実行されたことを指摘した[62]。しかし、こうした祭祀改革による整備を必要とした萩藩の事例と比較すると、弘前藩津軽家の場合、そもそも祭祀秩序のあり方が極めて単純化されていたことがよく分かる。萩藩の場合、複雑化する要因として、養子による家督相続や、大名後継者の生母となった側室の存在、また子どもを残さなかった側室、そして夭折した大名子女の存在などが考えられるが、信明の実生活における「家」構成員の関わり方を考えれば、個別の「家」としての大名家のあり方、具体的には父・養母・生母・既婚未婚を含めた姉妹など「家」に所属する人々との関係性そのものと関連付けて検討を行う必要があろう。

また、注目すべきはこうした信明の生活は、歴史的事実という観点では後年に作成された名君録の記述と大きな相違がないという点である。信明の幼少期の逸話の真偽については確認することができないが、少なくとも世子時代、そして家督相続以後の信明の生活を見てみると、真寿院との関係や信明の生活実態など、事実関係のみを見れば「津軽孝公行実」「無超記」に記された内容はその全てが後年の創作であると言いきることはできない。むしろ、「在国日記」や「江戸在住日記」時点には想定されていなかった意味づけが行われ、新たな文脈の中で信明の行動が語られているのである。つまり、大名の生活全てが、後に「公」の文脈のなかで、名君たる所以として読み替えられることが可能であったのである。こうした「在国日記」や「江戸在住日記」の記述から「津軽孝公行実」「無超記」への記述の変遷からは、大名という一個人の存在が、家臣の「家」をも内包した「御家」の中心として「御家」全体へと連関していく回路の存在を見ることが出来よう。今後は、その回路がいかなる必要性のもとで構築されたのか、語られる史料の性質や社会的状況を踏まえて検討を加える必要があろう。

註

（1） 朝尾直弘「将軍政治の権力構造」（『岩波講座日本歴史』十巻 岩波書店、一九七五年）。

(2) 松方冬子「近世中・後期大名社会の構造」(宮崎勝美・吉田伸之編『武家屋敷―空間と社会―』山川出版社、一九九四年)、同「『不通』と『通路』―大名の交際に関する一考察」(『日本歴史』五五八号、一九九四年)。
(3) 近世大名家の生活を実体的に検討した成果としては朝尾直弘編『譜代大名井伊家の儀礼』(彦根城博物館叢書第五巻、二〇〇四年)、村井康彦編『武家の生活と教養』(彦根城博物館叢書第六巻、二〇〇五年)などがある。
(4) 長野ひろ子「幕藩制国家の政治構造と女性―成立期を中心に―」(近世女性史研究会編『江戸時代の女性たち』吉川弘文館　一九九〇年収録)。※長野ひろ子『日本近世ジェンダー論』(吉川弘文館、二〇〇三年)に再録。
(5)「家」の定義については大藤修『近世農民と家・村・国家』(吉川弘文館、一九九六年)・米村千代「イエの変遷」(『岩波講座日本の思想　第六巻　秩序と規範』岩波書店、二〇一三年)に詳しい。
(6) 澁谷悠子「近世墓標・過去帳・系譜類にみる武家の家内秩序と「家」意識」(『東北文化研究室紀要』五十二巻、二〇一〇年)。
(7)～(21)「江戸在住日記」(国文学研究資料館所蔵津軽家文書)。
(22)「津軽孝公行実」(『青森県史資料編近世学芸関係』、二〇〇四年)。
(23)「江戸在住日記」。
(24) 長谷川成一『弘前藩』(吉川弘文館、二〇〇四年)。
(25)「津軽孝公行実」。
(26)「江戸日記」天明四年閏正月。
(27)「国日記」天明四年閏正月。
(28)「在国日記」一巻。
(29)「同右」三巻。
(30)「同右」二巻。
(31)「国日記」天明四年六月。
(32)「国日記」天明四年十月。

(33) 関根達人「近世大名墓における本葬と分霊―弘前藩主津軽家墓所を中心に―」(『歴史』九九号、二〇〇二年)。
(34)「国日記」天明四年十月。
(35)「無超記」(『青森県史資料編近世学芸関係』、二〇〇四年)。
(36)「在国日記」十二巻。
(37)「在国日記」九巻。
(38)「岩木山を科学する」刊行会編『岩木山を科学する』二(北方新社、二〇一五年)。
(39)(40)「在国日記」八巻。
(41)「在国日記」十二巻。
(42)〜(45)「在国日記」八巻。
(46)「在国日記」九巻。
(47)(48)「同右」七巻。
(49) 妻鹿淳子『武家に嫁いだ女性の手紙―貧乏旗本の江戸暮らし―』(吉川弘文館、二〇一一年)。
(50)「在国日記」二巻。
(51)「津軽編覧日記」。
(52)「年中行事」(弘前市立弘前図書館所蔵津軽家文書TK三八七-四二)。
(53)「御参詣并御名代調」(弘前市立弘前図書館所蔵岩見文庫郷土資料GK三八六-四十)。
(54)(55)「解説」(『青森県史資料編近世学芸関係』、二〇〇四年)。
(56)〜(58)「津軽孝公行実」。
(59)〜(61)「無超記」。
(62) 岸本覚「幕末萩藩における祭祀改革と「藩祖」」(井上智勝・高埜利彦編『近世の宗教と社会二　国家権力と宗教』吉川弘文館、二〇〇八年)。

国許における藩主の気晴らしと家臣との交流
―弘前藩主津軽信明の「在国日記」の分析から―

山下須美礼

はじめに

天明年間の弘前藩は、近世最大の被害をもたらした飢饉の影響を受け、未曽有の困難な状況に置かれていた。天明二年（一七八二）が不作で余剰米が不足していたにもかかわらず、藩は江戸や大坂への廻米を継続し、そこに翌天明三年（一七八三）の大冷害が襲ったことで、その被害はより大きなものとなったのである。幕府に届けたこの年の損耗高は、本高・新田高をあわせておよそ二四万石のうち二〇万石に迫り、平年比減は八二パーセントにもなった(1)。この凶作により危機的状況にさらされた人々は、天明三年から翌四年（一七八四）六月までの間に、飢餓とその後の疫病流行の被害を合わせ、藩内で八万人以上が死亡するにいたったという(2)。

弘前藩では、このような極限の状況にあった天明四年閏一月二日、第七代藩主津軽信寧が四六歳で急死するという事態に見舞われる。急遽、家督を継ぎ、第八代藩主となったのが、津軽信明である。宝暦十二年（一七六二）に生まれ、明和四年（一七六七）に六歳で江戸へ出府して以来、父信寧の正室真寿院のもと江戸で成長した信明は、この時二十三歳の若さであった(3)。その信明が、天明の大飢饉のさなかに跡を継ぎ、藩政を担うことになったのである。

果たしている。

藩主となった信明は、寛政三年（一七九一）に若くして死去するまでの間、次の四度の期間に弘前への入部を

①天明四年（一七八四）八月二十日～天明五年（一七八五）三月二十四日
②天明六年（一七八六）九月二十八日～天明七年（一七八七）四月九日
③天明八年（一七八八）五月二十六日～天明九年（一七八九）三月十五日
④寛政二年（一七九〇）五月二十日～寛政三年（一七九一）五月十一日

これらの期間に信明は、「在国日記」[4]全一六巻を書き残した（以下、単に日記と記す場合は本日記を指す）。困難な藩状に向き合わざるを得ない国許での日々において、藩主としての信明はどのような日常を送っていたのであろうか。本論文では、この日記の内容から、国許での家臣らとの人間関係の構築の在りようや、多難な藩政の合間における息抜きや気晴らしの具体像を明らかにし、国許における藩主の日常の一事例を示したい。

一、藩主信明の暮らしと奥向き

1．倹約の徹底

困難な状況のなか藩主となった信明は、国許へ入部する以前の江戸での生活においても、質素倹約に努めたとの記録がある。

公、御家督後愈御慎第一にて、御膳も御一汁に軽き御一菜、御昼ハ御平無之時ハ御焼物と何れにも御向ハ一ツ、御夜食ハ御湯漬御香のもの、何か御猪口物の類斗と被仰出候。然れども真寿院様(信寧公御室)竝妙栓院様(御生母)へハ是迄之通差上候様被仰出候。(無超記)[5]

信明は「御慎第一」として、自らの食事は質素に済ませていたという内容である。さらには「江戸表御住居殊之外御省略にて、朝夕之御膳部ハ勿論平日不残御綿服被遊。少も御慰事ハ無之旨(「佐藤家記」)[6]」という記録もあり、自分自身の奢侈や娯楽に対して厳しく戒めていた様子が強調されている。

天明四年(一七八四)八月二十日、信明は藩主として初めての国入りを果たし、弘前に到着するが、その三日後の日記には、次のような記述が見られる。

一、八時過夕飯、七時過蒸菓子給る也、右菓子之義ハ前々より在所ニてハ隔日、其後三日置ニ候処、尚省略ニて、此度ハ五日置ニ上候様、此間申付候事、(天明四年八月二十三日条)[7]

国許で以前は一日置きに供されていた蒸し菓子は、状況を鑑み三日置きに変更されていたが、信明はそれをさらに五日置きとするよう、到着後さっそく申し付けたとある。自らの食事や間食にいたるまで、藩主自身が事細かに指示を出していた様子が見て取れる。

2．奥向きの状況

天明四年(一七八四)に家督を継いだ時点の信明は二十三歳で、未だ結婚しておらず、子どももいなかった。

その後間もなく信明のもとには、兼ねて婚約していた先代の川越藩主松平大和守朝矩の娘喜佐が輿入れをした[8]。それは信明が藩主として初めて入部する約二か月前の同年六月のことである[9]。しかしながら、天明の飢饉の被害にあえぐ藩の状況を鑑み、披露の祝いなどは省略されたという。ところがその結果、信明が国許へ発った後の江戸藩邸において、「奥之義を、於江戸御客様と申候ニ付、披露等ハ矢張表披露申付可然旨申出候付、右之通已後ヲ申付候也[10]」というように、喜佐に対する正室としての認識や扱いが不徹底のままという状況が生じた。そこで、信明はやはり表披露をするべきであると思い直して、それを計画するよう命じ、その披露は天明六年(一七八六)二月二十七日に実施された[11]。

正室が輿入れ後、わずかばかりの日数で江戸を発った信明の、国許における藩主としての初めての生活を支え、日常に関与した奥の女性たちは、どういった構成であったのであろうか。

御入国後、御息女中御供なき故、戒公の時の老女以下四五人大奥にあるのみなれば、真寿夫人の仰せにて笠原兵司妹を御側に召遣ハさらるべきとの事故、辞せらるべきにあらずとて、召出され、御料理抔下され仰せけるハ、真寿夫人よりの仰故、召出したれど予ハ全く人民の凍餒を救ハん為にこそあれ、妾など使ハん事安からぬ事とありて、即日暇玉ハりけり。(「老譚[12]」)

ここでは、国許の奥向きにいるのは、「戒公」、すなわち先代藩主である父信寧の時から奥を預かる老女以下四、五人の女性たちだけであったとされる。そこで信寧の正室であった真寿院より、笠原兵司の妹を国許での側室にするよう勧めがあったが、飢饉に直面する状況では気軽にできることではないとして断ったとある。

信明の日記によると、八月二十日に着城した信明に遅れること数日で、二人の奥向きの女性が弘前に到着している。

（一）一、今日、奥へ勢河・戸崎引移る、尤明日、岡野・外山到着の積ニ付てなり、右ニ付内〆鍵弐包、勢河ト孫市より相渡置候事、（天明四年八月二十五日条）[13]

（二）一、七半時頃、岡野・外山初到着之旨、錠口より申出候事、
一、六時、奥へ罷越、右同人とも江逢ふ、江戸表より御口上義有之、奥より文来る、同人とも道中人馬殊之外差支致難義之由、右故日数も延候よし、（天明四年八月二十八日条）[14]

（一）には、二十六日に到着予定の岡野と外山に「内〆鍵弐包」を引き継ぐため、勢河と戸崎が奥へやってきたとある。勢河と戸崎とは、おそらく父信寧時代に国許の奥を束ねてきた女性たちだったのであろう。江戸よりの口上と奥（信明正室の喜佐）からの文を携え、予定より遅れて到着した岡野と外山は、国許における奥向きの用を取り仕切るために、真寿院など江戸の女性たちの意向により派遣された者たちであったと考えられる。この後岡野は、家臣家族からの献上品や信明からの下賜品を取り次いだり[15]、医者の相伴に同席したりしていることから、奥向きを統括する立場だったのではないかと推測できる。

3．国許における奥での交際

国許にある信明との間の文や贈答品は、飛脚便の往来により一度に複数口が受け渡しされたが、それらのやりとりは、①父信寧正室の「真寿院」、②自分の正室である「奥」（喜佐）、③自分の生母である「妙栓院」という順番で、多くの場合記録された。そのほか五代藩主信寿の長男である信興[16]の娘で、松平摂津守忠恒の正室

であった信明の大叔母にあたる「済光院」や、正室喜佐の兄で川越藩主の松平大和守直恒、信明の異母妹の「お愛」、お愛の夫であり信明の従兄でもある交代寄合の那須与一などの名前が頻出する。

これらの人々の多くは江戸にいて、飛脚便が弘前と江戸を行き来するたびに書状や贈答品をやり取りし合う、信明にとって最も近しい存在であった。それらの人々と離れた国許で、信明が家臣とは別の親しい付き合いをしていたのは、「おふみ」と「おもと」という二人の女性である。

この二人が初めて日記に登場するのが、次の記述である。

一、五時起、五半時過朝飯、九時過服紗・麻上下着、山吹之間へ出座、今日、着城祝義料理申付候ニ付、真寿院様御初、方々様より御進物披露、畢而右祝義、家老・城代祝義申上、畢而役替申渡ス、
一、今日、津軽外記妻おふみ・棟方十左衛門妻おもと、奥江相招逢ふ也、子共壱人ツ、連来る也、
一、今日、祝義料理、於四季之間、祝ふなり、八時過、
一、右祝義ニ付、家老初、吸物・酒肴、側廻迄、酒肴等遣之、甚少略なり、巨細にハ不記之、
一、暮頃、奥江罷越、吸物・酒事申付、おもと・おふみ相伴申付、尤医者三人相伴申付、
一、四時前、夜食相済、無間も、おふみ・おもと帰、右之節江戸表より持参之帯地壱筋ツ、遣之、おふみ子共元太郎三才江手遊、おもと子共おあさ五才江も手遊遣之、四半時、表江相帰、寝るなり、「夜食も両人相伴なり」、（天明四年九月十一日条）[17]

初入部から二十日ばかり過ぎた頃、着城祝いが行われ、それに合わせて津軽外記の妻であるおふみと、棟方十左衛門の妻であるおもとが奥へ招かれたのである。二人は幼い子ども（元太郎三歳・おあさ五歳）を一人ずつ連

れてきた。四季の間での祝儀が終わった暮れ頃、信明は奥へ行き、吸物や酒を命じておふみ・おもとに相伴させ、夜食も振る舞った。その後二人が帰宅する際には、江戸表から持参した帯地を一本ずつ遣わし、子どもたちにもそれぞれおもちゃを与えている。

ここにあるように、おふみは津軽外記玄隆の妻であり、おもとは棟方十左衛門貞豊の妻である。外記も十左衛門も重臣に数えられ、二人とも寛政元年(一七八九)のクナシリ・メナシの戦いの発生にともなう弘前藩の蝦夷地派兵においては、結成された三組のうちそれぞれ二つの大番頭を勤めることになる有力な家臣であった。[18]しかし、彼女たちが信明に招かれたのは重臣の妻という立場によるものではない。

おふみとおもとは、六代藩主信著の次男で、幕臣の仙石弥兵衛久当の養子に入った好古(平三郎)の娘たちで、二人は姉妹であったと考えられる。[19]信明の父である七代藩主の信寧は、信著の長男であるから、信明とおふみ・おもとの姉妹は父方のいとこ同士に相当する。また、おふみは宝暦十二年(一七六二)、おもとは宝暦十三年(一七六三)に江戸で生まれており、宝暦十二年に誕生した信明とは同世代であった。さらに、長じて那須与一資虎の養子となり、那須与一資朝を名乗るおふみらの兄も、宝暦九年(一七五九)に誕生しており、近しい年頃のいとこたちは、江戸の藩邸などで幼い頃より顔を合わせ、親しむ機会もあったことが推測できる。成長した資朝のもとには、天明四年(一七八四)に信明の妹のお愛が正室として嫁ぎ、[20]その関係はさらに深いものとなる一方、おふみとおもとは、父の実家である津軽家の重臣の家へそれぞれ嫁ぎ、信明の入部より先に弘前の地で新たな生活を始めていたのである。

自らの領国とは言え、藩主として初めての国許での暮らしであり、不慣れなしきたりや初めて顔を合わせる家臣らに囲まれた生活は、藩状の困難とも相まって、年若い信明にとっては、気を緩めることのできない日々であったと考えられる。そのような日常において、ごく近しい親戚であり、小さい頃から気心が知れていて、なおかつ江戸の話題も交わすことができるおふみとおもととのひと時は、信明にとって心から寛ぐことのできる貴重な機会であったと言えよう。

おふみとおもとは、自ら訪問する場合もあるが、多くは信明からの招聘に応じて城へ出向き、信明と面会している（次ページ【表1】）。その機会は、着城祝いと年始祝いにほぼ限られるので、回数が多いわけではないものの、信明自身の招きにより城に登る人物の記録自体が非常に少ないことから、それだけ信明にとっておふみとおもととの交流は大切なものであったと考えることができる。おふみやおもとも、暑中見舞いや寒中見舞いと称して、蕎麦を献上するなど、折々に信明を気遣っていた様子が見られる。次は、結果として彼らの最後の面会となった寛政三年（一七九一）の年始祝いの状況である。

一、今日、年始ニおふみ・おもと呼候ニ付、右後奥へ行逢ふ也、両人より干鱈一折ツ、持参、おもと子共「あさ・源吾」来る也、

（一条略）

一、六過より両人吸物相伴申付、医者当番道秀も相伴申付、五過夜食同断、其後又々吸物等差出、四過両人罷帰、

一、おふみ・おもとへ多葉こ入三ツ、・絵半切百枚ツ、・鼻紙七束ツ、、あさへ「人形壱・板〆腰帯一・扇子三本」、源吾へ「手遊壱・鼻紙入一・扇子三本」、其外菓子等差遣之、（寛政三年一月二十八日）[21]

年始の祝いにおふみとおもとを呼び出した信明は奥で二人に会い、二人から干鱈を一折ずつもらっている。十八時過ぎから吸物を二人に相伴させ、二十時過ぎには夜食を食べ、また吸物を振る舞った。二人には煙草入れ

を三つずつと、絵半切一〇〇枚、鼻紙七束ずつを与え、おもとが連れて来ていた娘おあさには人形や板〆腰帯、扇子を、息子の源吾には玩具、鼻紙入れ、扇子、そのほか菓子などを遣わして、彼らが帰宅したのは二十二時過ぎであったとある。このように、かなり長い時間を奥で共に過ごし、子どもを気にかけ、たくさんの下賜品を与えていた。寛政三年(一七九一)にはすでに三〇歳になっていた信明であるが、跡継ぎの子どもはまだなく、また、国許における側室の存在も日記からは窺えない。このような状況において、おふみやおもとと話し、彼女たちの子どもに愛情を注ぐことは、近しい間柄こその慰撫をもたらすものだったのであろう。

なお、時にはおふみやおもとと共に城に招かれ、相伴などを賜わる女性としてはもう一名、「多膳母」と記載される人物が登場する。多膳とは津軽多膳貞栄のことであり、信明が初入部した後、家老に任じられてい

下賜品	相伴の品
帯地一筋ずつ 手遊び(子)	吸物・酒・夜食
目録200疋ずつ 手遊び(子)	夜食・吸物・酒肴
—	—
鼻紙5束・銀かんざし1本 手遊び(子)	吸物・酒・夜食
—	吸物・酒・夜食
拝領の白紗綾一反ずつ 手遊び・干菓子(子)	菓子・吸物・酒
鼻紙1包・盃・煙草入れ	菓子・吸物・夜食
鼻紙7束ずつ 煙草入れ5つずつ 手遊び・煙草入れ・扇子(子)	吸物・酒肴・夜食・吸物・肴
—	夜食・吸物
黒色加賀紋絽一反ずつ 煙草入れ3つずつ 扇子2本ずつ 巾着・手遊び・扇子(源吾) 紙入・煙草入(あさ)	到来の菓子・吸物・酒肴・夜食
—	—
煙草入れ・扇子・鼻紙 面の絵(子)	吸物・酒肴・夜食
—	—
煙草入れ・絵半切100枚 鼻紙7束 人形・板〆腰帯・扇子(あさ) 手遊び・鼻紙入・扇子(源吾) 菓子	吸物・夜食・吸物

【表１】 おふみ･おもと･多膳母との交際

	国許 滞在時期	巻号	年	西暦	月	日	登城の 契機	交際の理由	人物	献上品
1	1回目	1	天明4	1784	9	11	招聘	着城祝い	おふみ・おもと おふみ子元太郎 おもと子あさ	—
2	1回目	3	天明5	1785	1	15	訪問	年始祝い	おふみ・おもと	肴一折ずつ 菓子一重ずつ
3	1回目	3	天明5	1785	2	7	—	—	多膳母	鴨・大根漬け
4	2回目	5	天明7	1787	1	15	訪問	年始祝い	おふみ・おもと	干鱈一折ずつ
5	2回目	5	天明7	1787	2	13	招聘	目見願いにより	多膳母	菓子一折 肴一折
6	3回目	7	天明8	1788	6	11	招聘	着城祝い	おふみ・おもと おふみ子元太郎 おもと子あさ おもと子源吾	干鱈一折ずつ
7	3回目	8	天明8	1788	7	28	招聘	—	多膳母	菓子・干肴
8	3回目	10	天明9	1789	1	15	招聘	年始祝い	おふみ・おもと 多膳母	干鱈一折ずつ 菓子 鴨(多膳母)
9	3回目	10	天明9	1789	2	22	招聘	番囃子見物 および暇乞い	おふみ おもと	—
10	4回目	11	寛政2	1790	6	3	招聘	着城祝い	おもと おもと子あさ おもと子源吾 多膳母	干鱈一折ずつ 菓子一色ずつ
11	4回目	11	寛政2	1790	6	17	—	暑中伺い	おふみ・おもと	鯛・蕎麦切
12	4回目	14	寛政2	1790	11	12	招聘	着後の挨拶	おふみ (6月の代替)	—
13	4回目	14	寛政2	1790	12	15	—	寒中見舞い	おもと	蕎麦十合
14	4回目	15	寛政3	1791	1	28	招聘	年始祝い	おふみ・おもと おもと子あさ おもと子源吾	干鱈一折ずつ

る。その母は寛政三年（一七九一）一月十二日に死去するが、[22] それに関わる内容が次の記述となる。

一、従主水以書役、「高倉主計・津軽外記」より多膳母堀伝左衛門娘にて　玄圭院様御従弟連ニ付、去月十二日病死之義相記候義、申出之通申付之、（寛政三年二月十日条[23]）

ここには、「多膳母」は堀伝左衛門の娘で、玄圭院（五代藩主津軽信寿）の従弟の妻にあたると書かれている。津軽多膳貞栄は、津軽大弐貞如の養子となって多膳を名乗るが、実父は津軽外記玄栄で、玄栄自身も養子であったが元々は三代藩主信義の孫にあたり、同じく信義の孫にあたる玄圭院（信寿）とはいとこ同士であった。「多膳母」はこの外記玄栄の妻だったと考えられ、やはり藩主家の一族と言ってよい間柄の人物であったととらえることができる。

信明の招きを受けて、もしくは自ら訪問する形で信明と顔を合わせる女性は、家臣の家族などほかにも散見されるが、多くは面会し、贈答品の授受をするだけで、食事を共にすることはほとんどない。[24] おふみやおもと、多膳母は、その点が他の場合とは大きく異なり、酒食を挟みつつ、長時間寛いだ時間を共有している。それが許されたのは、血縁関係に基づく心理的な近しさが最大の理由であったと考えることができ、それが弘前における信明の心の安寧に必要不可欠な時間をもたらしたと言えよう。

二、気晴らしの方法

1．近習医者との関わり

信明の国許での日常生活における特徴の一つとして、近習医者との頻繁な関わりを挙げることができる。近習医者との関わりは、藩主になった直後の江戸藩邸での暮らしにおいては、次のように記されている。

御近習医師へ被仰付候ハ、当番之節御屋敷中、病用勝手次第勤候様、尤年若之医者殊更出精候之様、惣而医者ハ慰ミ相手には無之旨にて、御用無之候へバ大抵ハ不被為召候。（「佐藤家記」）[25]

医者のなかでも年の若い者がとりわけ熱心に側に詰めていたが、信明はどの医者も自分の「慰ミ相手」ではないとして、用がなければ呼びつけることはなかったとある。このことは、裏を返すと、藩主の日常の世話や話し相手として、奥に詰める近習医者、なかでも特に若年の者が、長時間にわたり藩主の周囲に控え、その無聊を慰めるような役割を担っていたということが、実態としてあったということであろう。

そのような医者との関係は、国許においてはどのように記録されているであろうか。まずは、食事や酒肴の相伴という点に着目したい。信明の四回にわたる国許滞在中の日記において、近習医者との相伴の記録は六八回に及ぶ（次ページ【表2】）。その多くは、弘前着城の日や江戸出府の直前、もしくは節句祝いや月待、日待といった、何らかの特別な日で、そのような場を催す名目がある場合である。例えば次の一文は、天明四年（一七八四）の八幡宮祭礼の日の日記である。

一、今日、八幡宮参礼に付、四時過、玄関より三ノ丸へ罷越、於物見見物致候事、於同所、赤飯・吸物・酒肴等ニて祝ふ也、右祭礼ハ　神輿而已なり、帳面別ニ有之、

（二条略）

一、今晩月見之酒具申付、医師三人奥江呼也、尤六時過、同所にて夜食給、已後吸物・酒肴等にて相伴申付、賑々敷相祝ふ也、九時過、寝る、（天明四年九月十五日条[26]）

午前中に物見から祭礼の神輿を見物した信明は、いい気分のまま奥へ戻り、月見の酒食に近習医者三人を呼び付けている。「賑々敷相祝ふ」からは、国許で初めて接見した祭礼への高揚が感じられる。

このように医者を相伴させる特別な日には、信明の誕生日も数えられた。

相伴の品
夜食・酒・吸物・肴
吸物・酒肴
吸物・酒肴
夜食・吸物・酒肴
蕎麦切・夜食
吸物・酒肴
雑煮・夜食・吸物・酒肴
吸物・酒
饂飩
夜食・酒・吸物
夜食・酒・吸物
夜食・吸物
吸物・酒肴
吸物
吸物・酒肴
吸物・酒肴
吸物・酒肴
吸物・酒肴
吸物・酒肴
吸物・酒肴
吸物・酒肴
雑煮・吸物
吸物・酒
吸物
吸物・酒肴
夜食・吸物・酒肴
吸物・酒肴
吸物・酒肴
吸物・酒肴
夜食・吸物・酒肴
吸物など
元永に打たせた蕎麦の夜食・酒
夜食・酒など
肴

【表2】 医者の相伴

	国許 滞在時期	巻号	年	西暦	月	日	相伴の理由	対象者	場所
1	1回目	1	天明4	1784	8	20	着城の日	医者3人	—
2	1回目	1	天明4	1784	9	8	庚申	医者3人	—
3	1回目	1	天明4	1784	9	9	重陽の祝い	医者3人	—
4	1回目	1	天明4	1784	9	15	月見の祝い	医者3人	奥
5	1回目	1	天明4	1784	9	23	—	道賢(医者)	—
6	1回目	2	天明4	1784	10	5	玄猪の祝い	医者3人	居間
7	1回目	2	天明4	1784	11	10	冬至	医者	奥
8	1回目	2	天明4	1784	11	13	甲子	医者3人	—
9	1回目	2	天明4	1784	12	15	—	道賢(医者)	囲
10	1回目	2	天明4	1784	12	23	—	医者3人	奥
11	1回目	2	天明4	1784	12	24	—	医者3人	—
12	1回目	2	天明4	1784	12	29	—	番の医者	—
13	1回目	3	天明5	1785	1	3	—	医者3人	—
14	1回目	3	天明5	1785	1	6	—	医者	奥
15	1回目	3	天明5	1785	1	7	—	医者3人	—
16	1回目	3	天明5	1785	1	10	庚申	医者3人	—
17	1回目	3	天明5	1785	1	14	—	当番医者	—
18	1回目	3	天明5	1785	1	15	—	医者	奥
19	1回目	3	天明5	1785	3	3	—	医者	—
20	1回目	3	天明5	1785	3	10	—	医者	奥
21	1回目	3	天明5	1785	3	11	庚申	当番医者1人	—
22	2回目	4	天明6	1786	11	1	冬至	医者3人	奥
23	2回目	4	天明6	1786	12	13	煤竹の祝い	医者	奥
24	2回目	4	天明6	1786	12	23	—	医者	奥
25	2回目	5	天明7	1787	1	23	二十三夜待ち	医者3人	奥
26	2回目	6	天明7	1787	3	3	上巳の祝い	医者3人	奥
27	2回目	6	天明7	1787	4	6	—	医者	奥
28	3回目	7	天明8	1788	5	26	—	医者4人	—
29	3回目	8	天明8	1788	7	4	甲子	医者	奥
30	3回目	8	天明8	1788	8	28	—	医者残らず	—
31	3回目	8	天明8	1788	9	28	延期の十三夜月見	医者	奥
32	3回目	9	天明8	1788	10	30	—	元永・医者残らず	奥
33	3回目	9	天明8	1788	11	13	灸治療のため	医者3人	—
34	3回目	9	天明8	1788	11	26	冬至・甲子	医者4人	—

一、誕生日ニ付、夜食後、吸物・酒肴、当番医者相伴申付之、（寛政二年六月二十二日条[27]）

信明は宝暦十二年（一七六二）六月二十二日、七代藩主津軽信寧の長男として弘前に誕生している。正月ごとに一斉に一歳年を取るという考え方がなされていた江戸時代においても、この世に生まれ出た日としての誕生日が、藩主レベルでは祝われていたことがこの一文から確認することができる[28]。

これらの例のように、多くの場合、奥に戻り、夜食の済んだ信明に、当番の医者三〜四名が吸物や酒肴で相伴をし、就寝までのひと時を過ごすことが少なくなかった。

近習医者との関わりは、当然治療に関する側面でも確認できる。寒気が強まると、信明は医者に「保養煎茶[29]」の調合を申し付けた。また、鍼治療や灸治療、按摩の記載もある。灸治療は長時間かかるため、「医者三人出灸中空腹に付、少々湯漬給[30]」など、途中で医者のための軽食を申し付けるなどの気配りをしている様子も見られる。

吸物など
吸物・酒肴
吸物・肴
吸物・酒肴
吸物・酒肴
吸物・酒肴
吸物・酒肴
吸物・酒肴
夜食・吸物
吸物
菓子・吸物・夜食
夜食など
到来の蕎麦切
夜食・吸物・酒肴
吸物・酒肴
吸物・酒肴・謡
吸物・酒肴
吸物・肴等
吸物・酒肴
新蕎麦・吸物・酒肴・仕舞
吸物・肴等
夜食・吸物・酒肴
吸物
雑煮・屠蘇酒
吸物・酒肴等
吸物・酒肴
吸物・酒肴
吸物・酒肴
吸物・酒肴
吸物・酒肴
夜食・吸物
夕飯・菓子・吸物・田楽など
夕飯・料理・菓子・吸物・酒肴・蕎麦切
菓子・吸物・酒肴・夜食・奥で仕立てた吸物・肴等・盃

35	3回目	9	天明8	1788	12	13	煤竹の祝い	医者残らず	奥
36	3回目	9	天明8	1788	12	26	年忘口切祝い	医者	—
37	3回目	9	天明8	1788	12	30	年越しの祝い	当番の医者	—
38	3回目	10	天明9	1789	1	3	—	医者	奥
39	3回目	10	天明9	1789	1	7	—	当番の医者	—
40	3回目	10	天明9	1789	1	23	二十三夜待ち	医者4人	奥
41	3回目	10	天明9	1789	3	3	—	当直の医	—
42	3回目	10	天明9	1789	3	8	発駕祝い・甲子	医者4人	—
43	4回目	11	寛政2	1790	5	20	—	医者4人	—
44	4回目	11	寛政2	1790	5	23	二十三夜待ち	医者	—
45	4回目	11	寛政2	1790	6	6	灸治療のため	医者3人	奥
46	4回目	11	寛政2	1790	6	11	—	杏庵・医者	—
47	4回目	11	寛政2	1790	6	17	—	医者	—
48	4回目	11	寛政2	1790	6	22	誕生日	当番医者	—
49	4回目	12	寛政2	1790	7	15	生身魂祝い	医者4人	奥
50	4回目	12	寛政2	1790	8	15	名月	医者4人・当番の両役	—
51	4回目	12	寛政2	1790	8	16	甲子	当番の医者	—
52	4回目	13	寛政2	1790	9	9	重陽の祝い	医者3人	奥
53	4回目	13	寛政2	1790	9	15	十三夜	医者4人	—
54	4回目	13	寛政2	1790	9	23	二十三夜待ち	医者・清九郎	—
55	4回目	13	寛政2	1790	9	28	熟作・全快祝い	図書・医者	奥
56	4回目	13	寛政2	1790	10	4	玄猪の祝い	当番の医者	—
57	4回目	13	寛政2	1790	10	17	甲子	当直の医者	—
58	4回目	14	寛政2	1790	11	16	冬至入り	医者残らず	奥
59	4回目	14	寛政2	1790	12	13	煤竹の祝い	医者4人	—
60	4回目	14	寛政2	1790	12	26	—	図書・医者4人	—
61	4回目	14	寛政2	1790	12	29	—	当番の医者	—
62	4回目	15	寛政3	1791	1	3	—	医者4人	奥
63	4回目	15	寛政3	1791	1	15	—	医者4人	奥
64	4回目	15	寛政3	1791	1	23	二十三夜待ち	夜食当番孫市 福次郎・医者4人 岡野	—
65	4回目	15	寛政3	1791	2	19	甲子	当番医	—
66	4回目	16	寛政3	1791	4	1	—	医者3人	二の丸広鋪
67	4回目	16	寛政3	1791	4	19	—	医者3人	報恩寺
68	4回目	16	寛政3	1791	4	23	出立のため	家老3人 当番の医者	居間

2．気晴らしの場としての西の郭

多難な政務に直面し、江戸に在っては「少も御慰事ハ無之[31]」と記され、質素な生活を心がけていたとされる信明といえども、日常における多少の気晴らしは必要であったであろう。そのような気晴らしのひと時は、いかに実現していたのであろうか。

公御入部後御城乾の御櫓へ御上り被遊候処、御小納戸より遠眼鏡持参御覧被遊候様に申上る者ありしに、唯御側に差置き御覧なし、又外の眼鏡を持参、ひたすら申上たりしが御覧なし、其後御咄に高きに登り眺望ハ宜しけれども、眼鏡にて見るものならバあからさまに見え過、心のいたむ事もありなん。又近く住なせしもの知らず〴〵内のさまなど見らるべし。高きにてハ物を見るも心得あるべしと御意なり。（無超記[32]）

この初入部後すぐに乾の櫓に登った出来事は、信明の日記の「一、七時より西之郭江罷越一覧ス、医者三人召連る也、暮前罷帰、尤西湖之間庭よりいつる也[33]」という記述に対応しているであろう。弘前に到着した二日後、信明は乾櫓のある西の郭へ医者三人を同行させ足を運んでいる。そしておそらく乾櫓へ登り、六歳で出府して以来の領国を、見渡せる限り自分の目で一覧したのであろう。

これ以来、信明は頻繁に西の郭へ足を向けている（一七〇～一七一ページ【表3】）。その一部が以下の内容である。

（一）一、七時西之郭江参、尤番人為引取、居間庭より側廻計ニて罷越、暮頃帰、六半時過夜食、四半時寝る、（天明四年十二月三日条[34]）

（二）一、九半時過夕飯、八半時過より西郭江行、散歩、七時過直ニ乾之櫓江登、七半時過帰座、六半時過夜食、引続、吸物・酒肴、医者三人相伴、四時相済、同刻過寝る、（天明五年三月三日条）[35]

（三）一、八過夕飯、半過より西之郭江行、船抔ニ乗、鉄炮抔打、慰ム、暮頃帰る、（天明七年二月二十八日条）[36]

（四）一、八時夕飯、半過より西之郭江行、船に乗、的角等致なり、医者三人供申付之、六半於奥夜食、右三人相伴、引続、吸物・酒肴申付、四過寝、（天明七年三月三日条）[37]

（五）一、八時夕飯、七頃より西之郭江行、歩行、舟ニも乗、暮前帰、「竹之子取る」、（天明七年四月三日条）[38]

（六）一、七頃より乾之櫓へ登り、夫より西之郭江行釣致、暮頃又々櫓へ登り、六過帰、尤人払申付、四季之間西之庭路次より出る也、（天明八年七月三日条）[39]

（七）一、八半過より西之郭へ行、尤奥より行、医者三人呼召連、船ニ乗釣致ス也、暮頃茶屋にて菓子給、六頃帰、（寛政二年九月九日条）[40]

（八）一、七時より西之郭へ行、鉄炮為持側廻へ申付候へとも鳥少く不得候、船にて釣致少々鮒釣、暮頃帰る、（寛政三年四月二十六日条）[41]

西の郭に出向いた信明は、船を出して釣りをしたり、鉄砲で鳥を狙わせたりするほか、散歩をしたり、櫓に登ったり、竹の子を採るなどして気分転換を図っていたようである。時には（一）や（六）のように人払いをして、気の置けない側廻りや医者などと共に時間を過ごした。（二）や（四）、（七）のように、節句祝いの延長で楽しむ場合もあったが、特に名目のない日に、ふと西の郭へ足を伸ばすことも多かった。（三）に「慰ム」という言葉が見られることからも、信明にとって西の郭に出向くとは、すなわち気晴らしの一環であり、政務から離れてほんのひと時休息できる、気に入りの場所であったことがわかる。

そのほか西の郭では、後述する家中の武芸見分が行われることもあった。

(一)一、今日、家中的前、於西郭見候に付、平服にて行、茶屋にて見之、夫々小屋懸等致、家老始、組頭・用人・大目付迄見物、九半過於同所夕飯給、右之内障子入候而、支度致相済、又障子取候而、又見物ス、七半済、帰、(天明八年九月十二日条[42])

(二)一、四時西湖之間、庭より西郭へ行、茶屋ニて家中的射前見之、八頃中入、同所ニて夕飯給又見之、七半少過相済、帰る、

相手	理由
医者３人	—
—	—
番人を引き取らせ、側廻だけ	—
—	—
—	—
—	—
八郎左衛門	—
—	慰として
—	慰として
医者３人	上巳の祝い
—	—
—	—
(人払い)	—
—	—
家老・組頭・用人・大目付など	稽古見分
医者３人	慰として
元永(医者)	—
十蔵	—
—	冬至・甲子の酒事延期の慰として
年寄・医者	慰として
初めて供下りの面々	弘前を案内か
(人払い)	—
医者(道秀・正哲・昌庵)まち	—
医者３人	重陽
—	稽古見分
清九郎	—
岡野・医者４人/合計14人	慰として
医者３人・両役・近習小姓・近習番	花盛りのため
—	—
—	—
側廻	—
—	慰として

【表3】 城内での気晴らし

	国許滞在時期	巻号	年	西暦	月	日	内容	場所
1	1回目	1	天明4	1784	8	24	一覧する	西の郭
2	1回目	1	天明4	1784	9	22	船に乗る	西の郭
3	1回目	2	天明4	1784	12	3	時間を過ごす	西の郭
4	1回目	3	天明5	1785	3	3	散歩・乾の櫓へ登る	西の郭/乾の櫓
5	2回目	4	天明6	1786	11	9	場所を変え夜食	数寄屋
6	2回目	4	天明6	1786	11	18	場所を変え夜食	数寄屋
7	2回目	5	天明7	1787	2	3	鉄砲を命じ、朱鷺一羽撃ち取る	西の郭
8	2回目	5	天明7	1787	2	20	葛餅をこしらえる	—
9	2回目	5	天明7	1787	2	28	船に乗り、鉄砲を撃つ	西の郭
10	2回目	6	天明7	1787	3	3	船に乗り、 的角など	西の郭
11	2回目	6	天明7	1787	4	3	歩行・舟にも乗る・竹の子取る	西の郭
12	3回目	7	天明8	1788	6	27	堀で釣り	西の郭
13	3回目	8	天明8	1788	7	3	櫓に登る・釣りをする	乾の櫓/西の郭
14	3回目	8	天明8	1788	7	17	釣り・櫓で夜食	西の郭/櫓
15	3回目	8	天明8	1788	9	12	家中の弓術(的前)見分 同所で夕食	西の郭茶屋
16	3回目	9	天明8	1788	10	11	料理をして食べる(吸物・肴など)	奥
17	3回目	9	天明8	1788	10	30	元永に蕎麦を打たせる	奥
18	3回目	9	天明8	1788	11	20	堀の鴨を撃たせる(失敗)	西の郭
19	3回目	9	天明8	1788	11	26	五節句の題を出す	—
20	3回目	10	天明9	1789	1	23	手ずから福引	奥
21	4回目	11	寛政2	1790	5	26	茶屋で菓子を食べる 帰りがけ城楼へ登る	西の郭
22	4回目	11	寛政2	1790	6	27	舟で釣り	西の郭
23	4回目	12	寛政2	1790	7	16	茶屋で菓子を食べる 酒肴・夜食も同所で	西の郭
24	4回目	13	寛政2	1790	9	9	船に乗り釣り 茶屋で菓子を食べる	西の郭
25	4回目	13	寛政2	1790	9	24	家中の弓術(的射前)見分・同所で夕食	西の郭茶屋
26	4回目	14	寛政2	1790	12	16	仕舞	次
27	4回目	15	寛政3	1791	1	23	福引	—
28	4回目	16	寛政3	1791	4	1	庭で田楽を焼かせ、皆を呼ぶ	二の丸広鋪
29	4回目	16	寛政3	1791	4	6	鷹を召し連れ堀で羽合 小川で小鴨一羽捉える	西の郭
30	4回目	16	寛政3	1791	4	15	茶屋で吸物を食す	西の郭
31	4回目	16	寛政3	1791	4	26	鉄砲を撃つ(獲れず)・船で鮒を釣る	西の郭
32	4回目	16	寛政3	1791	4	27	走筆	居間

（三条略）

一、津軽外記忰元太郎、九才ニて的に罷出候間、側へ呼、干菓子遣之、大道寺隼人忰治郎市、十二才ニて同様罷出候間、是又呼、干菓子遣之、（寛政二年九月二十四日条[43]）

この二つの機会では、信明は西の郭の茶屋に陣取り弓術の見分をしたが、（一）では家老や組頭、用人、大目付もそれぞれ小屋掛けをして見物したとある。（二）においては、津軽外記の息子、すなわちおふみの息子である九歳の元太郎と、大道寺隼人の息子である一二歳の治郎市が、幼いながら的前に出ていたことから、側へ呼び寄せ、干菓子を与えるなど、褒美を取らせている。どちらも見分の途中で、茶屋において夕食を取るなど、重要な家中の武芸見分であると同時に、家臣との交流も兼ねた行楽的な意味合いもあったと考えられる。

信明にとって四回目の、そして最後の入部となった寛政二年（一七九〇）五月には、「八半過ゟ西之郭江行於茶屋菓子給、江戸ゟ初供下之面々呼供申付、帰懸ケ城楼へ上り七半過帰ル[44]」との記述があり、弘前到着早々に、このたび江戸から初めて国許に下った家臣らに供を命じて西の郭へ向かっている。これは、「城楼」すなわち「西の櫓」へ一緒に登り、眼前に広がる城下の案内を自ら行うことで、家臣らとの結束を図ったものと考えられる。

3．慰としての料理

西の郭に出向くこと以外にも、信明の気晴らしの方法はあった。その一つが、回数は多くはないが、料理に関するものである。

(一)一、八過夕飯、夕方慰ニ菓子葛餅こしらへる、六半過夜食、四時寝、(天明七年二月二十日)[45]

(二)一、今日、奥にて慰に料理致候ニ付、医者三人、右相手申付之、右ニ付弓稽古相不致候、尤肴并香物類、台所へ申付、夫々上させる、

(一条略)

一、手料理之吸物・肴等、夜食後より差出、表当番之者も呼、何もへ酒肴遣之、八頃相済、(天明八年十月十一日条)[46]

(三)一、今夕、奥にて元永に蕎麦為打見る、右に付医者不残呼、夜食相給、相伴申付、跡にて少し酒等給、四前、仕廻、(天明八年十月三十日条)[47]

(四)一、当年熟作致、其上当夏奥にて余程不相勝候所致全快候に付、心祝ニ内々医者共奥にて料理致、今晩夜食後より吸物・肴等差出相祝、図書呼相伴申付、医者如例、其外当番書役より近習番迄追々呼、酒等遣之、九時相済、(寛政二年九月二十八日条)[48]

(一)では「慰」として信明自身が葛餅を作り、(二)でもやはり「慰」として吸物や酒肴を調理している。(三)は自分自身が調理したのではないが、近習医者の一人である元永に蕎麦打ちをさせ、(四)でもやはり医者が奥でひそかに料理をしている様子がある。このように、料理に関わることを行うことが、信明にとって気晴らしとなっていたのである。これに関しては、岡崎二〇一八[49]において、信明の養子となって次の藩主を継ぐ津軽寧親宛書状の分析により、藩主の座にあった寧親が手製の菓子を贈答品としていたことが明らかにされている。このことからも、津軽家、さらには藩主層の家々において、藩主自らが菓子を手製するという行為は、決して型破りなことではなかったことがわかる。

特記事項
—
—
奥の女性たちが見物
上段と同日
手ずから縄を出しそれぞれ遣わす
—
上段と同日
—

4．振る舞いと福引

信明の気晴らしとともに、家臣らとの関係性を築くための手段として、特別な行事や祝いの日に乗じた、酒食の振る舞いも散見される。例えば、先にも触れた信明の誕生日について、別な年代の記述を見てみよう。

一、今日誕生日ニ付、於四季之間祝之、家老・用人、酒・吸物、書役初側廻・奥向へ酒肴遣之、尤当番切也、但省略中故如是、（天明八年六月二十二日）[50]

ここでは、家老と用人には酒と吸物、書役や側廻、奥向きに対しては酒を振る舞っている様子が描かれている。

さらには、野外において、より大掛かりな振る舞いの場が設けられることもあった。

一、九半過、麻上下着、御守札類戴、夫より於上廊下　岩木山へ拝、夫より直ニ　建神江参詣、畢而、直ニ二之丸広鋪へ行、於同所夕飯給、医者三人相伴、八半頃より菓子・吸物等申付、庭ニて田楽等焼かセ医者共相伴、両役・近習小性・近習番も代々呼也、七半過、仕廻、帰る、尤同所庭梅・桜花盛なり「孫市・福次郎・助一・丈助・末吉」、帰りハ袴・羽織着也、（寛政三年四月一日条）[51]

【表４】 福引の実施

	国許滞在時期	巻	年	西暦	月	日	対象者	場所	理由
1	1回目	3	天明5	1785	1	6	岡野はじめ中居まで7人	奥	年越の祝い
2	2回目	5	天明7	1787	1	1	46人	四季の間	嘉例の如く
3	3回目	10	天明9	1789	1	3	41人	四季の間	嘉例の如く
4	3回目	10	天明9	1789	1	3	（奥）	奥	―
5	3回目	10	天明9	1789	1	23	年寄・医者	奥	慰めとして
6	4回目	15	寛政3	1791	1	3	錠口役より近習坊主まで39番	四季の間	恒例の如く
7	4回目	15	寛政3	1791	1	3	（奥）	奥	―
8	4回目	15	寛政3	1791	1	23	岡野・医者4人・合計14人	―	慰めとして

梅や桜が花盛りとなる季節、二の丸広敷より庭へ出て、田楽などを焼かせたという。いつもの如く医者が相伴し、両役や近習小姓、近習番も代わるがわる近くへ招かれ、賑やかな様子であったことがうかがわれる。

このように、多くの場合は季節の行事や祝い事などの名目のある日は、医者による相伴が恒例としてなされると共に、当番の者たちに対する酒食の振る舞いも行われ、楽しみや喜びを家臣らとも分かち合おうとの意図があったことがわかる。

娯楽の共有や懇親を目的とした藩主信明から家臣に対する働きかけとして、「福引」の実施も見逃すことができない（【表４】）。福引は信明の日記のなかで全部で八回確認することができるが、行なわれたのは全て一月のことであり、そのうちの六回は年始に、二回は「二十三夜待ち」の日に行なわれた。次は天明九年（一七八九）一月三日の記述である。

一、従九時頃、於四季之間、如嘉例福引遣之、側詰書役へハ自手多は粉入三ツ、遣之、「福引四拾壱番、壱番近藤久寿、十一番馬沓・藤岡新八、四十一番大黒・三橋勘之丞」、

一、右福引、岡野初拝見願、後障子少し切明為ル見之、

（二条略）

一、右已後、於奥福引遣之、（天明九年一月三日条[52]）

右にある通り、福引は「嘉例」、すなわちめでたい恒例行事であり、毎年正月に行なわれるものであった。この年には四一人の家臣が籤を引き、一番と十一番、四十一番を引いた者の名前が記録されている。面白いのは、奥勤めの女性である岡野が家臣らに対する福引を見物したいと申し出たことから、表と奥とが接する障子を少し切り開け、見えるようにした、と記されていることである。おそらく、家臣らも大いに盛り上がる毎年のイベントであり、奥の女性たちもその賑わいの一部を共有したくなるような状況が展開したのであろう。家臣らの福引が終わると、今度は奥向きにおいて、奥の女性たちのための福引が行われた。

次は同じ年の「二十三夜待ち」の際の福引の様子である。

一、今晩、如例年、廿三夜待致候に付、夜食ニ茶飯申付、奥にて給、年寄始、いつれも医者四人トも遣之、福次郎兼々大食ニ候間、奥へ呼遣之「残り台七膳給」五十九才ニ也、夜食後、吸物・酒肴、医者共相伴、如例、今晩為慰福引いたし、年寄初、医者共迄入、十三番、自手縄出し、夫々遣之、（天明九年一月二十三日条）[53]

ここでは二十三夜待ちのため、夜食に茶飯を申し付け奥で食べた後、年寄をはじめ医者たちを含む一三人に対して、「慰として」福引がなされ、信明手ずから籤の縄を持ち、各人に引かせたとある。二十三夜待ちの日の福引は、寛政三年（一七九一）にも記録されているが、こちらでは奥に勤める岡野も含め、奥向きの一四人に対して、やはり「慰」の福引をしている。[54]正月の福引が年始祝いの一環として、公的行事の要素を持つのに対し、二十三夜待ちの際の福引は、奥での生活を支える近しい人々との楽しみとして、信明が私的に企画する色合いが強かったと考えられる。

三、武芸や学問による家臣との交わり

1．側勤の者たちとの交流

天明四年（一七八四）十一月二日、家臣のなかより津軽本次郎（津軽兵部悴）[55]、津軽金蔵（津軽内膳悴）[56]、津軽左太吉（津軽多膳悴）、溝江鉄蔵の四名が御側詰を命じられ、続く二十二日には津軽周蔵がそれに追加されたことが『弘前藩庁日記』の記載より判明する。[57] 彼らはすべて、当時の津軽家の中枢にあった重臣達の息子世代にあたる。これらの記載に先立ち、信明の日記には、次のような記載がある。

一、津軽本次郎・津軽金蔵・津軽左多吉・津軽周蔵・溝江鉄蔵、右五人側勤申付、諸事相馴候ハ、後々之為にも可相成候間、向後波之間詰と申付候様ニ申付候事、右之内左多吉抔ハ未若輩にも候間、外稽古之妨にも可相成候間、折々罷出候様ニ、本次郎ハ若輩にハ候得とも母そだちニてハ不宜候間、是ハ詰日相立罷出候様ニ、委曲申付候事、則明日申渡申付候事、尤周蔵ハ忌中故、忌明候上申付候筈也、（天明四年十一月十九日条）[58]

家中としての勤めを始める年若い家臣に対し、例えば津軽左多吉には武芸の外稽古の妨げにならないよう時々の出仕とするように、また本次郎は母親一人での養育[59]では不足もあるだろうから、勤めの日をきちんと決めて出仕するように、などとそれぞれに細かな配慮を加えている。

彼らを含む若年の家臣に対しては、信明による次のような評価も残されている。

> 春次郎（添田有方男御側詰）ハ遅鈍の様に見ゆれども左にあらず、黙而識之と云のさまあり、之に加るに武を以てすべし。佐多吉（ママ）（多膳男御側詰）ハ、才智に走るの性也。徳行篤実を勧さすべし是等ハ皆年寄共の教戒にあらでハならずなり。又、表方にハ大炊（津軽文蔵男）ハ、外柔にて内剛なる者と聞、剛太郎（山田氏）彦太郎（竹内氏）金蔵（津軽氏）などハ行末用に立つべき者とこそ見ゆれと、仰ありけり。其明日佐多吉へ、「坤厚而載物」と云五字をなし下されたり。実を勤よとの御教戒なるべし。（老譚）[60]

これら二つの史料からは、将来的に藩主を補佐し弘前藩を支えていく立場となる者たちへの期待とともに、藩主の責務として、彼らの成長に積極的に関与していこうとの姿勢を読み取ることができる。

これら側詰をする、現役重臣層の跡継ぎ世代の者たちとは、信明はどのような場面で関係性を築いていったのであろうか。その一つとして、信明による下賜品贈与の機会を挙げることができる。次は初入部を果たした天明四年（一七八四）暮れの記録である。

> 一、本次郎・金蔵・左多吉江、後日巻上下遣之、甚之助・道賢へ熨斗目、十蔵・周蔵・鉄蔵・半蔵江着下上下遣之、尤いつれ居間ニて小納戸取扱遣之、初而之者故遣候なり、（天明四年十二月二十六日条）[61]

ここでは、側詰の本次郎・金蔵・左多吉には「巻上下」、同じく側詰の周蔵・鉄蔵らへは「着下上下」が遣わされている。ここでは、彼らがその年に初めて出仕したことを下賜の理由としているが、天明八年（一七八八）

年の年末にも同様の記載が見られる。

一、側詰本次郎・春次郎・左多吉へ栈留袴地一具ツヽ、鉄蔵江も同断、於居間遣之、山本三郎左衛門、当年書役兼申付候ニ付、花色半上下壱具遣之、（天明八年十二月二十八日条）[62]

この年には、初めて当該の役に任命された者への下賜と同時に、すでに側詰として数年勤めている本次郎や左多吉にも「栈留袴地」が遣わされており、側詰の者たちに対しては、初年かどうかに拘わらず、一年の終わりという節目に、日頃の勤めを労う褒美として着物の類を下賜するということがなされていたことがわかる。

また、年が明けた正月にも、下賜の記録は散見される。天明七年（一七八七）の正月には、「本次郎・春次郎・左多吉并書役江自手多葉こ入遣之」[63]、寛政三年（一七九一）の正月にも「側詰書役江は自手煙草入一包三ツ、遣之」[64]とあり、「自手《てずから》」というところに、藩主信明と側詰の者たちとの距離の近さを見出すことができる。

2．武芸を通じた関わり

信明の日常においては、頻繁に武芸の稽古が記録される。たとえば、稽古回数の最も多かった天明五年（一七八五）年二月の一か月においては、弓の稽古は二五回を数え、剣術稽古も五回、乗馬稽古も二回確認できる（次ページ【表5】[65]）。これらの武芸稽古も、次の記述に見られるように、側詰の若い家臣たちと触れ合う機会の一つであった。

（一）一、七時より剣術稽古場江罷越、稽古如例、津軽本次郎・竹内彦太郎・沢用次郎・釜萢吉弥、右之

【表5】　月ごとの信明の武芸稽古回数

年	西暦	月	剣術	弓術	馬術
天明4	1784	8	—	1	—
		9	1	—	3
		10	1	2	1
		11	2	—	2
		12	1	—	2
天明5	1785	1	2（1）	4	1
		2	5	25	2
		3	2（1）	6	1
天明6	1786	11	4（2）	3（1）	6
		12	2（2）	2	3（1）
天明7	1787	1	（1）	—	—
		2	4	3	4
		3	2（1）	2	5
		4	1	—	1
天明8	1788	5	—	1	—
		6	4（2）	5	6
		7	5	5	4（1）
		8	4	4	4（1）
		9	4	6	1
		10	5（1）	4	4
		11	3（2）	4（2）	1
		12	2（3）	4（1）	1
天明9	1789	1	（2）	2	（1）
		2	5（1）	6（1）	2（1）
		3	—	1	—
寛政2	1790	5	—	1	1
		6	5（1）	5	5
		7	2（3）	3	4
		8	3（2）	3	7（1）
		9	1（3）	3（1）	5
		10	4（1）	4（2）	2（2）
		11	1（4）	3（2）	1（1）
		12	2（2）	5	1
寛政3	1791	1	（1）	（1）	—
		2	1（3）	2（4）	—
		3	2（1）	1（2）	3
		4	1（1）	2（1）	7
		5	—	1	—

※カッコ内は稽古を予定していたができなかったという記録の回数を示す
※稽古の内容が具体的に示されていない記述は数に含めていない。

面々、初而罷出、夫より指事致候事、暮時相済、帰座、六半時、夜食、四時、寝る、（天明五年一月二十九日条[66]）

（二）一、八時前夕飯、八半時頃より剣術稽古如例、周蔵・鉄蔵、初而罷出、夫々指南致候事、暮時相済、帰座、六半時、夜食、四時、寝る、（天明五年二月四日条[67]）

（三）一、八時、夕飯、八半時過剣術稽古如例、津軽左多吉、今日初而罷出、暮時相済、六時過、巻藁稽古、六十的、奥ニて夜食、四時過、寝る、（天明五年二月九日条[68]）

ここでは、初入部後に側詰に任じられた本次郎や周蔵、鉄蔵、左多吉などが初めて剣術稽古の場に参加したことが記され、特に（一）と（二）からは、信明が直接指導した様子が読み取れる。自身が武芸に熱心に取り組むことで、家臣らへも日々の鍛錬を促し、上達を志させようとしたことがわかる。しかしながら、来客や飛脚の都合等により、定日でありながら、稽古ができない日も多かった。また、特に最後の入部の際には、体調不良による稽古への不参加も目立つようになる。

一方、家臣らの武芸は、藩主による見分の機会が設けられることで、さらなる鍛錬と向上が目指された。信明の四度の在国中、武芸見分は一九回を数える（次ページ【表6】）[69]。日記中の次の記述のように、この見分は長時間に及ぶこともあった。

一、今日、家中剣術見候ニ付、五半過、芙蓉之間へ出座、於鷺之間剣術遣方見之、八頃中入、夕飯給、半過、又々出座、段々見之、尤和術も有之、大人数故手間取、夜五半過相済、且師役之面々へ伝刀遣方好之、何れ遣也、（天明九年二月十七日条[70]）

午前九時頃、芙蓉の間へ出座し、鷺の間で剣術の見分を始めるが、大人数なので手間取り、夕食を挟んでまた出座し、午後九時過ぎにようやくすべてが終了したとある。武芸見分は、状況によっては一日仕事であったことがわかる。また、この日は剣術だけではなく和術も同時に見分し、終了後は「師役」の面々に対し「伝刀」を遣わすことを認め、後ほど遣わすこととしたともある。寛政二年（一七九〇）九月二十四日の弓術の見分においても、「中宜面々江褒美之義、先例等を以四矢へ的前二手・三矢へ壱手、目録ニて差遣、追而矧申付可遣旨、并師役へ門弟出情賞之義も申付之[71]」とあり、稽古見分は、日頃の稽古の成果を確認し、成績のよかった者には褒美を与えるとともに、その指南に当たる指導者に対してもその労をねぎらう場でもあった。

先にも触れたが、武芸の見分は西の郭で行われることもあり、また、家臣らのまだ幼い子どもたちが参加した際には、特別に側へ呼び寄せ、褒美として菓子を与えるなどという場面もあった。これらは、武芸の見分が、単に藩主としての責務というだけではなく、信明にとっては家臣と交流を図り、気晴らしともなる機会であったことを示すものである。

同行者	特記事項
三組頭・側廻	—
—	—
—	—
—	—
—	—
—	—
—	—
家老・組頭・用人・大目付なども見物	それぞれ小屋掛けして見る
—	—
—	—
—	後半に目見え以下の者、諸組の者の的前・指立前を見る。
—	大人数で手間取り、夜5つ半時に終了。指導役の面々へ伝刀を遣わすことを認める。
—	—
家老・用人・大目付	—
—	当りの良い者へは褒美。師役も門弟が出精の際は賞す。 津軽外記悴元太郎(9歳)と大道寺隼人悴治郎市(12歳)が的に出ていたので、側へ呼び干菓子を遣わす。
—	雨のため、青沼半助門弟はすべて乗るが、有海七太夫門弟は延期となる
—	—
—	津軽外記悴元太郎が出ていたので側へ呼ぶ。 堀五郎左衛門悴忠五郎・外記二男栄作にも会い、菓子を遣わす。
—	—

【表6】 武芸稽古見分

	国許滞在時期	巻	年	西暦	月	日	稽古の内容	場所
1	1回目	3	天明5	1785	2	10	剣術・弓術(的前・指矢前)	詰座敷上の間
2	1回目	3	天明5	1785	2	18	剣術	鷺の間
3	1回目	3	天明5	1785	3	8	槍術	詰座敷
4	2回目	4	天明6	1786	12	14	剣術	剣術稽古場
5	2回目	6	天明7	1787	3	12	弓術(射芸)	竹の間
6	2回目	6	天明7	1787	3	20	剣術	芙蓉の間
7	2回目	6	天明7	1787	3	27	槍術・長刀	詰座敷二の間
8	3回目	8	天明8	1788	9	12	弓術(的前)	西の郭
9	3回目	8	天明8	1788	9	27	剣術	芙蓉の間
10	3回目	9	天明8	1788	10	10	槍術・長刀	詰座敷
11	3回目	10	天明9	1789	2	12	弓術(射芸/的前・巻藁・指矢前・指立前)	竹の間・詰座敷上の間
12	3回目	10	天明9	1789	2	17	剣術・和術	芙蓉の間・鷺の間
13	3回目	10	天明9	1789	2	20	剣術・長刀	詰座敷二の間・縁通
14	4回目	12	寛政2	1790	8	22	馬術(立駒・惣馬乗方)	外馬場
15	4回目	13	寛政2	1790	9	24	弓術(的射前)	西の郭茶屋
16	4回目	13	寛政2	1790	10	6	馬術	外馬場
17	4回目	15	寛政3	1791	2	13	弓術(巻藁・的前・指矢前)	竹の間・詰座敷
18	4回目	15	寛政3	1791	2	20	剣術	芙蓉の間
19	4回目	15	寛政3	1791	2	27	槍術・長太刀	詰座敷・二の間・縁通

3．会読の実施

信明による家臣との関わりにおいて、もう一点着目すべきこととして、「会読」の記録がある。会読とは、江戸時代の藩校や私塾等で広く行われたもので、複数の人々が定期的に集まり、選択された一つのテキストを、討論を加えながら読み進めるという勉学の方法である。信明の日記から確認できる会読の記録は、一度目の国許滞在時には見られないが、二度目の滞在時に一〇回、三度目の滞在時に三回、四度目の滞在時には三一回を数えることができる（【表7】）[72]。もっとも、「会読（廻読）」という言葉が最初に登場する段階で、すでに「如例」という表現が見られることから、すべての回が記録されたわけではないと考えられるが、それでも、寛政二年（一七九〇）五月から翌年五月までに相当する四度目の国許滞在期間において、信明を取り巻く会読の会

特記事項
例の如し 会読相手の面々に菓子を遣わす
例の如し
例の如し
—
例の如し
例の如し
例の如し
例の如し
例の如し
例の如し
着後初めて開催
—
例の如し
今日より開始/最初なので全員裃を付ける 初め序は木助が、本文は左多吉が読む
某読む
市蔵読む
野呂栄蔵読む
工藤伝右衛門読む
竹内久三郎読む
説苑・鉄之助
乳井善嘉読む
定日だが飛脚前の多用につき延期
某読む
図書の都合が悪く、その上多用のため延期
左多吉読む
春次郎読む
伝右衛門読む
飛脚への書を認めていたので延期
鉄之助読む
善嘉読む
説苑・久三郎読む
市蔵読む
万蔵読む
図書宅が例年の会初めにつき延期
多膳との面会が長引き延期に
左多吉読む
鉄之助読む
春次郎・市蔵読む
伝左衛門読む
説苑・万蔵読む
久三郎読む/説苑終了
善嘉読む
式部読む
市蔵読む

【表７】 会読の記録

	国許滞在時期	巻	年	西暦	月	日	場所	相手	テキスト
1	2回目	4	天明6	1786	11	3	—	会読相手の面々	通鑑
2	2回目	4	天明6	1786	11	7	—	—	通鑑
3	2回目	4	天明6	1786	11	13	—	—	通鑑
4	2回目	4	天明6	1786	12	2	—	—	通鑑
5	2回目	4	天明6	1786	12	10	—	—	通鑑
6	2回目	4	天明6	1786	12	20	—	—	通鑑
7	2回目	5	天明7	1787	2	3	—	—	通鑑
8	2回目	5	天明7	1787	2	12	—	—	通鑑
9	2回目	5	天明7	1787	2	17	—	—	通鑑
10	2回目	6	天明7	1787	3	15	—	—	通鑑
11	3回目	8	天明8	1788	7	12	居間	元吉・小三郎・甚之助・元永・道秀	通鑑
12	3回目	8	天明8	1788	8	30	居間	—	通鑑
13	3回目	8	天明8	1788	9	25	居間	—	通鑑
14	4回目	11	寛政2	1790	6	23	西湖の間	会頭図書、其外春次郎・左多吉・小三郎・木助・一蔵・万蔵・久三郎・善嘉	説苑
15	4回目	12	寛政2	1790	7	5	西湖の間	例の如く図書はじめいずれも	説苑
16	4回目	12	寛政2	1790	7	12	西湖の間	図書はじめ例の如くいずれも	説苑
17	4回目	12	寛政2	1790	7	23	西湖の間	例の如く図書はじめいずれも	説苑
18	4回目	12	寛政2	1790	8	3	西湖の間	例の如く図書はじめいずれも	説苑
19	4回目	12	寛政2	1790	8	13	西湖の間	例の如く図書はじめ罷り出る	説苑
20	4回目	12	寛政2	1790	8	23	西湖の間	図書はじめいずれも罷り出る	説苑
21	4回目	13	寛政2	1790	9	5	西湖の間	図書はじめいずれも罷り出る	説苑
22	4回目	13	寛政2	1790	9	13	—	—	—
23	4回目	13	寛政2	1790	9	23	西湖の間	例の如く図書はじめ罷り出る	説苑
24	4回目	13	寛政2	1790	10	13	—	—	—
25	4回目	13	寛政2	1790	10	15	西湖の間	例の如く	説苑
26	4回目	13	寛政2	1790	10	23	西湖の間	例の如く	説苑
27	4回目	14	寛政2	1790	11	3	西湖の間	例の如く	説苑
28	4回目	14	寛政2	1790	11	13	—	—	説苑
29	4回目	14	寛政2	1790	11	20	西湖の間	例の如く	説苑
30	4回目	14	寛政2	1790	11	23	西湖の間	例の如く	説苑
31	4回目	14	寛政2	1790	12	3	西湖の間	例の如く	説苑
32	4回目	14	寛政2	1790	12	10	西湖の間	例の如く	説苑
33	4回目	14	寛政2	1790	12	23	西湖の間	例の如く	説苑
34	4回目	15	寛政3	1791	1	23	—	—	—
35	4回目	15	寛政3	1791	1	27	—	皆々罷り出る	—
36	4回目	15	寛政3	1791	1	30	西湖の間	例の如く	説苑
37	4回目	15	寛政3	1791	2	3	西湖の間	例の如く	説苑
38	4回目	15	寛政3	1791	2	7	西湖の間	例の如く	説苑
39	4回目	15	寛政3	1791	2	23	西湖の間	例の如く	説苑
40	4回目	16	寛政3	1791	3	13	西湖の間	例の如く	説苑
41	4回目	16	寛政3	1791	3	23	西湖の間	例の如く	説苑
42	4回目	16	寛政3	1791	4	3	西湖の間	例の如く図書はじめいずれも	史記平準書
43	4回目	16	寛政3	1791	4	13	西湖の間	例の如く	史記平準書
44	4回目	16	寛政3	1791	4	23	西湖の間	—	漢書食貨志

は、開催形式が定まり、最も熱心に行われたことは間違いがないであろう。

その四度目の滞在時の会読について、日記の記述から詳しく見ていきたい。その最初の会の記述が以下の一文である。

一、八半過ょり於西湖之間、説苑会読、今日ょり初ム、会頭図書、其外春次郎・左多吉・小三郎・木助・一蔵・万蔵・久三郎・善嘉罷出、尤初而故不残継上ト也、七半過相済〔初序木助読、本文ょり左多吉読、〕（寛政二年六月二十三日条）(73)

八つ半時（十五時頃）過ぎより西湖の間で、漢代の説話集である『説苑』をテキストに、この日より会読を開始するとある。会頭に山崎図書が任じられ、そのほか、春次郎や左多吉などが参加した。開始の日なので全員裃を付けて集まったという。序を木助が読み、本文を左多吉が読んだとある。この日より例外はあるものの、三のつく日を定日とし、西湖の間を会場に、八つ半時より七つ半時（十七時頃）過ぎまで約二時間にわたる会読の会が、図書をはじめとする面々の参加により開催されるようになる。

会頭となった山崎図書は、享保十八年（一七三三）に弘前藩医の家に生まれ、江戸や長崎に遊学した後、寛政八年（一七九六）に弘前藩校稽古館の司業となった人物であり、蘭洲という名前で知られる。寛政二年（一七九〇）時点では五十代後半の年齢で、三十代の信明や、それより若い左多吉など側詰の家臣らからすると、相当な年齢差があり、師匠と弟子たち、といったような位置づけであったことが推測できる。

『説苑』の会読は、担当者による輪読方式で進んでおり、「八半時ょり於西湖之間、説苑会読、如例図書初何れも罷出、某読也」(74)などの記述に見られるように、信明自身が担当することもあった。『説苑』は寛政二年（一七九一)三月二十三日に読了し、[75]次は『史記』の「書」八巻のうちの「平準書」を二回にわたり読み、『漢書』「食貨志」を一回読んで、信明の国許滞在は終了している。

おわりに

ここまで信明の日記から、特に奥や側近くの家臣らとの関わりや気晴らしの具体例などに着目して、藩主の国許における暮らしの在りようの一端を提示してきた。

政務をひとたび離れた信明の国許における暮らし向きは、一つは奥における近習医者や女性たちとの関わりによって、もう一つは側詰の若者たちを中心とした、周囲に仕える家臣らによって、主に構成されていたと言えよう。そして信明の息抜きは、機会や名目、場所により、それらの人々が適宜相手をすることによって実現した。

この日記の重要性として、『弘前藩庁日記』、すなわち「国日記」にはほとんど記録されることのない、弘前での奥向きの情報が散見されることが挙げられる。おふみやおもと、多膳母などとの交際は、血縁関係に基づき強固に形成されているものであり、表で重臣としての役割を果たす夫や息子の動向とは無関係に、信明の意志によって実現していたものである。彼女たちは幼い子どもを連れて長時間にわたり城を訪問し、また信明もその子どもたちに非常に目をかけていた様子が読み取れ、一人弘前に在る信明にとっては、親族同士の情愛を注ぎ合える大切な存在であったと考えられる。

また、信明の国許における日々の暮らしは、節句や日待・月待、様々な祝い事など、多くの行事に彩られていた。それらの多くは公的な儀礼をともなうが、それが終わると、奥向きにおいて私的な寛ぎに切り替わるという場面が多数確認できる。その際には、近習医者などが相伴をし、側詰の家臣たちには酒食の振る舞いがなされた。このように、国許における多くの行事は、公的な面と私的な面が表裏一体となって構成されていたと言える。

信明にとって、西の郭へ出向くことは、「慰」の一つであったが、そこがなぜこれほど好まれたのかを考えた時に、表でもなく奥でもない、という曖昧な位置付けの場であった可能性を指摘できる。公的な藩主としての務めは、表では表の、奥では奥のしきたりに沿って行われるが、西の郭では、その枠組みからは比較的自由に振る舞うことが可能であった。同伴者も、時には表の者も奥の者も、一緒に同席する場合もあったからである。このような藩主を取り巻く様々なしきたりからの一時的な解放が、西の郭では許され、そのことが信明を強く惹きつける理由だったのではないかと考えられる。

信明の日記に登場する気晴らしとしては、そのほかにも那須家との歌のやり取りや、城内の数寄屋におけるお茶の点前なども挙げられるが、今回は分析の対象として取り上げることができなかった。また、信明の弘前における暮らしを一藩主の行動として相対化する視角を提示するべきであったが、その点については、今後の課題としたい。

註

（1）青森県史編さん通史部会編『青森県史　通史編2　近世』（青森県、二〇一八年）四五九ページ。
（2）青森県史編さん通史部会編『青森県史　通史編2　近世』（青森県、二〇一八年）四六二ページ。
（3）青森県文化財保護協会編・発行『津軽歴代記類 上巻』一九五九年。
（4）国文学研究資料館、津軽家文書。

（5）青森県文化財保護協会編・発行『津軽歴代記類 上巻』一九五九年、二四三〜二四四ページ。
（6）青森県文化財保護協会編・発行『津軽歴代記類 上巻』一九五九年、二四六ページ。
（7）『在国日記』第一巻　天明四年八月二十三日条。
（8）松平大和守朝矩（一七三八〜一七六八）は、播磨姫路藩主から上野前橋藩主となり、その後藩庁を川越に移したことで武蔵川越藩主となった大名。娘の喜佐が津軽信明に嫁した天明四年（一七八四）にはすでに死去しており、家督は次男の直恒が継いでいた。信明の父である津軽信寧の正室（真寿院）は、朝矩の妹であり、二代にわたりこの松平家から津軽家に嫁している。
（9）『弘前藩庁日記』「江戸日記」天明四年六月十五日条には「松平大和守様より御逗留　御客様御道具被進候付、右御祝儀御次并御広敷江御家老・御用人罷出恐悦申上之候」、同二十三日条には「今日就吉辰松平大和守様御妹姫様為御逗留被為入候」、同二十七日条には「御逗留御客様御三ツ目御祝義御名遣無御滞被為済候ニ付、為恐悦御家老・御用人御次并御広鋪江罷出候」との記述がある。これらの「御客様」・「御妹姫様」とは喜佐を指すと考えられ、また「三ツ目」とは婚礼から三日目の祝いを表すことから、この時期に輿入れが行われたと考えられる。
（10）『在国日記』第一巻　天明四年八月二十一日条。
（11）『弘前藩庁日記』「国日記」天明六年三月十五日条による。
（12）青森県文化財保護協会編・発行『津軽歴代記類　上巻』一九五九年、二五一ページ。
（13）『在国日記』第一巻　天明四年八月二十五日条。
（14）『在国日記』第一巻　天明四年八月二十八日条。
（15）岡野の役割については、『在国日記』の天明五年二月七日条（第三巻）や、天明七年四月七日条（第六巻）に記されている。
（16）津軽信興は藩主に就任する前に死去している。家督は信興の長男信著が継いだ。
（17）『在国日記』第一巻　天明四年九月十一日条。
（18）『弘前藩庁日記』「国日記」寛政元年七月十二日条によると、一番手が御馬廻一番組頭の大道寺隼人、二番手が御馬廻三番組頭の津軽外記、三番手が御手廻一番組頭の棟方十左衛門と、三組が組織された。しかしながら、実際に津軽海峡を渡海することはなかった。

(19)『津軽史事典』による。ただし、このなかでは仙石好古の娘として「不美(茂登)、津軽外記玄隆室」・「美衛、棟方作左衛門貞豊室」と記載されており、名前が混乱していると考えられる。

(20)『弘前藩庁日記』「江戸日記」天明四年六月二十九日条に「愛姫様今日吉辰ニ付、五半時御供揃ニ而、那須与一様江御逗留　御出被成候」との記述がある。

(21)『在国日記』第十五巻　寛政三年一月二十八日条。

(22)『在国日記』の寛政三年一月十三日条(第十五巻)に「多膳母、病気養生不相叶、昨夜病死ニ付忌中断申出之」とある。

(23)『在国日記』第十五巻　寛政三年二月十日条。

(24)おふみ・おもと・多膳母以外の女性が食事を共にする記録は、『在国日記』寛政二年七月十六日条(第十一巻)に見られ、まちという女性が茶屋に同行し、菓子を頂戴するという記述があるが、たまたま居合わせたので連れて行ったというニュアンスが強い。まちは信明の異母妹お愛の生母か。

(25)青森県文化財保護協会編・発行『津軽歴代記類　上巻』一九五九年、二四六ページ。

(26)『在国日記』第一巻　天明四年九月十五日条。

(27)『在国日記』第十一巻　寛政二年六月二十二日条。

(28)『弘前藩庁日記』においても、藩主の誕生日の記述は見られる。たとえば、「江戸日記」の天明四年六月二十二日条には「今日　御誕生日ニ付、御家老・御用人江御酒御役物被下置候」との記述がある。

(29)『在国日記』の①第二巻　天明四年十月十八日条、②第二巻　天明四年十一月二十四日条、③第三巻　天明五年二月十二日に「保養煎茶」もしくは「保養之薬」調合の記載が見られる。

(30)『在国日記』第七巻　天明八年六月十七日条。

(31)青森県文化財保護協会編・発行『津軽歴代記類 上巻』一九五九年、二四六ページ。

（32）青森県文化財保護協会編・発行『津軽歴代記類　上巻』一九五九年、二五七ページ。
（33）『在国日記』第一巻　天明四年八月二十四日条。
（34）『在国日記』第二巻　天明四年十二月三日条。
（35）『在国日記』第三巻　天明五年三月三日条。
（36）『在国日記』第五巻　天明七年二月二十八日条。
（37）『在国日記』第六巻　天明七年三月三日条。
（38）『在国日記』第六巻　天明七年四月三日条。
（39）『在国日記』第八巻　天明八年七月三日条。
（40）『在国日記』第十三巻　寛政二年九月九日条。
（41）『在国日記』第十六巻　寛政三年四月二十六日条。
（42）『在国日記』第八巻　天明八年九月十二日条。
（43）『在国日記』第十三巻　寛政二年九月二十四日条。
（44）『在国日記』第十一巻　寛政二年五月二十六日条。
（45）『在国日記』第五巻　天明七年二月二十日条。
（46）『在国日記』第九巻　天明八年十月十一日条。
（47）『在国日記』第九巻　天明八年十月三十日条。
（48）『在国日記』第十三巻　寛政二年九月二十八日条。
（49）岡崎寛徳「大名の手製菓子と贈答―弘前藩主津軽寧親と地縁・血縁関係者―」（『和菓子』第二五号　二〇一八年、四七～五九ページ）。
（50）『在国日記』第七巻　天明八年六月二十二日条。
（51）『在国日記』第十六巻　寛政三年四月一日条。
（52）『在国日記』第十巻　天明九年一月三日条。

(53)『在国日記』第十巻　天明九年一月二十三日条。
(54)『在国日記』第十五巻　寛政三年一月二十三日条。
(55)後に家老となる津軽式部朝定か。
(56)後に家老となる津軽頼母模宏か。弘前大学国史研究会編『津軽史』(名著出版、一九七七年)によると、津軽内膳範盛悴。
(57)『弘前藩庁日記』天明四年十一月二十日条に、津軽本次郎、津軽金蔵、津軽左多吉、溝江鉄蔵への、そして十一月二十二日条に津軽周蔵への「御次江相詰御側向見習候様被　仰付之」という記事が見られる。
(58)『在国日記』第二巻　天明四年十一月十九日条。
(59)弘前大学国史研究会編『津軽史事典』(名著出版、一九七七年)によると、城代であった父の津軽兵部朝儀は安永八年(一七七九)に死去しているので、天明四年の時点では父を失い、母に養育されていたことになる。
(60)青森県文化財保護協会編・発行『津軽歴代記類　上巻』一九五九年、二六〇ページ。
(61)『在国日記』第二巻　天明四年十二月二十六日条。
(62)『在国日記』第九巻　天明八年十二月二十八日条。
(63)『在国日記』第五巻　天明七年一月三日条。
(64)『在国日記』第十五巻　寛政三年一月三日条。
(65)『在国日記』第三巻による。
(66)『在国日記』第三巻　天明五年一月二十九日条。
(67)『在国日記』第三巻　天明五年二月四日条。
(68)『在国日記』第三巻　天明五年二月九日条。
(69)ここでは、日々の稽古の中で信明自身が家臣に指導したり、信明は稽古をせずに見守り、助言をするといった機会は除外した。
(70)『在国日記』第十巻　天明九年二月十七日条。

(71)『在国日記』第十三巻　寛政二年九月二十四日条。
(72)ここでは、開催予定だったが延期された日も一回と数えている。
(73)『在国日記』第十一巻　寛政二年六月二十三日条。
(74)『在国日記』第十二巻　寛政二年七月五日条。
(75)『在国日記』の第十六巻　寛政三年三月二十三日条に「尤今日迄ニて説苑相終也」とある。

弘前藩の寛政林政改革と津軽信明

萱場　真仁

はじめに

弘前・盛岡・秋田藩をはじめとする北奥諸藩では、ヒバ（ヒノキアスナロ）[1]やスギをはじめとする山林資源が豊富だったこともあり、近世期を通じてこれらを活用した用材生産や流通、およびこれに係る機構・制度の整備が進められた。

近世期における北奥諸藩の林政の展開を概観すると、いずれの藩も概ね以下のような流れになっている。まず十六世紀末には、豊臣秀吉による伏見城作事用材の出材が行われ、続く十七世紀に入ると、江戸・大坂などの都市における木材市場形成とともに、領内の山林から多くの木々が伐採されるようになった。これらは次第に木材として市場へと流通するようになるが、それに伴う山林資源の濫伐と枯渇が領内では進行したため、十八世紀に入ると、藩は伐採規制の強化と将来的な山林資源の蓄積を目的とした植林を進めるようになった。さらに十八世紀後半になると、度重なる災害や飢饉の影響を受け領内の山林は再び荒廃したため、十九世紀には山林管理体制の強化と領民たちによる植林の奨励が藩によって図られるようになった[2]。

このような北奥諸藩における林政の流れのなかで特に重要な時期は、十八世紀後半～十九世紀にかけてである。この時期は東北地方に最も甚大な被害を及ぼした天明飢饉が発生し、北奥諸藩では天明飢饉後に荒廃した村々や田畑を立て直すべく、これ以後大々的な藩政改革が実施されるようになる。これら改革のなかで、山林に関する機構や制度も見直されるようになり、例えば秋田藩では、林政担当部局である木山方や郡方を中心とした山林資源の実態調査と記録の整備、山林の取り締まりや植林の奨励、そしてそれら利用方法の改善と統制などを中心とする林政改革が展開するようになった[3]。

本稿で取り上げる弘前藩もまた、天明飢饉によって荒廃した村々や田畑の回復などを目的とした藩政改革が寛政期(一七八九～一八〇一)以後実施され、そのなかで山林に関する機構や制度の整備も図られるようになる。

次ページの【表1】には、弘前藩で山方吟味役を勤めていた棟方実勝が文化元年(一八〇四)九月に作成した「御山方覚書」(弘前市立弘前図書館岩見文庫所蔵)などをもとに、弘前藩の林政機構が変化した時期とその内容をまとめたものを示している。ここからは、文化元年の段階で既に、藩の林政担当部局の役人たちが藩の林政の変化を把握するうえでこれらの時期が重要であると捉えていたことが窺える。とりわけ網掛けで示した寛政期は、弘前藩の林政担当部局として山奉行が独立し、郡・町・勘定奉行などと同格に扱われるようになるなど、弘前藩林政の展開を語るうえで大きな転機を迎えた時期だと言えるだろう。

従来、弘前藩における寛政期の林政改革については、既に渡辺喜作氏らによって行政機構の改編や改革の基本方針についての指摘がなされてきた[4]。しかし、渡辺氏らは当時の藩が山林の問題をどのように捉え、いかなる考えのもとこれら改革に取り組むことになったのか、また、改革のなかで具体的にどのようなことが行われていったのかについての分析が加えられていない。

さらに、天明飢饉時の弘前藩における山林の状況、およびそれ以後の林政の展開を考えるうえで注目すべきは、白神山地をフィールドにした長谷川成一氏による一連の研究成果である[5]。長谷川氏は「諸山之内上山通よ

【表1】　弘前藩林政機構の変遷

年	月日	具体的な動き
正徳5(1715)	6月6日	山方が大目付支配となり、山方役所が立てられる。山方吟味役が馬廻より4人加勢。／山方締役2名と、漆奉行の下役として山方物書2名が任命される。
〃	9月	脇道番人が設置され、山方の支配を受ける。
宝暦3(1753)	12月24日	山方役所の廃止が命ぜられる。／山方吟味役と山方締役は勘定所のうち、御貸方役所での勤務を命ぜられる。
(宝暦3ヵ)		山役人は番所(本番所21か所、仮番所12か所)から残らず引き上げるよう命ぜられる。
宝暦4		山方吟味役・山方締役、残らず退職を命ぜられる。
(宝暦4ヵ)		脇道番所9か所、残らず廃止。
宝暦5		領内山林の取り締まりを、麓の村々へ担わせる方針の伺いが出される。村・代官双方に対して山林取り締まりを命ぜられる。
宝暦12	2月15日	山方役所が再び立てられる。／山方が大目付支配となり、郡奉行・勘定奉行は吟味の際に協議するよう命ぜられる。／なお、このとき脇道番所が4か所、山方番所10か所が設置され、脇道番人と山方番人が配置される。
明和5(1768)		領内山林の取り締まりのため、麓村のうち58か所に制札が立てられ、村々の者たちに諸山の「見継」(管理)を担うよう命じる。／このとき、山役人のうち警固の者5名とそれに準じる者10名を現地に残らせ、弘前に出勤している者は不定期に山中を廻らせるようにした。それ以外の者は残らず引き取らせる。／また、同年に山役人が増員され、大組諸手御城附・長柄之者・掃除小人らから警固とそれに準じる者83名が山役人加勢として命ぜられる。
安永8(1779)	3月8日	山方の支配を「御試」として大目付・郡奉行の両支配とし、月ごとの交代制で監督するよう命ぜられる。
〃	8月22日	後潟・油川両組代官竹内長左衛門、山林の保護・管理に関する意見書を提出。
〃	8月	山廻りについては、山方吟味役と締役が不定期に吟味役の指示のもと実施するよう命ぜられる。／代官にも山方吟味役同様に領内山林の取り締まりを協同で厳重に行うよう命ぜられる。／これまで郡奉行が所管していた田山・館山・抱山も山方の管轄となり、代官と協同で領内全ての山を取り締まるよう命ぜられる。
〃		山役人は弘前での勤務を命ぜられ、警固とそれに準じる者たちには1人5俵ずつ配当される。
寛政3年(1791)	**5月6日**	**山奉行として田中宗右衛門と笹要人が初めて命ぜられる。**
寛政4年	**7月1日**	**竹内長左衛門が山奉行に任じられる。／このとき、御役席は四奉行(寺社・郡・町・勘定奉行)と同様三ノ間詰めとなる。**

※上記表は、文化元年9月に山方吟味役棟方実勝によって作成された「御山方覚書」(弘前市立弘前図書館岩見文庫所蔵)、および「国日記」(弘前市立弘前図書館所蔵)をもとに作成。

り西之浜通迄、中山通より外浜通、古懸山迄御山所書上之覚」（弘前市立弘前図書館所蔵、以下「山所書上之覚」と略記）という史料の分析を行い、天明飢饉時における領内山林の状況、および十八世紀後半の領内における山林利用実態を総体的に明らかにした。なお、同氏は分析対象とした「山所書上之覚」を、「弘前藩の山方吟味役が領内山林資源枯渇化などの情勢に対処するため、全領的に山林の状況と山林制度の実態を調査した報告書」（傍点筆者註）と位置づけている。(6)

長谷川氏の研究は、飢饉時に藩が領民たちを救済する目的で領内の山林を開放する「御救山」の実態把握、および弘前藩に特徴的に見られた薪の伐採・流通のあり方としての流木《ながしぎ》システムを明らかにし、飢饉時における藩の林政や、藩領民の山林利用の一端を明らかにしている点で極めて重要である。しかし、流木システムや領民の山林利用の解明に主眼が置かれていることもあり、「山所書上之覚」の作成がこれ以後の弘前藩林政へどう影響したのか、さらに天明飢饉時の山林をめぐる状況や問題を当時の藩がどのように捉え、それが寛政期の林政改革へとつながっていったのかについての検討は、やはり不十分と言わざるを得ない。

そこで本稿では、天明飢饉時に弘前藩が領内の山林の問題をどのように把握し、寛政林政改革へと展開するようになるのかについて、天明飢饉の最中に藩主に就任した津軽信明の考えや行動を中心にしながら検討を加えてみたい。

なお、本稿で主に使用する「在国日記」（国文学研究資料館所蔵）は、弘前藩八代藩主津軽信明が入部・在国の際に記した日記で、全一六巻で構成されている。従来の研究では弘前藩の公式記録である『弘前藩庁日記』のうち在方の記録である「国日記」（弘前市立弘前図書館所蔵）が主に使用されてきたが、津軽信明によって記された「在国日記」は、藩主が当時の山林の問題をどのように捉え、林政に関わっていたのかを知ることができ、極めて有用な史料であると考える。そのため、本稿においても「在国日記」を中心史料として使用することにしたい。原則として、史料引用に際しては読点を打ち、旧字体・異体字は新字体に改めた。史料中の傍線や記号も筆者による註記である。

一、弘前藩林政の展開と天明飢饉の発生

1．近世前期～中期における弘前藩林政の概観

まず次章以降の前提として、天明飢饉発生に至るまでの弘前藩林政の展開について簡単に見ていきたい。弘前藩は領内の約六二パーセントが山林で占められていたとされ[7]、ヒバをはじめとする山林資源に恵まれていたこともあって、中世段階から既に木材産地として知られていた[8]。そのため、近世前期の弘前藩では、江戸・大坂をはじめとする大都市の建築材需要の増加とそれに伴う木材市場の形成によって、領内の山林から盛んに木が伐り出され、それらは木材へと加工されて中央市場へと流通した。なお、弘前藩領の山林は大部分が「本山」と呼ばれる山林であり、これらは藩によって直接保護・管理されていた。

中央市場向けの木材の伐り出し・搬出が盛行な状況のなか、弘前藩では四代藩主津軽信政（一六五六～一七一〇まで在任）の治世下において山林制度が次第に整備されていくようになる。信政治世下の寛文四年（一六六四）には、津軽半島から木材を移出するにあたっての施行細則が定められた。これと同時に、津軽半島のうちヒバが多く生育している山林を領民たちの利用・入山を禁じる「留山」とし、領民たちが家作などのために木を伐り出す際には、彼らによる入山と木々の伐採・利用が許可される「明山」にて行うようにする制度が定められた[9]。

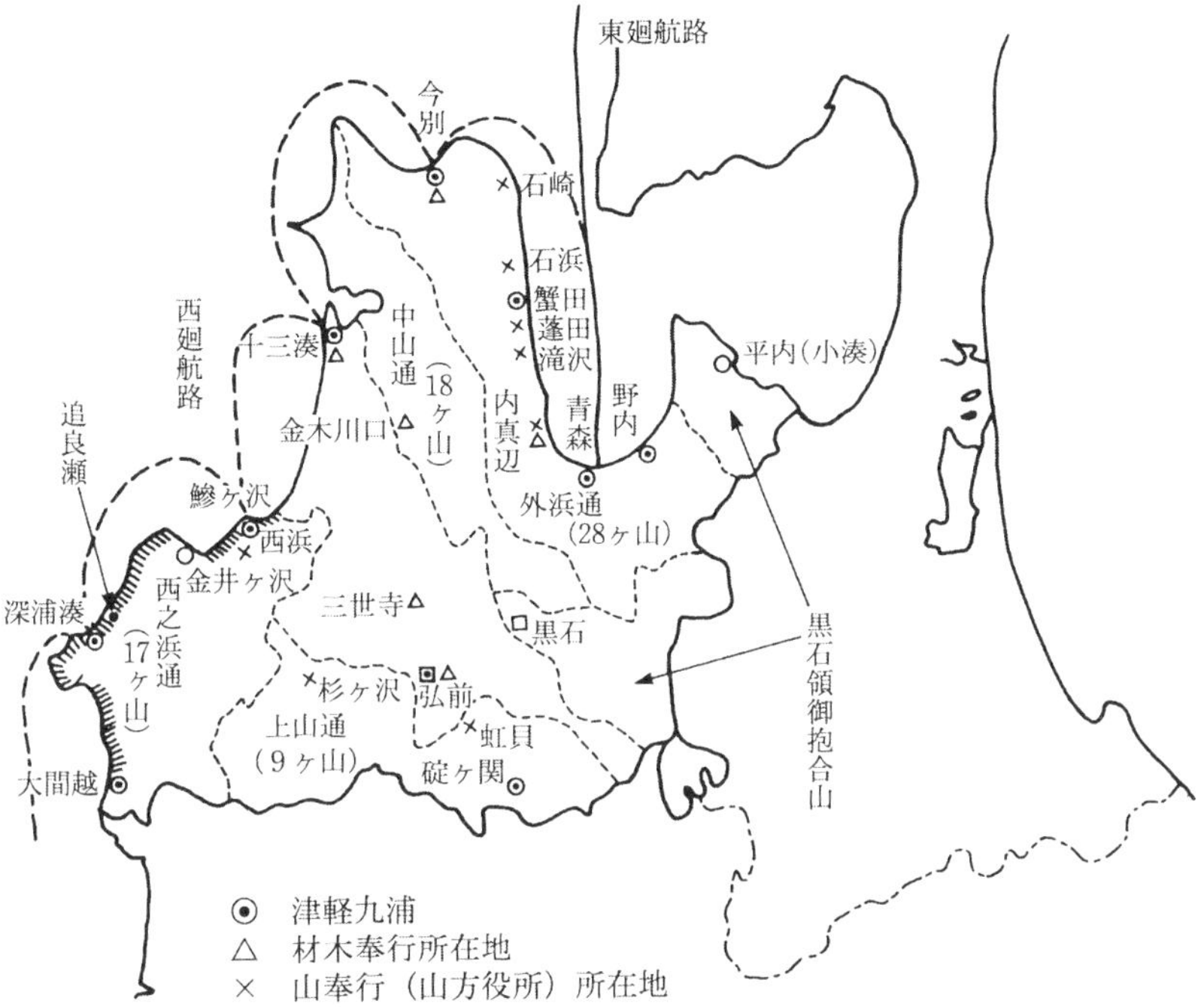

【図1】 弘前藩の山林地帯区分
黒瀧秀久『弘前藩における山林制度と木材流通構造』（北方新社、2005年）、6頁より引用。

寛文七年以後になると、弘前藩領では前述の「留山」「明山」以外にも、村もしくは個人が藩に願い出てスギなどを植林する「仕立見継山」や、植林した立木が村・個人のものとされる「抱山」など、種類・用途に応じてさまざまな山林が設定されるようになる。

なお、信政治世下では津軽半島や岩木川下流域において新田開発が進展したこととも関連して、農業用水の水源確保を目的とした「田山」が設定されたり、日本海から吹きつける潮風や飛砂による被害から田畑を守る目的で、津軽半島西岸の七里長浜において「屏風山」の植林が行われたりした。(10)

さらに元禄十七年（一七〇四）には、領内の山林は地域ごとに外浜通《そとがはまどおり》・西根《にしね》通《どおり》・東《ひがし》根《ね》通《どおり》・中通《なかどおり》の四つに区分された。これら地域は【図1】で示したように、天明四年(一七八四)までには外浜通(外ヶ浜通)・西之浜通・上山通・中山通の名称が付されるようになる。[11]
宝永期(一七〇四〜一一)に入ると山方役所が創設され、続く正徳期(一七一一〜一六)には山林の麓に山方番所が設置された。山方番所には藩から派遣された山役人が常駐し、以後山役人による領内山林の管理が行われるようになった。

以上のように、この時期までの弘前藩林政は藩主導による山林の保護・管理体制が敷かれてきた点に特徴があると言える。その理由としては、ヒバをはじめとする有用樹種の濫伐・枯渇を未然に防ぐべく領内の山林についての制度を定めて取り締まりを強化しようとしていたことや、田畑耕作に資する山林を設定することによって年貢収納を確実なものにしようとしていたことなどが考えられる。

ところが享保〜元文期(一七一六〜四一)になると、領内の村々では慢性的な困窮状態が見られるようになり、百姓たちは自分たちの「御救」として山林利用を藩に対して度々願い出るようになる。[12] さらに宝暦期(一七五一〜六四)には、前述の中央都市へ向けての木材伐り出し・搬出の盛行による山林資源の枯渇化が顕著に見られるようになった。このとき問題となったのが、山役人たちの勤務態度悪化による山林取り締まりの弛緩である。先述の通り、領内の山林は麓に番所が設置され、そこに山役人を常駐させることで管理されていた。しかし、当時の山役人たちは「殊の外驕り美服を着し、或は番所え遊女共抔を取寄、山師共より賄賂金を取[13]」るといった職務怠慢とも言える状態にあったという。その結果、山内の取り締まりは緩み、領内の山林は柴・笹に至るまで際限なく伐り尽くされてしまっている状態になっていた。[14]

藩はこれら問題に対処するべく、宝暦期から次第に林政担当部局の改編や整備、取り締まりの強化を図るようになっていく。宝暦三年(一七五三)十二月には山役人たちをすべて引き払わせ、翌年二月には領内山林の管理を麓の村々へ担わせる方針が打ち出された。そして宝暦十二年(一七六二)には林政担当部局(弘前藩では山方という）が大目付支配となった。

さらに、安永八年（一七七九）には山方は郡奉行・大目付の両支配に改められ、領内山林の取り締まりの厳格化が図られていった。

2．天明飢饉と弘前藩の「御救山」

以上のように、弘前藩では十七世紀から十八世紀にかけて山林行政機構の整備、取り締まりの強化が藩主導で図られた。しかし、その最中に天明飢饉が発生することとなる。

弘前藩領では、天明二年末から天候不順が続くようになり、翌年七月に入っても秋冷が強く稲の穂が出ない状態が続いた。そして九月に至っても田畑の実りはなく、ついに大凶作に至ったのだった。これによる被害は甚だしく、弘前藩では当時の領内人口の三分の一に相当する八万人が亡くなったとされている[15]。

この天明飢饉時に、弘前藩領の山林は「御救山」として大々的に開放された。「御救山」とは、風水害・火災などの災害や飢饉などによる食料不足などから困窮した領民たちを救済するために、領主が「留山」などを開放し、林産物などを得ることを許可した施策を指す。飢饉や災害時に「御救山」が設定されると、領民たちはそれら山林から林産物を伐り出し、自家用に消費したり商品として販売したりすることによって生活の足しとした。東北諸藩では冷害や飢饉が度々発生していたこともあり、領民たちの救済措置として山林を開放する動きがよく見られる。それらは藩によって、「御救助山」・「被下山」（仙台藩）、「薪明山」（秋田藩）、「薪御免山」（会津藩）などさまざまな名称で呼ばれた[16]。

弘前藩では前述の享保～元文期にも「御救山」の利用が見られたが、天明三年（一七八三）八月には困窮した領民の救済のため、全領内の山林を対象に「御救山」が設定された。特に、領内のなかでもとりわけ広大な山林地帯であった白神山地は、このとき全面的に開放された。
白神山地は上山通と西之浜通に位置しており、このうち西之浜通の山林では各村領すべての「留山」が開放された。これら山林の麓に位置する村々では、概ね天明五年（一七八五）四月までの期限付きでヒバやスギ、マツなどの伐採が許され、期限が明けた後はそれら山林が再度「留山」に戻されたり、麓村の百姓たちが植林と山林の管理を命じられたりしている。藩は村々の被害状況などを考慮して入山の期間を決定しており、白神山地に設定された「御救山」は一定度の救済機能を果たしていたのだった。[17]
しかしその一方で、弘前城下に近い和徳《わっとく》組の山林などにおいては、藩士たちが人馬を引き連れて大勢で山に入り込んで伐木したことにより、本来救済の対象となるはずの百姓たちを救えないという事態が発生した。[18]また、天明飢饉時には「御救山」として利用する山林の種類に制限をかけていなかったこともあり、「田山」や「屏風山」までもが伐り尽くされ、領内の山林は「惣山伐尽」[19]と形容されるほどの様相を呈してしまっていた。
このような混乱のなか、天明四年（一七八四）閏一月には八代藩主として津軽信明が襲封し、藩政改革を積極的に推進することとなる。[20]信明は領内の山林に対しても具体的な動きを見せており、この点について、以下「在国日記」などの史料を示しながら見ていきたい。

二、天明飢饉後の山林と津軽信明

1．領内山林実態惣調査の実施

天明四年（一七八四）十月二十一日、津軽信明は大目付戸田次左衛門[21]と面会し、その際に【史料一】傍線部で示した通り伝えている。

【史料一】「在国日記」天明四年十月二十一日条

一、次左衛門江逢、様子相尋候所、一統之風聞申出候事、○山方之義、盛衰等委細認させ為見候様ニ申付候事、

信明がどのような経緯でこのような発言をするに至ったのかは不明だが、ここでは信明が当時山方を支配していた大目付の戸田次左衛門に対して、領内山林の盛衰状況を委細書き上げて見せるよう命じている。そして、七日後の十月二十八日に信明が再び次左衛門に会った際には進捗状況について再度尋ねており、次左衛門からはまだ完成していないという回答があった[22]。

さらに「在国日記」では、それよりおよそ十日後の十一月十日に同じく大目付を勤めていた高屋半左衛門[23]に対しても調査の進捗状況を問い合わせている[24]ことがわかる。このとき、半左衛門は「山方之義致詮議候所、兎角認方早敢取不申候」と述べ、近日中に差し出す旨を信明に伝えた[25]。

このように、信明は領内山林の調査を大目付に命じてから、短い期間で何度も進捗状況を尋ねている。ここからは、信明自身が領内の山林の状況、およびその調査の進み具合を相当気にしており、当時山方を支配していた大目付に対して調査を急がせている姿が窺える。そして、半左衛門が信明の問い合わせを受けてから五日後の十一月十五日、大目付の連判で「山方調帳」が提出された[26]。これが、「はじめに」でも述べた「山所書上之覚」のことと考えられ、「山所書上之覚」冒頭には以下の通り記されている。

【史料二】「山所書上之覚」

覚

御郡内諸山檜・杉・雑木共ニ木立之模様并御用木杣取御山所、御救山、御払山、其外御留山、明山共ニ委細可申上旨御尋被仰付奉畏、乍恐左ニ奉申上候、

これによれば、領内のヒバ・スギ・雑木[27]の様相、および御用材となる木々を伐り出している山林、「御救山」、「御払山（木材の売却を許可した山林）」、「留山」、「明山」に至るまで細かく申し上げるよう「御尋」があったため作成したと記されている。また後述するように、「山所書上之覚」の最後には山方の役人である山方吟味役からの意見と作成年代が記されており、そこには天明四年（一七八四）十一月に作成されたとある。

これらを踏まえると、信明が山方に命じて作成させた「山方調帳」は、まさしくこの「山所書上之覚」のことを指していると考えられる。つまり「山所書上之覚」は従来指摘されているような、藩の山方に属する「山方吟味役が、領内山林資源枯渇化などの情勢に対処するため全領的に山林の状況と山林制度の実態を調査した報告書」というよりも、藩主である津軽信明が山方に命じて領内すべての山林の状況と実態を調査させ、そのうえで提出させた報告書とした方が史料の性格としては正しいと言える。それでは、この「山所書上之覚」ではどのようなことが記されていたのだろうか。このことについて次に見ていきたい。

2.「山所書上之覚」にみる天明飢饉後の領内山林状況

「山所書上之覚」で調査された領内の山林数は、上山通九か山、西之浜通一七か山、中山通一八か山、外浜通二八か山、そして黒石領御抱合山[28]二か山の計七四か山で、同史料にはそれぞれの村ごとに領内すべての山林

の状況や実態が記されている。なお、「山所書上之覚」は全文が既に活字化されており、(29) 本稿では紙幅の都合もあるため全文の掲載は割愛するが、それぞれの通ごとにその調査内容の一部を示すと、以下の通りとなる。

【史料三】「山所書上之覚」

Ⅰ碇関村領惣山（上山通）

右御山所 a檜・杉・雑木立ニ而、b大沢通十一ヶ沢之内、小沢六十ヶ沢先年より御留山之所、c檜・杉之分御用木山師松山久蔵受山ニ被仰付、御用木并柾木舞弘前入用下払共ニ杣取被仰付罷有候、d尤雑木之分太木立ニ而薪并炭焼出シ方御留山之内より依願ニ年々杣取被仰付候、e其外明山小沢九十ヶ沢之内より山下近郷村々焚用柴取出罷有候、

〔貼紙〕檜立大沢通四ヶ沢之内、二ヶ沢山下村江為御救被仰付、一丈五寸角以上天明五巳年より当未年迄杣取被仰付罷有候、

（中略）

f一 同山於湯野沢ニ鉛山見立開穿、阿部定次郎江当辰年六月被仰付、御山証文相渡候所、未開穿不仕候、

Ⅱ大間越村領惣山（西之浜通）

右御山所 a檜・椹・雑木立ニ而、b大沢通五ヶ沢之内小沢二十二ヶ沢先年より御留山之所、c檜・椹之分素生不宜殊ニ少々ニ而、当時為御救山下村江杣取被仰付候、d尤雑木之分太木厚立ニ而塩釜薪并船木等年々依願ニ杣取被仰付候、e其外明ヶ山小沢三十三ヶ沢より山下村焚用柴取出罷有候、

〔貼紙〕山下村江為御救被仰付候檜并椹共ニ二間四寸角以上、天明五巳年十一月迄ニ而杣取相済、右跡前々

之通御留山ニ被仰付候、

Ⅲ大釈迦村領惣山（中山通）

右御山所a檜・雑木立ニ而、b大沢通一ヶ沢之内小沢十ヶ沢先年より御留山之処、c檜之分細木立殊ニ少々ニ而杣入相成不申候、d雑木之分太木少々相立罷有候、e其外明山小沢四ヶ沢之内より山下村焚用柴取出罷有候、

Ⅳ瀬戸子村領惣山（外浜通）

右御山所a檜・雑木立ニ而、b大沢通二ヶ沢之内小沢五ヶ沢檜之分先年より御用木山師杣取之処、c右跡御留山ニ被仰付、当時杣入若木立ニ而相成不申候、d雑木之分細木立ニ而御座候、e其外明山小沢十三ヶ沢之内より山下村焚用柴取出罷有候、

これらを見てみると、「山所書上之覚」では各村の山林に生育する樹種（傍線部a）、留山数（傍線部b）、ヒバ・スギ・サワラ・ツキなどの生育・利用状況（傍線部c）、雑木の生育・利用状況（傍線部d）、明山数とその利用状況（傍線部e）が共通して記されていることが分かる。また、【史料三】Ⅰの傍線部fに示したように、各村領の山林に鉱山があった場合は、その状況や経営を請け負わせた人物などについても明記されている。

これら記述のなかでも特にヒバや雑木については、御用材の伐り出しを請け負っている山師や当時の生育・利用状況などについて詳細に調査されており、各通におけるそれらの当時の様相が窺える。

まず、上山通では九か山のうち六か山が、【史料三】Ⅰの傍線部cで示した通り、御用材や弘前で販売する木材の伐り出し・生産を担う山師たちの「受山」として設定され、「年々杣取被仰付」ていた場所であった。

また、同通の湯口村領の山林は、安永八年（一七七九）に山師である松山久蔵が御用材などの伐り出しを終えた

ばかりであり、調査時には「当時若木立ニ而杣入相成不申」という状況にあったと記されている[30]。

西之浜通では、【史料三】Ⅱの傍線部cに示したように、ヒバやサワラは「素生不宜」とされた場所が半数以上あり、その理由は「海嵐」などのためであると記されている[31]。一方、雑木は傍線部dにも示したように、製塩用の薪や船材、家普請用材として同地域では使用されていたことが分かる。

中山通と外浜通はヒバが豊富に生育する津軽半島に位置していたこともあり、大部分の山林が「檜・雑木立」であった。また、中山通には「檜之分当時御領内第一之盛木山」とされた相内太田村領の山林があるなど、調査時においてもヒバがある程度残存していたことが分かる。しかし、【史料三】Ⅲ・Ⅳの傍線部cに示したように、両通ではヒバの生育状況が悪く「細木立」であったり、御用材を伐り出したばかりで「若木立」であったりすることを理由に入山のうえ伐り出しができない山林も多く存在した。さらに、同通では「御救山」としての利用も見られ、利用後に「留山」とされたため入山できない山林も多かった。前述の「細木立」、「若木立」の山林も含めると、両通に位置する四六か山のうち、当時ヒバを伐り出すことができない山林は、半分の二三か山であった。雑木については、村々が日常的に使用する薪や炭、農具加工用材としての使用が多く見られ、沿岸部の村々では西之浜通の村々と同じく、製塩用の薪や船材としての利用が見られた。

なお、ヒバが生育する山林が「御救山」として利用された場合は、【史料三】Ⅰ・Ⅱに示したように、いつまでにどれくらいの大きさの用材が伐り出されたのかについて〔貼紙〕に記されている。この〔貼紙〕は長谷川成一氏も既に指摘している通り、天明七年六月六日までに山方によって実施された再調査の結果、追加情報として記載されたものである[32]。これらを見ていくと、「御救山」としての利用が終了した場合は、概ね「留山」に戻されていることが判明する。

このように、「山所書上之覚」では各通に位置する山林のヒバ・雑木の生育・利用状況が特に詳しく記されている点に特徴がある。ヒバは、弘前藩において藩政初期から御用材として伐り出しが行われてきており、「御停止木之第一」[33]と形容されるほど重視された樹種であった。このことは、「御救山」として設定された山林のうちヒバが生育する山林の利用が終了した場合は「留山」に戻されていることからも窺える。

また後述するように、寛政期における弘前藩の林政改革で標榜されたことの一つには「御国用永不相尽」ことが掲げられていた。これらのことを踏まえると、信明が山方に命じたこの調査は、今後藩が恒常的に用材を生産していくにあたって、領内の山林にヒバが十分に生育しているかどうかを把握する目的があったと考えられる。

さらに雑木については、【史料三】Ⅱの傍線部dなどを見てみると、領民たちが薪や製塩用の燃料、船材の加工用材などに使用するものであったことが記されており、ここからは、藩が用材を生産するにあたっての樹種と、領民たちが生活のために必要となる樹種を明確に区分して捉えていたことが窺える。

なお、「山所書上之覚」の末尾には、以下のことが記されている。

【史料四】「山所書上之覚」

一　諸山檜・杉・雑木共ニ仕立山等も兼而被仰付御厭之筋相立、御山盛衰相考伐取方吟味仕罷有候処、a近年度々之洪水等ニ而川除諸普請入用木柄伐取方等被仰付候上、去年凶作ニ付在々為御救御郡内惣山雑木之分開山ニ被仰付、檜之分も不少為御救伐取方被仰付候間、諸山御山模様当時薄立ニ相成申候、乍然御当節柄御救方御補之筋相立候ニ付、不得止事奉存候、b依之此末之儀は是迄之通山下村之御〆方精々相立、盛木方吟味仕候間、追年御山盛木可仕様ニ奉存候、

右之趣奉申上候、以上、

十一月　　　　　　　　　　　　　　　御山方吟味役

天明四甲辰年、詮義之上申出之、

これによれば、近年度々の洪水によって川除普請用材の伐採を命じられた[34]うえ、天明三年（一七八三）の凶作によって雑木のみならずヒバが生育する山林も開放したため、領内山林が「薄立」の様相を呈してしまったとある（傍線部a）。従って、今後は麓村による管理を徹底させ「追年御山盛木」となるようにしたい（傍線部b）とする山方吟味役の意見が記されている。

以上のように、天明飢饉後に信明によって命じられた領内山林の実態調査は、藩が今後領内の山林に対してどのような施策を採っていくのかについての指標とするために実施されたと考えられる。また、山方ではこの調査の結果、領内の山林が「薄立」となってしまったことを認識することとなり、今後は村々による取り締まりの強化によって領内山林を復興させようとする旨を信明に対して伝えている。

では、これら調査を命じた津軽信明は領内の山林に対してどのような考えを持ち、これ以後行動を起こしていったのだろうか。

3．「在国日記」にみる津軽信明の領内山林に対する意識

領内山林の実態物調査が最初に実施された天明四年（一七八四）十一月以後、信明の日記には領内山林についての言及が散見するようになる。そのなかでも信明の考えが最も端的に表れている記述が、天明七年（一七八七）二月十日に見られる。

【史料五】「在国日記」天明七年二月十日条

一、儀左衛門江逢、旧臘申付置候七戸権右衛門、家中御凌方甲乙之義申出候ニ付呵之義、兎角一躰甲乙も有之候趣相聞得候間、今一応与得相糺候上、権右衛門へ可申付旨、申出之通聞届置、（中略）○山所之義甚大切ニ致候義、存念相尋、尚申含置、

これは、家老添田儀左衛門[35]に面会した際の記述であるが、傍線部に示した通り、津軽信明は領内山林が「甚大切」である旨についての「存念」を儀左衛門に尋ね、さらにそのことを言い含めているとある。短い一文ではあるが、信明が弘前藩領内の山林をどのように考えていたのかについて自ら言及している点で筆者は重要であると考える。

弘前藩歴代藩主のうち、信明以外で領内の山林の重要性を説いているのは、管見の限り四代藩主の津軽信政のみである。信政は自身が特に大切に思うものの一つとして山林を挙げ、その理由を万民の生命の源である竈の本となるものが「木」であるため、その「木」が不足することがないように山は大切にしなければならないとしている[36]。また、北奥の地は寒気猛烈な土地柄であるので、暖をとるためにも、山林に対しては後世に至るまで、身分の上下に拘わらず十分に気を配らなければならないと述べたとも言われている[37]。但し、これら信政の発言は後代に編纂された歴史書や言行録の記述をもとにしているため、信政自身が在位中に本当に発言したものであるかは不明である。

しかし、津軽信明のこの発言は自身の日記に記されていることもあり、藩主自らが領内山林の重要性を認識していたことが明らかである。これ以後、信明は家老や大目付、山方吟味役たちからの申出・意見を勘案しながら領内山林の問題について自ら詮議・沙汰を下すようになっていく。例えば、天明八年（一七八八）六月二十

一日には以下の記述が「在国日記」に見られる。

【史料六】「在国日記」天明八年六月二十一日条

一、次左衛門江逢、昨日寺田慶次郎言上書差出候所、存念不相顕申出候ニ付、同人宅江呼寄存念之趣、巨細相認差出候様、其上不相知品ハ尋等も申付、殊ニ寄逢等可申付候間、先書付差出候様申付之、○其節申出候ハ、山方之義兎角色々申出有之、追々伐尽ニ相成候ニ付、吟味役江も与得申付置、大体之義相留置候旨申出候ニ付、いつれ随分無油断、押而差留可申旨申付之、

ここでは傍線部に示したように、信明が大目付戸田次左衛門と面会した際、次左衛門の方から「山方之義」について色々申出があり、「追々伐尽」となるため領内山林を「留置」ようにしたいと申出があったという。実はこれ以前の天明七年(一七八七)二月六日にも山方吟味役から同様の申出があり、山方吟味役は「杣入等申付候義ハ見合可申旨」を家老に対して上申している。[38] 信明はこれら申出に対し「押而差留可申旨」を言い渡しており、領内山林への入山と伐採を禁じていることが分かる。なお、これと関連する出来事が天明八年(一七八八)七月三日～四日にかけて見られる。

【史料七】

Ⅰ「在国日記」天明八年七月三日条

一、四半より、於款冬之間、主水江逢、此度飛脚にて申来候八朔名代之使者順、伺之通便次第可申遣旨申付之、杉山小藤太也、(中略)○用達町人より追良瀬山杣入願申出候に付、猥ニ山荒候義不相成候

間、何之訳にて相願候哉、相尋申出候様申付之、

Ⅱ「在国日記」天明八年七月四日条

一、九時より、於款冬之間、主水・監物一所ニ逢、昨日内意申出候家中手当之義ニ付、与得致勘弁候所、申出之通義倉金之内より繰出可然存候、仍而ハ右繰替米等之義、無相違家老共引荷可然候間、尚仕向与得相尋可申旨申付之、尤昨日監物咄ニハ外調達之振合とも取扱可申哉と勘之丞申出候由ニ候得共、左候而は却而故障も可相成哉、押顕方可然存候、此所も与得相談致候様申付之、（中略）○昨日申出候用達共より追良瀬山杣取願之義詮義致候所、別ニ拠なき訳合も無之、只自分取組申見度由申出候ニ付、此節払底之山所之義ニ付、差留可然旨申付之、

これによれば、七月三日に領内の御用町人たちから追良瀬《おいらせ》山（現青森県西津軽郡深浦町）への入山と伐木の願い出がなされた際に、「猥ニ山荒候儀不相成」としてどのような理由があって伐木を許可されたいのか再度問い糺すように信明は命じている（【史料七】Ⅰ傍線部）。翌日、今回の追良瀬山の伐木について町人たちを詮議したところ、町人たちの方では伐木に特別な理由がないことが判明し、信明は「此節払底之山所」を理由に「差留可然」として、彼らによる入山・伐木を不許可とした（同前Ⅱ傍線部）。

以上のように、信明は山林が「甚大切」であると認識しており、伐採を差し止めなければいずれは伐り尽くされてしまうほど領内の山林は「払底」の様相を呈していると捉えていたことが明らかである。もちろん、これらの考えは山方の役人たちの意見や前述の調査を踏まえてのものであり、そのうえで信明は領内の山林利用に対して自ら沙汰を下していると考えられる。

また、天明八年（一七八八）十月には以下の記述が見られる。

【史料八】

Ⅰ「在国日記」天明八年十月十五日条

一、四半過より於款冬之間、老職三人江逢、検見方之様子取組等、家中渡方等之義相尋、未何とも難申出旨、（中略）○先日監物差出候山方仕立方一件、木種・苗蒔付等之義、吟味役存念付へ勘定奉行添書申出之通可申付旨申付之、

Ⅱ「在国日記」天明八年十月晦日条

一、源右衛門、訴状箱持参、鍵開候処、静謐也、（中略）○山方取扱之義も存念申出之、尚中山通ハ漆方預ニ有之候へ共、不残山方預ニ被仰付度旨申出之、監物ニも与得申聞置候由也、

これによれば、家老喜多村監物[39]から出された木種・苗の蒔き付けの意見について山方吟味役、勘定奉行らの意見を経て実行を命じていたり（【史料八】Ⅰ傍線部）、大目付館山源右衛門[40]から漆方[41]の所管となっている中山通を「不残山方預」としてほしい旨の申し出を受け、家老との詮議を行おうとしたりしている（同前Ⅱ傍線部）。これら申し出の詳細な内容までは判然としないが、後述するように寛政期の改革時には山方が大目付・郡奉行の支配から独立したり、領内山林の植林が実施され、その具体的な方法が提示されたりする動きが見られるため、これら家老や大目付たちと詮議したものは寛政期の林政改革につながる動きであると言える。

さらに天明九年（一七八九）一月には、附木[42]や柄杓などに使用する樹種について家老らと詮議をしている箇所が見られる。

【史料九】

Ⅰ「在国日記」天明九年一月二十六日条

一、九過より於款冬之間、三老へ逢、従多膳山崎屋藤蔵此度出立ニ付、一躰弐万八千石相渡候積ニて正米壱万四千石相渡、残一万四千石借返候躰ニて、右返済五ヶ年賦之義、徳左衛門差登懸合候ニ付、右証文持参致度旨申出、尤勘定奉行連印奥書、用人連印承届、家老連印之義申出、下書差出、聞届、

（中略）○監物より山方より申出候檜・杉甚払底ニ相成候間、附木・柄杓類、外木ニて致候義、試ニ五葉松ニて申付差出候ニ付、右書付差出、留置、

一、書役ヲ以、監物より右五葉松状箱・柄杓・附木、木取等差出、一覧之上、相返ス、

Ⅱ「在国日記」天明九年一月二十九日条

一、九過より於山吹之間、三老江逢、従主水日記物書本役願日記役より申出、用人沙汰之通申付之、

（中略）○此間監物より差出候五葉松杣取相用候義申出書付相返、三奉行沙汰之通申付之、

附木・柄杓とも、弘前藩領では性質の面からみても加工・製作の面からみても、用材の樹種としてはヒバが最適であった[43]。しかし、家老や山方の役人たちは「檜・杉甚払底」となっている現状に鑑み、附木や柄杓をヒバ・スギ以外の樹種で製作させようとしていた。彼らは試しにゴヨウマツにしてみてはどうかと提案し、状箱・柄杓・附木の製材をするにあたっての寸法などの書付を信明に提出した（【史料九】Ⅰ傍線部）。信明は書付を確認したうえで、一月二十九日に彼らからの意見を採用している（同前Ⅱ傍線部）。

このように、津軽信明は天明四年（一七八四）十一月に実施された領内山林の惣調査、および同七年（一七八七）五月に追加調査がなされてからは、領内山林のあり方について家老や大目付、山方吟味役たちと協議しな

がら自ら詮議・決定を下していることが分かる。信明のこのような行動は領内の山林を「甚大切」であると捉えていた自身の考えに起因するものであり、続く寛政期に展開する大々的な改革への基調はこのとき形成されていったと考えられる。少なくとも、津軽信明や山方の役人たちが認識していた領内山林の重要性や「追々伐尽」への危惧が家老たちをはじめとする藩の上層部の間にも共有されたことは、天明飢饉後の山林の荒廃状況を藩全体で立て直していく必要があるという今後の方針を決定づけるうえで大きな影響を与えたと言えるだろう。

ところが、天明飢饉後に領内山林の実態を把握し、それをもとに藩全体で対処しようと動いていた信明は、寛政三年(一七九一)六月二十二日に三十歳で亡くなった。信明の死後、寛政三年(一七九一)八月二十八日に津軽寧親が分家である黒石津軽家から招かれ、九代藩主としてその跡を継ぐこととなった。寧親は信明の遺志を継ぎ、藩政の改革を実行していくようになるが、信明の領内山林に対する動きは、寛政期の改革にどのように影響していったのだろうか。

三、寛政林政改革の基本方針と内容

1．山林行政機構の整備と改革の基本方針

寧親は天明飢饉後の廃田開発や、それを目的とした藩士土着政策、さらには蝦夷地警備などへの対応を主眼とする藩政改革を実行していった[44]。これら改革が実行されていくなかで、山林に関する扱いについても機構の整備や方針の策定が行われていった。

信明が亡くなる直前の寛政三年（一七九一）五月七日（史料によっては五月六日）には、大組物頭格の田中宗右衛門[45]と諸手物頭格の笹要人[46]の二名が山奉行に任命され、大目付・郡奉行の支配から独立した[47]。これ以後、山奉行の下には山方吟味役・山方締役・山方物書・山役人などの諸役がつくこととなった。また、山奉行独立後の六月には、以下の通り領内山林取り締まりに関する触れが出されている。

【史料十】[48]「封内事實苑」二十

一（寛政三年六月）此頃諸山の締合之義被仰出、御触之趣大抵左之通、

近年諸山木薄相成候処、去卯年（天明三年）飢饉後多分御救山被下置候而、此節別而払底相成、其上近年山所不〆り之義有之候間、此侭に而は追年御郡内家木差支難義ニ及可申、此度御山方格段之御〆り合被仰付、可成丈植木仕立申候而、御国用永不相尽候様御沙汰之上、此節より諸山一統錮留申付候、尤無拠家木・橋木柄等末木ニ而杣取致度分は新ニ申立候様、御家中ハ不及申、下々迄能々相心得、山林伐不荒候様、薪ハ日用之品ニ付差支無之様所々明山被仰付置候処、遠近木品之善悪ニ拘、御制令を犯し御留山江入込、山守共見咎候得は、却而法外狼藉ニ及候者も有之由、言語同断不届至極之事ニ候、以来右躰之者於有之は搦捕、牢前江引付候様、役筋山役人山下之者へ此度改而被仰付置心得違無之様、御家中召仕之者、諸組支配在町・浦々末々之者迄不洩申聞置候様、支配方より急度可申付候、此旨可被申触候、已上、

これによれば、近年諸山の木が伐り出され、さらに天明飢饉によって領内の山林が多く「御救山」として設定されたことによって山林は「別而払底」の様相を呈してしまったとある。加えて山林の取り締まりも弛緩してしまっているため、このままではいずれ家普請用材などにまで支障が出てしまうとしている。そこで、今回

山方で十分な取り締まりを命じられ、さらに植林も行うことによって「御国用永不相尽」ように定められたため、これ以後領内山林すべての伐採を禁じると伝えている。なお、ここでは当時生育する樹種の善悪に応じて「御留山」に入りこむ者がおり、麓村で管理を担う山守たちが咎めたとしてもかえって狼藉に及ぶ者がいるという問題が併せて指摘されている。このことを踏まえ、以後このような者たちは捕らえて厳重に処罰するので、領内の村や町に至るまで厳しくこの触れを申し付けるようにと記されている。

また、寛政期の藩政改革方針を示した「寛政御仕向之覚」には山林に関する項目も見られ、それを示すと以下の通りとなる。

【史料十二】(49)「寛政御仕向之覚」

a去卯年以来御郡内惣御山伐尽ニ相成、其上不締奸曲之義も有之、是迄之姿ニ而ハ所詮盛山ニ至兼候ニ付、

b山奉行御役も差立、大目付是迄之扱向相譲、吟味役より山役人迄一統心を入、年来風義ニ不泥格段之規矩相立、盛山ニ至る様精勤相励候様被仰候、

c一　山役人山方番所一統引払之上、御本山并田山・館山・仕立山方共山下村々両締ニ被仰付候ニ付、代官引担山下申合之上、御締合相立候様被仰付候、

d一　惣御山山下村々一統見継被仰付候間、盗杣等無之様五軒組合友々吟味之上仕立いたし候様、若不締等有之節ハ、村役戸〆、村中より過料上納被仰付候、

（中略）

e一　山下村々之者仕立存念有之候而も、村役ニ而故障申含、願書取次不申旨相聞得、処々より村役令達ニ而有間敷之義ニも無之候間、成仕立存念有之者ハ山奉行廻山之節、其先ニ而書付差出候様、尚又村

役江も差出候様、

f一　諸山仕立山之義、是迄銘々仕立置、四、五年も過植付之様子并仕立之義申出、抱山御証文被下置候ニ付、自然生を見継仕立候と、種蒔付仕立候と、其成功厚薄有之、且又場広之野山仕立山ニ申受、植付不申抱詰居、馬草等も苅取せす候者并自然生を植付と偽り申出候者有之候而も年数過候得ハ相分り不申候ニ付、已来木種蒔付野山ニ植付候分ハ、其場所申出、植付根付候ハ、、山方検分受置候様、両三年も打続出精ニ植付候ハ、木高次第吟味之上御証文被下置抱山ニ被仰付候、野山柴立等之場所見継仕立之義申出候ハ、、其場所見継年数を限御預被仰付候、則年より年々山役人廻先ニ而見分受、四・五年も過、其盛木之様子山方吟味役得と見分之上御証文被下置候、若年数之内仕立不申候ハ、、御取上け被仰付候、（後略）

【史料十一】傍線部aでは、天明飢饉以後、領内の山林は「惣御山伐尽」の様相を呈し、加えて取り締まりの弛緩も見られるようになったことが指摘されている。【史料十】においても、飢饉後に領内の山林が「御救山」として設定された結果、「別而払底」となったことが指摘されており、いずれにしても現状のままでは「家木差支」や「盛山ニ至兼」が懸念されている。そのため傍線部bにある通り、大目付からの「扱向」から独立して山奉行を立て、領内の山林が「盛山」となるよう勤務に励むようにと伝えられている。これらを勘案すると、寛政期の林政改革では天明飢饉後の「惣御山伐尽」の状態からの復興が標榜され、その実現のため林政担当部局である山奉行が独立されたことが明らかである。

また、【史料十二】c・dでは、領内の山林すべてを代官と麓の村々に保護・管理させ、もし保護・管理に不締があった場合は、村中から過料を取るなどの方針を示しており、eの箇所では麓村の者で植林を希望する者がいれば山奉行が廻山する際に願書を提出するよう、村々の者たちに植林を促している。さらにｆの箇所では、村々の者たちによる植林が「自然生を植付と偽」っていたなど、従来の問題点を示したうえで、これ以後植林の申出があった場合は年数を指定し、その年数以内に木々が育たなければ植林を申し出た場所を取り上げるなど、今後の彼らによる植林の方策についても示している。

以上、【史料十】・【史料十一】を見ていくと、改革の基本方針は（一）天明飢饉以後の「惣御山伐尽」の状態からの復興、（二）（一）の実現のため山奉行の独立と林政担当部局の整備、（三）山方と村々協同による領内の山林取り締まりの強化、（四）村々による植林の奨励と仕法の整備の四点に大きくまとめられるだろう。これらを行うことにより、藩は領内の山林を再び「盛山」化し、「御国用永不相尽」ようにすることを目指していたのである。

以後、これら基本方針を踏まえ、より具体的な計画や方法が提示されるようになっていく。次節では「寛政六甲寅年五月　山方留帳」（弘前市立弘前図書館所蔵、以下「山方留帳」と略記）をもとに、寛政期の林政改革のより具体的な内容について見ていきたい。

2．「山方留帳」にみる改革の具体的な施策

まず、本節で扱う「山方留帳」について簡単に説明を加えておきたい。本史料は山奉行の支配下にある山方吟味役によって作成された史料で、表紙裏面に「此壱巻山方一切之諸帳面目録ヲ記置候、右帳面ニ洩レ越、或は追々格言候類は段々書続手引致置候事」とある。続けて、安永八年（一七七九）に大目付・郡奉行両支配となった際に記された記録類が集約され、絵図の目録や山役人の勤務条項なども併せて作成されていることが記されている。これらのことから、本史料は寛政六年（一七九四）に山林行政を行っていくうえで重要かつ後代に

資するものと考えられる記録類が集約され、以後これら記録類に記されなかった事項や、今後先例として参照に資する事柄を順次書き記した帳面と考えられる。なお、時期は寛政六年～文化八年（一七九四～一八一一）までのものが見られる。

前述の記録類の集約、および目録や勤務規定の作成がなされた後には、「右之部類ニ相漏候儀并当時取扱之心得左ニ相記」とあり、以下寛政六年～七年（一七九四～九五）にかけて記された山方の心得や仕法の具体的な内容が示されている。なお、これより引用する史料は特に断りがない場合、すべて「山方留帳」からの引用である。

【史料十二】

一　田山・立山・仕立山・立林・自分抱山之類、前々ゟ郡方預山ニ候処、寛政六亥年山方取扱ニ被仰付候、右之内田山・自分抱山ハ御本山之内ニも有之候得共、今ハ一円之取扱候間差別無之候、右之内仕分左之通、

一　田山ハ用水之為ニ仕立置候事故、其村ニ而も他村ニ而も縦無拠願筋有之候共、願之趣を以沙汰ニ及義ニ無之、山之盛衰ヲ相考、伐透ニ不成様沙汰可致事ニ候、

一　立山・仕立山ハ大方両名同様ニ而村中之者相守候、猶又ハ諸郷役裁許山守附置候場所も可有之と申上、其近辺道橋普請并用水方川普請等之入用ニ備置候事ニ候、（後略）

ここではまず、領内の山林のうち「田山」「立山」「仕立山」「立林」「抱山」が元来郡方の所管であったが、寛政六年（一七九四）以後は山方の所管となることが伝えられている。なお、「田山」「抱山」のなかには藩が直

轄する「御本山」に設定されているものもあるが、「一円之取扱」となるため、差別なく扱うことが記されている。これらを踏まえたうえで、以下「田山」や「立山」などの扱いについて詳細な説明が加えられている。【史料十二】で重要な点は、傍線部で示した通り、領内の山林の一部が元来郡方の所管であったということと、寛政六年(一七九四)からそれらがすべて山方の所管へ移行したということである。弘前藩領で設定されていた山林のうちどの山林が元来郡方の所管であったのかはこれのみでは判然としないが、寛政三年(一七九一)以前の山方は大目付・郡奉行の両支配であったため、郡方の所管となっていた山林が存在したことは十分考えられることである。[50]

また津軽信明の存命中にも、中山通の一部の山林が漆方の所管であったため、大目付から「不残山方預」にしてほしいという申し出が出されていた。従って、このことは天明飢饉の荒廃状況からの復興と領内山林の「盛山」化が藩全体で目指されるなかで、山奉行の独立とともに実現したと言えるだろう。

さらに、寛政期の弘前藩における林政改革においては、御用材として重要視されていたヒバやスギなどの樹種が枯渇しないよう、以下に示すような方策が立てられた。

【史料十三】

一　近年上山杉・檜太木伐尽候儀ハ前々より年々之家木・柾木舞廻伐ニ致候考量も無之、木沢山ニ付古来大寸甫・栩板・草槙平物等夥敷他領差出、尚又近年外浜通并中山辺ニて御払山・御救山等ニ相成、是又他領へ差出候故、遠在々之者弘前土場より家木調候躰ニ成来自然与上山相悪候由、自今願クハ材木・柾木舞とも中山・外浜山廻リ伐ニ致シ弘前へ相廻候手配ニ致、且此節諸山一統伐尽候躰ニ候間、往々盛木致御領分中家木・柾木舞不自由無之様相成候節迄、他領出候儀ハ御差留可被仰付事ニ候、

【史料十三】では、上山通のスギ・ヒバが前々より家普請用の木材を伐り出すに際しても、柾木舞[51]を伐り出すに際しても「廻伐」にすることがなかったため、多くの木材が他領へ移出されてしまったと指摘がなされている。また、外浜通・中山通に位置する山林が「御払山」や「御救山」になった結果、これら「通」から伐り出された木材も他領へと移出し、領民たちは自分たちが使用する木材を次第に弘前まで調達するようになったという。

「廻伐」とは、弘前藩では輪伐のことを意味する[52]。弘前藩において「廻伐」がいつから行われるようになったのかについての詳細は不明だが、少なくとも従来の弘前藩では「廻伐」が徹底しておらず、スギ・ヒバが無計画に伐採されていた状況だったことが窺える。

「山所書上之覚」では、上山通に位置する山林の大部分が山師たちの「受山」となっており、これら山林から年々ヒバが伐採されていたことが記されていた。さらに中山通・外浜通では、両通に位置する山林の半数が「檜之分細木薄立」、「若木立」の状態になっているか、「御救山」としての利用があったため入山して木々の伐採ができる状況にないことが指摘された。【史料十三】で記されている上山通や外浜・中山通の状況は、これら調査結果も反映されて記されたものであると考えられる。

そのため、藩の山方はこれら通の山林から今後ヒバ・スギを使ッて恒常的な木材生産を目指すべく、今後は中山通・外浜通の山林を「廻リ伐」にし、木材・柾木舞とも弘前へ送ることができるよう手配することを伝えている。加えて、「諸山一統伐尽候躰」である現状に鑑み、領内の家木・柾木舞に不自由することがなくなるまでは他領へ移出することは差し止めると命じている。

さらに、植林については以下のような考えや方針が示された。

【史料十四】

一　杉・檜・松・漆其外諸木仕立願申出候得ハ、是迄ハ其土地見分之上差障無之分は夫々被仰付来候得共、a元来申立之節木苗之用意も無之、自然生ヲ外山より乱ニ抜取植付候者も有之候ニ付、却而外山所々荒ニ相成候由、又は仕立木申立萱并小柴等伐取可申ため願出差出候族も有之由粗相聞得申候ニ付、b此後仕立木願申出候ハ、木苗用意之上願出差出候様、土地并木苗相当役方見分之上被仰付笘、尤是迄仕立山願被仰付分も木苗用意無之候ハ、、当秋より無油断木種取置明春より蒔付生立候所ニ而申出、役方見分受候様、c明年より午ノ年迄三ヶ年之内仕立方相励候様、午ノ年一統仕立山見分可被仰付候間、其節盛木之姿相見得不申分ハ、無御用捨御取上被仰付候笘、寛政七卯年郡奉行・山奉行御沙汰之上伺相添一統御触被仰付候事、

これによれば、従来植林の申出があった際は木苗の用意もなく、「自然生ヲ外山より乱ニ抜取」って植林していたため、それが逆に山林の荒廃につながったことを指摘している（傍線部a）。そのため、今後植林を申し出る際は担当の役人による土地や木苗の見分を受け、木苗を用意したうえで願い出るよう伝えている（傍線部b）。なお、この方針での植林は最初に寛政八年から同十年までの三年間で実施し、三年目の調査時に「盛木」とならなかった場合は、その場所を「無御用捨御取上」とすることを伝えている（傍線部c）。

先の【史料八】でも示したように、信明の存命中には植林に関して家老や山方吟味役たちによって木種・苗の蒔き付けの意見が交わされていた。また、【史料十一】の「寛政御仕向之覚」においても、植林の際に村々の者たちが「自然生を植付と偽」っていたことが指摘されており、指定された年数のうちに成木していない場

合は植林を願い出た場所を取り上げることが方針として既に定められていた。

【史料十四】では、植林に関する従来の問題点と方針がより具体的に示され、天明飢饉後の荒廃状況からの復興を企図する藩にとって、従来のやり方はかえって荒廃を助長させるものであった。それゆえ、このとき山方では木苗を用意のうえ、担当の役人の調査を経たうえで植林を行わせるようにしたのである。植林の時期についても、直近で寛政八年～十年（一七九六～九八）と具体的になり、期間内で成木が見込めない場合は取り上げとする方針からは、領内山林の「盛山」化を必ず達成させようとする山方の姿勢が読み取れる。

以上のように、寛政期には林政改革の基本方針や内容が具体的に打ち出されていくようになる。領内の山林が当時「別而払底」や「惣御山伐尽」の状態にあったことは、津軽信明によって命じられた調査によって明らかになったことであり、それを踏まえ、信明は藩全体で天明飢饉後の領内山林をめぐる問題に取り組もうとしていた。寛政期に打ち出された改革の基本方針や内容は、信明の存命中に実施された調査や家老たちとの間で交わされた議論と関係するものが多分に含まれており、それらが改革の基調を形成することに繋がったと言っても過言ではないだろう。

おわりに

本稿では、弘前藩八代藩主津軽信明の領内山林に対する意識と天明飢饉後の対処、さらにそれが寛政期の林政改革へどのように影響を与えたのかについて検討を加えてきた。

弘前藩では、それまでにも度々山林行政の機構整備や取り締まりの強化が図られてきていたが、寛政期の林政改革は林政担当部局である山奉行が独立したり、伐採・植林にあたっての計画や方法が具体的に策定されたりするなど、同藩の林政に大きな変化をもたらしたものであったと評価することができる。

その契機となったのは、やはり天明飢饉後の山林荒廃であり、その荒廃状況から立ち直るべく自ら動いた津軽信明の意識・行動は、続く寛政期の林政改革の基調の形成に大きな影響を与えていたと言えよう。信明は家老らに対して領内山林の重要性を言い含めたり、山方の役人たちの意見を勘案しながら裁断を下したりするなど、領内山林の問題に対して自ら意識的に取り組もうとしており、そのなかで明らかとなった山林の問題が藩内で共有されたことは、寛政期の林政改革における重要な施策へと繋がっていったのである。

但し、弘前藩における寛政期の林政改革は弘前藩の寛政改革全体のなかで位置づける必要もあると考える。先にも述べた通り、弘前藩の寛政改革は田畑の開発や農村の復興を目的とした藩士土着政策や諸産物の育成による藩専売などが志向された。また、寛政期以後の弘前藩では「御国益」としてのウルシ木の植栽が郡方によって大々的に推進される動きが見られる。これらの点は寛政改革時に藩が山林の重要性を再認識し、植林や取り締まりの仕法を詳細に定めていくようになる動きとも関連するものであると筆者は考える。今回は紙幅の都合からこの点について詳しく踏み込むことができなかったため、今後の課題として別稿を期したい。

註

(1) ヒバはアスナロとその変種であるヒノキアスナロ両者を指すが、本稿では北海道南部から本州北部に生育するヒノキアスナロをヒバと呼び統一する(西川栄明『種類・特徴から材質・用途までわかる 樹木と木材の図鑑—日本の有用種一〇一』、創元社、二〇一六年、一六〇から一六一ページ参照)。なお、弘前藩の史料上表記される「檜」は、植生分布上ほとんどが「ヒバ」を指している。「ヒノキ」の一般的な植栽上の限界は東北南部(福島県以南)であり、弘前藩では史料上「ヒノキ」は移入樹種として「上方檜」と表記される(黒瀧秀久『弘前藩における山林制度と木材流通構造』北方新社、二〇〇五年、二五ページ参照）。従って、本稿でも史料上「檜」と表記されるものは「ヒバ」と統一している。
（2）脇野博「森林にみる盛岡藩の歴史」（二〇一七年十一月十八日開催、徳川林政史研究所公開講座in岩手「新視点・北奥羽の歴史―森林をめぐる江戸時代の人びと―」）報告レジュメ参照。
（3）芳賀和樹a「寛政期の秋田藩林政と藩政改革」（徳川林政史研究所『研究紀要』第四八号、二〇一四年）、同b「秋田藩における一九世紀林政改革の基調―『山林取立』を中心に―」（徳川林政史研究所『研究紀要』第五〇号〔『金鯱叢書』第四三輯所収〕、二〇一六年）などを参照。
（4）渡辺喜作『林野所有権の形成過程の研究―資料四　津軽藩林政史―』（私家版、一九八二年）など。
（5）長谷川成一a「近世後期の白神山地―山林統制と天明飢饉を中心に―」（『白神研究』第三号、二〇〇六年）、同b「山と飢饉―近世後期津軽領の山林統制と天明飢饉―」（平成一六年度～一八年度科学研究費補助金〔基盤研究（C）（二）〕「供養塔の基礎的調査に基づく飢饉と近世社会システムの研究」〔代表：関根達人〕研究成果報告書所収論文、二〇〇七年）、同c『北方社会史の視座』別巻『北の世界遺産　白神山地の歴史学的研究―森林・鉱山・人間―』（清文堂出版、二〇一四年）。
（6）前掲註（5）長谷川氏b論文、二七～二九ページ参照。
（7）鳥羽正雄『森林と文化』（峯文社、一九六三年）、一五〇ページ、前掲註（1）黒瀧氏文献、五六ページ。
（8）前掲註（1）黒瀧氏文献、四二～四四ページ。
（9）寛文四年十一月六日付外浜山廻衆宛「定」（国立史料館編『史料館叢書三　津軽家御定書』東京大学出版会、一九八一年、二二～二三ページ所収）。
（10）拙稿a「弘前藩領における水源涵養林『田山』の利用と実態」（『学習院史学』第五四号、二〇一六年）、同b「津軽地方の『屏風山』と野呂武左衛門」（徳川林政史研究所『研究紀要』第五〇号〔『金鯱叢書』第四三輯所収〕、二〇一六年）などを参照。
（11）前掲註（1）黒瀧氏文献、九～一〇ページ参照。

(12) 浪川健治「『難儀』と『御救』―弘前藩領にみる一八世紀前半の地域変容―」(浪川健治・デビット・ハウエル・河西英通編『周辺史から全体史へ―地域と文化―』清文堂出版、二〇〇九年)、四一～四八ページ。
(13)「平山日記」宝暦三年十二月(青森県文化財保護協会編『みちのく双書 二十二集 平山日記』青森県文化財保護協会、一九七九年、二七八ページ所収)。
(14) 同前。
(15) 長谷川成一『弘前藩』(吉川弘文館、二〇〇四年)、八九ページ。
(16) 栗原健一「江戸時代の飢饉と森林」(徳川林政史研究所編『森林の江戸学Ⅱ』東京堂出版、二〇一五年所収)、一六二～一六三ページ参照。
(17) 前掲註(5)長谷川氏a・b論文参照。
(18) 同前b論文参照。
(19)「田山館山見継山元帳」(国立公文書館つくば分館所蔵)のうち、木作新田組のものを参照。
(20)「新編弘前市史」編纂委員会編『新編弘前市史 通史編二(近世一)』(弘前市企画部企画課、二〇〇二年)、五〇六～五〇七ページ参照。
(21)「国日記」天明四年十月巻頭、「天明四年十月改 分限元帳」第一(弘前市立弘前図書館所蔵、以下「分限元帳」と略記)参照。
(22)「在国日記」天明四年十月二十八日条。
(23)「国日記」天明四年十一月巻頭、「分限元帳」第一参照。
(24)「在国日記」天明四年十月二十八日条。
(25) 同前、天明四年十一月十日条。
(26) 同前、天明四年十一月十五日条。
(27) 弘前藩における「雑木」は、「唐竹村絵図仕立様之帳」(農林省山林局編『日本林制史資料 弘前藩』臨川書店、一九七一年、五六ページ所収)によれば、雑木は「杉・檜・松・椹・樫・柏・栗之外ハ雑木」とされている。また土谷紘子氏によれば、無許可で伐採を禁じられた「停止木」以外を「雑木」とするとしており、前述のものに加えて漆・楮・槲などが「停止木」として追加されている（土谷紘子「天保飢饉時の弘前藩における山林利用―天保五年四月『兼平村栗木盗伐詫証文』を手がかりとして―」〔浪川健治・河西英通編『地域ネットワークと社会変容』岩田書院、二〇〇八年〕、三〇〇～三〇二ページ参照）。

(28) 弘前藩の支藩である黒石藩との間に位置し、両藩の共同管理とされた山林のことを指す（前掲註（1）黒瀧氏文献、九ページ、前掲註（4）渡辺氏文献、六九ページなどを参照）。

(29) 「山所書上之覚」のうち、上山通と西之浜通は青森県史編さん近世部会篇『青森県史』資料編 近世三（青森県、二〇〇六年）、中山通は前掲註（5）長谷川氏b論文、外ヶ浜通と黒石領御抱合山は青森市史編集委員会編『新青森市史』資料編三（青森市、二〇〇二年）にそれぞれ全文活字化されて所収されている。

(30) 「山所書上之覚」、上山通より「湯口村領惣山」。

(31) 同前、西之浜通より「大童子沢目村々領惣山」、「風合瀬村領惣山」など。

(32) 前掲註（5）長谷川氏b論文、二九ページ。

(33) 「山方御用留」（弘前市立弘前図書館所蔵）、天保十五年六月二十一日「大和沢山之内…」（山方吟味役・締役差出）。

(34) 前掲註（5）長谷川氏b論文、二九ページによれば、洪水とは安永七年以降に立て続けに発生した岩木川・平川の洪水のことを指すとしている。

(35) 「国日記」天明七年三月巻頭、「分限元帳」第一参照。

(36) 「貞享規範録 天」（弘前市立弘前図書館八木橋文庫所蔵）、狩野亨二『江戸時代の林業思想』（私家版、一九六三年）、四〇五ページ～四二四ページなどを参照。

(37) 菊池元衛『信政公事蹟』（私家版、一八九八年）参照。

(38) 「在国日記」天明七年二月六日条。

(39) 「分限元帳」第一参照。

(40)「国日記」天明八年十月巻頭、「分限元帳」第一参照。
(41)「国日記」宝永四年三月二日条によれば、「漆奉行并漆実取・かき・仕立共惣郡奉行支配仕」とあり、郡方の支配に属していたことが窺える(北嶋祐二『弘前藩の漆行政』私家版、二〇一〇年、六三〇~六三一ページ参照)。従って、当時山方は大目付・郡奉行両支配であったため、郡方の漆方が管轄していた山林があったことも考えられる。
(42)スギやヒノキなどの薄い木片の一端に硫黄を塗り付けたもので、火を着火したり移したりする際に使用される(日本大辞典刊行会編『日本国語大辞典〔縮刷版〕』第七巻、「附木」の項目を参照)。
(43)拙稿「ヒバをめぐる幕末弘前藩の山方と弘前城下の檜物師・曲師たち」(徳川林政史研究所『研究紀要』第五一号〔『金鯱叢書』第四四輯所収〕、二〇一七年)参照。
(44)「新編弘前市史」編纂委員会編『新編 弘前市史』通史編二(近世一)弘前市企画部企画課、二〇〇二年、五〇五~五三四ページ等を参照。
(45)「分限元帳」第二参照。
(46)同前参照。
(47)「御山方覚書」、「国日記」寛政三年五月七日条。
(48)前掲註(27)『日本林制史資料 弘前藩』、四六二~四六三ページ所収。
(49)同前、四七四~四七六ページ所収。なお、同史料が所収された『日本林制史資料 弘前藩』には、「寛政御仕向之覚」のうち山林に関する項目の成立年代が寛政九年四月とされている。しかし、弘前市立弘前図書館所蔵の原史料には、山林について記された項目の作成年月日が空欄のままとなっており、他の項目を含めた史料全体の末尾に寛政九年四月と記されているため、山林の項目のみの正確な作成年代は不明である。
(50)「田山」は元来郡方の所管であったが、元禄十六年(一七〇三)六月一日に一度山方に支配が移っている(前掲註(10)拙稿a参照)。但し、これ以後度々林政機構が変化しているため、その過程のなかでこれら山林の管轄が再び郡方へ変化したと考えられる。

(51)　屋根の葺板に用いられる藩用の小材のことを指す（林野庁編『徳川時代に於ける林野制度の大要』林野共済会、一九五四年、五八ページ、脇野博『日本林業技術史の研究』清文堂出版、二〇〇六年、二三三・二四三ページ参照）。

(52)　脇野博『日本林業技術史の研究』（清文堂、二〇〇六年）、一八四ページ、長谷川成一「世界遺産白神山地における森林資源の歴史的活用：流木山を中心に」（『弘前大学大学院地域社会研究科年報』第七号、二〇一〇年）、一八五ページ参照。

〔付記〕

史料の閲覧・撮影に際して、弘前市立弘前図書館の皆さまには大変お世話になりました。末筆ながら、記して御礼申し上げます。

Ⅱ　「明君」の群像

江戸における大名家の交際と書物・知識受容―松浦静山と蓮乗院を中心に―

吉村　雅美

はじめに

近年、十八世紀後半から十九世紀における学問・知識・情報と幕政・藩政の関わりについて、研究が進展している。特に、藩政史研究においては、藩政改革を担った人びとの学問・知識との関わりや、「明君」像の形成過程が明らかにされつつある(1)。また、十八世紀末以降の日本においては異国船来航への対処が課題となったが、海外知識の入手・流通をめぐる幕府や藩の動向についても、考察が進められている(2)。

こうした学問状況を理解するうえで重要であるのが、各藩と江戸・上方・長崎などを結んでいた知識人ネットワークである。これまでの幕府・大名を取り巻く知識人ネットワークに関する研究は、主に幕臣および大名家の当主・家臣・藩儒などを対象としてきた(3)。特に、幕末期には、大名が相互に交際するなかで海防・対外情勢に関する知識や書物を交換し、政治への関心を高めていたことが明らかにされている(4)。しかし、大名家の交際は、当主以外の家臣や奥を含む大名家構成員相互の間で行われていたことに注意する必要がある。近世における大名家の交際については研究の蓄積があり(5)、奥向における交流が江戸社会の学問・文芸を考える上で重要であることも指摘されている(6)。したがって、十八世紀末から幕末期の大名による書物・知識受容についても、奥を含む交流のなかでいかに展開したのか、捉え直す必要があるであろう。
そこで本稿では、弘前藩主津軽信明・寧親と同時期に平戸藩主であった松浦清(静山)と側室蓮乗院《れんじょういん》を中心に、寛政・享和期の江戸における大名家の交際が、書物・知識の受容とどのように関わっていたのか、奥向も含めて考察する。それにより、近世後期における大名家の知識受容を可能にした環境を明らかにしたい。

松浦清(一七六〇～一八四一)は平戸藩九代藩主であり、藩主在任中(一七七五～一八〇六)には財政改革や藩校の設置を中心とする藩政改革を実施した(7)。江戸においては、松平定信・林述斎らと交友関係を持ち、隠居して静山と称するようになった後も『甲子夜話』を執筆するなど、政治情報を収集・記録していた(8)。洋書や漢籍を収集し、洋書の一部を天文方に貸し出すなど、幕府の対外政策を支える知識を提供した大名でもあった(9)。

このように、清(以下、静山)個人については幕府の儒者・天文方やいわゆる「蘭癖大名」との交流が明らかにされる一方で、静山の洋学は藩内には導入されず、洋書の収集活動が儒者皆川淇園や家臣の反発を招いたとする評価もある(10)。こうした評価の背景には、静山の学問に関する研究が、静山の個人的な関心や大名家の当主相互の交友関係を中心に行われてきたことがある。筆者も、皆川淇園の学問の受容や、江戸における知識人との交流が静山の対外認識形成に与えた影響について考察してきた(11)。しかし、静山が家臣や奥も含む松浦家の交際関係のなかで、どのように知識・情報を得ていたのかを明らかにしなければ、学問と藩をめぐる関係を評価することができない。

本稿では、松浦家の江戸における交際について、松浦静山および静山の側室蓮乗院に関する史料を手がかりに検討する。そして、近世後期の大名による書物・知識受容の背景にあった環境を明らかにしたうえで、それが藩政や対外認識の形成に与えた影響について考察したい。

一、松浦家の一年在府と江戸の奥

1. 松浦家の一年在府

はじめに、平戸藩と対外関係の関わりについて、基本的な事項を確認しておきたい。平戸は十六世紀には倭寇の根拠地の一つであり、十七世紀初めにはオランダ船・唐船が入港していたが、寛永十八年(一六四一)のオランダ商館の長崎移転とともに貿易港としての役割を終えた。その後、平戸藩主松浦家は、江戸幕府の対外関係編成のもとで、藩領の沿岸警備を行うとともに、長崎警備を補佐する役割を担うこととなった(12)。

近世の長崎警備体制は、福岡藩(黒田家)・佐賀藩(鍋島家)を中核とし、必要に応じて他の九州大名が補佐するものである(13)。警備を担う大名は、参勤の江戸在府期間を短縮される場合があった。ただし、各大名の警備との関わり方は、オランダ商館の長崎移転後すぐに確定したものではない。大村家・五島家の場合、正徳新例後に北九州への唐船来航が増加したことをうけて、正徳五年(一七一五)、二月の暇許可、九月のオランダ船帰帆後の参府を命じられ、在国を長期化させることとなった。松浦家はこれに遅れを取る形となったため、正徳六年(一七一六、六月に享保に改元)四月以降、六代平戸藩主松浦篤信は大村家・五島家同様の在国長期化を訴える願書を幕府に提出した。その願書の論旨は、平戸に近世初期にオランダ船・唐船が入港していた経緯があり、正徳期の唐船問題にも対応する必要があるというものである。結果として、享保四年(一七一九)三月に松浦家の参勤時期変更が認められた(14)。

ところが、寛政三年(一七九一)から寛政四年(一七九二)にかけて、松浦静山(15)は幕府老中松平信明に松浦家の参勤時期の変更願を提出した。その内容は、享保以前と同様に、一年在府としたいというものである。ここでは、寛政四年（一七九二）二月十二日に、静山が提出した書付をみてみよう。この日、静山は江戸城に登城し、内願書二通を松平信明に提出した。一通目は次の通りである。[16]

私家前方御譜代席被仰付、大方御当地江在府仕、一年宛相詰中頃ニ者別而御内向之勤茂被仰付、今以難有仕合奉存候、然処享保中奉相願候、先規之通二月御暇、翌年九月異国船帰帆以後致参府候様被仰付、今以右之通ニ而難有仕合奉存候、然処只今ニ而者其節共違、於長崎表為指勤向茂無御座、其上唐船漂着之節之手当茂段々事馴候儀ニ候得者、格別於彼方私相勤候筋無御座候、左候得者、為指儀茂無御座遠国江引入罷在候儀恐多奉存候間、享保以前相勤候通、以来者一年在府仕候様被仰付被下置候様奉存候、左候ハヽ、御当地御奉公ヲ茂仕度此段心頭ニ御座候、何卒右之通被仰付候様頼度奉存候、

このなかで静山は、「私家」（松浦家）が以前は一年在府であったが、享保年間に二月の暇下賜、九月の異国船帰帆後の参府を命じられたという経緯を確認している。その上で、寛政四年時点では享保期と異なり長崎では「指したる勤向」がなく、国許での唐船漂着の手当も整えているとする。そして、「遠国江引入」という状態では恐れ多いので、「御当地御奉公」をしたいと訴えたのである。さらに、二通目の内願書においては「享保中指出候口上書只今相違仕候趣」として、享保四年時との状況の相違について詳述し、「長崎表御用之儀」について「只今ニ而者無之候」とまで主張している。結果として、寛政四年十一月、幕府は松浦家の一年在府を認めた。

先行研究によると、静山は藩主時代に幕府の役職に就くことをめざしており[17]、その運動のためにも江戸に滞

在する期間を長くしようとしていたとされる。[18]しかし、なぜ「御当地御奉公」すなわち江戸に在府して役を果たすことを「長崎表御用」より優先したいと訴え、幕府もそれを認めたのか、その背景を明らかにすべきであろう。

静山が江戸で何を求めたのか、寛政期以降の対外関係と藩主の江戸在府はどのように関係していたのかという点に留意して、考察を進めたい。

2．江戸における「友交」と縁戚関係

寛政四年（一七九二）に一年在府が認められて以降、静山は「御当地御奉公」の勤めを担っていくこととなる。松浦家は幕府から、寛政五年（一七九三）六月に神田橋御門番、寛政六年（一七九四）四月に関東筋川々御普請御用を命ぜられた。そして、寛政九年（一七九七）五月、静山は昌平坂学問所設置のための献納を幕府に願い出た。この際、静山は林述斎（大学頭）・市橋長昭（近江仁正寺藩主）らとの交流の中で情報を収集し、平戸藩の献納額を金二万両と査定した願書を作成した上で提出している。[19]『御当地御奉公』のためには、江戸における幕臣・大名らとの交友関係を結び、情報を収集することが不可欠であったのである。

随筆『甲子夜話』において、静山は藩主在任中に江戸において結んでいた交友関係を回想して次のように記している。[20]

寛政善治の末、享和の頃は、予が若き外班の輩も、友交忠告にして、善導のことも行はれしを、近頃火後、廃紙の中より、旧年の文通を観出せり。追感止まざれば、茲に貽す。

此頃友とせしは、松平信濃守、其材行をもて、蝦夷へ往し人。林大学頭は、今の大内記なり。市橋下

総守、予が従弟、大番頭より奏者に進む。阿部備中守、ときに世子たり。後閣老となる。其より下ては、仙石大和守、伏見奉行に進む。能勢伊予守、予が上邸の近処。始御書院番頭。松平弾正忠、大田喜侯、豆州閣老の別家。石川兵庫、今隠居して梧堂と云ふ。定火消たりし。

静山は寛政を「善治」の時代と捉えており、寛政末期から享和年間に松平忠明（書院番頭、蝦夷地取締御用掛筆頭）・林述斎（大学頭）・市橋長昭（近江仁正寺藩主）・阿部正精（備後福山藩主）らと「友交」を有していたことを懐かしく回想している。

このうち、市橋家・阿部家は松浦家と縁戚関係を築いていた家である。市橋長昭の父は市橋長璉、母は静山の叔母カツ（水厳院）であり、長昭は静山の「従弟」に相当する。また、阿部正精の長男正粋の正室は、静山の娘お松であった。

松浦家が結んだ縁戚関係について、時期は下るが、天保十年（一八三九）に作成された「御法号附」[21]（松浦史料博物館所蔵）から確認しよう。「御法号附」は、松浦家の当主・子・夫人の院号・戒名・墓所・忌日（命日）を記した記録である。次ページの【表1】は、「御法号附」より、寛政元年（一七八九）から文化十年（一八一三）までに死去した松浦家構成員に関する情報を、史料の記載順に示したものである。【表1】に示した期間内では、松浦家の女子が大給松平家や近江仁正寺藩主市橋家に嫁ぎ、松浦家当主は松平信明の妹や佐竹義峰の娘を正室として迎えていることが確認できる。

一方で、松浦家が側室として迎えた女性の中には、大名家出身ではない女性も含まれている。「御法号附」序文には、編纂の方針が示されており、その第一条には次のように記されている。

一、御子様方之義者、他江御養子ニ御出、又者他江御嫁被成候御方ニ而も書載有之候、御続柄者有之候而も
他家ニ而御出生之御孫様以下者書載無之候、御養女様者他家之御方ニ御座候得共、御家之御子様ニ被為
成候故、書載有之候、御夫人様・御側室様之義ハ、元より他家之御方ニ御座候得共、御家之御方ニ被為
成候故、勿論書載有之候事、

天保十年時点で、子のうち、当主・子（養女および他家へ出した養子・嫁を含む）・正室・側室が「御家之御方」の構成員として認識されていたことが読み取れる。正室と側室に関しては、「元より他家之御方」ではあるが、「御家之御方」になったのであるから、記載するという論理である。

静山に関しては、側室の「鎌奥氏初」（院号は蓮乗院）が記載されている。静山は、安永四年（一七七五）に三河吉田藩主松平信礼の娘で、信明の妹に当たる鶴年《つね》（亮鑑院）を正室としたが、鶴年は寛政元年（一七八九）に没している。静山と鶴年の間に子はいなかったが、静山は天明元年（一七八一）から天保四年（一八三三）までの間に、三四名（死産一名を含む）の子をもうけた。母となった女性は七名である。このうち、静山の三男三穂松（のちの十代藩主熙《ひろむ》）を含む三人の子の生母となったのが蓮乗院であった。

なお、静山の長男章の生母は、「御法号附」に記載されていない。章は、静山と正室鶴年の侍女ルイとの間に生まれたが、発育不全のため寛政五年（一七九三）に廃嫡となり、蓮乗院の子が家督を継承することになった[22]。章は「御法号附」に静山の第一子として記されているが、母のルイは「側室」としては認められておらず、記載がない。

ルイとは対照的に、蓮乗院は「側室」「熙公生母」と記載され、明確に松浦家の「御家之御方」として位置づけられているのであ

縁戚
松平信明妹
佐竹義峰の娘
松平乗薀の室
市橋長璉の室
松浦信正養子
松浦信安の室

【表1】 松浦家の縁戚関係(松浦史料博物館「御法号附」により作成)

死去	院号	戒名	名	松浦家との関係
寛政元/8/25	亮鏡院	照厳智明大姉	鶴年(ツネ)	静山正室
寛政6/9/12	霊仙院	香厳宗菊大童子	松浦源三郎武	静山第2子
寛政7/9/23	貞俊院	月潭智照大姉	蒲生氏栄(ヨシ)	安靖(8代藩主誠信)側室
寛政10/11/13	本清院	妙相浄蓮大姉	壽(ヒサ)	本覚(誠信の子邦)正室
寛政12/7/8	圓明院	龍頷宗珠大居士	松浦主水章	静山第1子
享和元/5/10	敬信院	智観明徹大姉	綾	松英(6代藩主篤信)養女
享和2/10/8	水厳院	太室寿生大姉	カツ	安靖第6女
文化2/10/7	法雲院	智覚慧明大童子	峰友松	静山第4子
文化9/3/5	開善院	覚法如幻大童子	峰年松	静山第8子
文化10/1/14	勝光院	越州刺史心源宗随居士	松浦信程	松英第11子
文化10/8/28	養性院	俊厳妙利大姉	郷(サト)	安靖第8女
文化10/11/15	蓮乗院	妙香貞寿日浄大姉	初	静山側室(熙の生母)

る。

3.蓮乗院と「蓮乗院日記類」

蓮乗院(初浦)は京都出身であり、父は元公家の外山光時[23](了円)、母は矢野氏である[24]。初浦[25]は十六歳の時、女中として平戸の国許の奥に仕えるようになり、天明五年(一七八五)五月に静山の次男乙千代(のち源三郎)、天明七年(一七八七)二月に次女仲、寛政三年(一七九一)四月に三男三穂松(のち熙)を生む[26]。寛政六年(一七九四)九月、静山の封を継ぐ予定であった源三郎が十歳で急死したため、寛政七年(一七九五)四月、初浦は三穂松(この時、五歳)とともに江戸に上り、同年九月から「御部屋様」と称されるようになった[27]。文化元年(一八〇四)までは江戸浅草鳥越の松浦家上屋敷で暮らしていたが、「脚気治療」を理由に生活の場を平戸城内に移し、文化十年(一八一三)十一月十五日に平戸で死去した[28]。なお、蓮乗院の弟鎌奥小一郎も、寛政五年(一七九三)に松浦家家中の「御馬廻」として召し抱えられている[29]。

松浦史料博物館には、目録上は「蓮乗院日記類」(以下「日記類」)と題された史料群が所蔵されている[30]。これは、寛政五年(一七九三)から蓮乗院が死去する文化十年(一八一三)までの蓮乗院に関する記録六三点の総称である。[31]このうち、日記体のものは、寛政九年（一七九七）から享和二年（一八〇二）の「万覚書」と題された冊子六点と、享和三年（一八〇三）から文化十年（一八一三）の「御日記」と題された冊子一一点の計一七点であり、そのほかは婚礼や引越などに関わる一件史料である。いずれも女性とみられる筆跡であり、蓮乗院の祐筆が記したものと思われる。

「日記類」については久家孝史による史料紹介[32]があり、蓮乗院が平戸に到着したばかりの時期である文化元年（一八〇四）の「御日記」の一部が翻刻されている。しかしながら、江戸で記された日記を含む「日記類」の本格的な分析はなされていない。ここでは、江戸で書かれた「日記類」のうち、「御日記」と「万覚書」を中心に考察する。

江戸で記述された主な内容は、①藩主静山、嗣子熈、松浦家家臣の動向（江戸城への登城、他の大名の屋敷への訪問、神田明神・鳥越明神への参詣など）、②松浦家の行事（雛飾りなど節句の行事、歴代藩主の法事など）と奥における催し物（御囃子など）、③松浦家と幕府役人・他大名との交際・贈答である。奥勤めの立場から記された日記であるため、表向についてはすべての出来事が記録されているわけではないが、表向・奥向の双方の動向が記された記録であるといえる。

以下、②と③を中心に、松浦家の交際が、どのような場で展開したのかを明らかにする。その上で、松浦家が交際を通して入手した書物・知識・情報について考察したい。

二、「蓮乗院日記類」にみる松浦家の行事と交際

1．松浦家の行事と囃子

「日記類」を読み解く前に、平戸藩の江戸上屋敷の「奥」の構造について確認しておきたい。寛政四年（一七九二）の参勤時期の変更にともない、江戸浅草鳥越の松浦家上屋敷に「奥」が創出されることとなった。その経緯について、「年寄方日記」寛政四年十二月五日条には次のように記されている。[33]

当春茂従江戸被仰越候通、当時於江戸奥無之、就而者御子様方女中共御引越之儀ニ候、然ル処、此節先規之通御参勤被蒙仰候ニ付者、御在府之間も違候、就旁弥右之通り被取極候、乍然当年之義者余斗之御損耗有之候事故、被成御遠慮、お伯様・お仲様斗御引越被成候、（後略）

江戸に「奥」が整えられておらず、「御子様方」と女中が引越するべきであったが、寛政四年は国許の「損耗」のため遠慮し、先に静山の長女お伯《かみ》（母は児玉氏、天明三年〈一七八三〉七月に誕生）と次女お仲のみ引っ越すことになったという。奥の造営は、藩の財政状況を考慮しながら進めざるをえなかったのである。

その後、寛政七年（一七九五）四月、蓮乗院と熙が上屋敷内に住むようになり、その住まいは西御殿と呼ばれた。[34]その結果、上屋敷には「表」のほかに、お伯・お仲が居住する「東奥」（奥）と蓮乗院・熙が居住する「西奥」が並存することになったのである。

ここでは、松浦家上屋敷における行事の様子を、上巳の節句と西御殿における囃子を事例にみてみたい。「日記類」には、上屋敷における雛飾りについて、「御ひいな」および「東奥御ひいな」という表記があり、屋敷内の少なくとも二か所で雛飾りが用意されていた可能性がある。ただし、史料上の表記からは、雛飾りの設置場所を確定することは困難であるため、「御ひいな」と記された雛飾りについて検討する。

「日記類」の記述をもとに、寛政十年(一七九八)から享和三年(一八〇三)までの「御ひいな」に関わる儀礼をまとめると、概ね左記の日程で実施されている[35]。

二月二十八日 「殿様」(静山)から娘たちへ人形下賜。「御ひいな」を飾る。
三月一日 「御ひいな」の前に御膳を供える(三日まで)。
三月三日 「殿様」が江戸城へ登城して帰った後、「御ひいな」を上覧し、奥付・切戸へ菓子・酒を下賜。
三月四日 「御役人中」が「御ひいな」を拝見。姫から手のし下賜。(享和元年以降、菓子の下賜のみ)
三月五日 「御ひいな」を仕舞う。

寛政十年を例に、右のうち、二月二十八日の雛人形の贈答と、三月四日の役人が雛を拝見する儀礼に注目したい。「日記類」には次のように記されている[36]。

【二月二十八日条】
(前略)
○殿様ょり御二姫様へ御嶋台二ツ、はたか人形三、焼き物さかな二ツ、浦瀬御使ニて被進候、

○御松様初御節句ニ付、御姫様より御上下人形三十五一ツ、御仲様よりおとき人形三十五、初浦より紙ひいな大小二対二十八、干鯛一折三、御手合ニて、の沢御使ニて差上、

【三月四日条】

一、御役人中御ひな拝けん被仰付候ニ付、御二姫様（御召物紫紋ちりめん、惣模様）、初浦（おなしく縮緬惣模様）、御中老迄ふくさかけ、御側出番御さ候へハ、八ツ比出ル、○内膳 ○貞右衛門 ○三之助 ○丈右衛門、○喜左衛門 ○今橋 ○作右衛門、○量平 ○つね八 ○平兵衛、是程拝けんニ出、御姫様御手のし被下候、（後略）

二月二十八日、静山は二人の姫（お伯、お仲）に、「はたか人形」（裸人形）等を贈っている。また、初節句を迎えた静山の娘お松（寛政九年〈一七九七〉八月、ゑつとの間に誕生）に、姫（お伯・お仲）と蓮乗院からも雛が贈られている。この時の人形は、姫（お伯）は「御上下《かみしも》人形」、お仲は「おとき人形」であったが、蓮乗院は「紙ひいな」（紙の雛人形）であった。なお、蓮乗院は翌寛政十一年（一七九九）にも「紙ひいな」二対を用意しているが、寛政十二年以降、蓮乗院が人形を贈ったという記述は見受けられない。

一方、静山は寛政十一年（一七九九）以降にも、毎年二月二十八日に娘たちに人形を贈っていた。たとえば、寛政十二年にはお悌に「はやし人形」、享和二年（一八〇二）にはお仲に「きつねいり人形」、お松に「雨こひ小町人形」、お悌に「大こく翁人形」を与え、享和三年（一八〇三）には、お伯・お仲へ「大りひいな」（内裏雛）二対を贈っている。[37]静山は毎年、異なる種類の人形を用意していたのである。また、人形の贈答は松浦家の構成員内だけでなく、縁戚関係を持つ家との間においても行われた。享和三年（一八〇三）二月二十八日には、阿部正精からお松へ、「大りひいな一対」（内裏雛一対）と肴一折を贈っている。[38]この前年にお松と阿部正精の長男

正粋の婚姻が決定していたため、雛の贈答は両家の関係を再確認するものとみてよいだろう。

寛政十年（一七九八）三月四日には、表の役人が雛の拝見を命じられ、松浦内膳以下一〇名が訪れた。そして、「御二姫様」（お伯・お仲）と蓮乗院（初浦）と中老までの奥女中が対応し、役人はお伯・お仲から手熨斗を下賜された。さらに、後略部分では、「御次」で菓子・煮染めなどを下賜されている。以後、寛政十二年までは、表の役人が雛を「拝見」することを命じられ、「御姫様」から手熨斗を下賜されるという慣例であった(39)。雛飾りは、藩主・側室あるいは嫁ぎ先と姫の間の贈答にとどまらず、松浦家と江戸詰の男性・女性家臣との関係を確認する場でもあったと考えられる。

続いて、西御殿における「御囃子」について考察する。寛政十一年（一七九九）以降、「日記類」には西御殿で「御囃子」が催されたという記述が散見される。たとえば、「日記類」寛政十二年（一八〇〇）閏四月二十七日条には、次のように記されている(40)。

○今日西御殿ニて御囃子遊し、表御役人中其外奥付・東奥御切戸・奥役人迄、少々拝けん被仰付罷出候、みなみな裏付上下着、みを松様御ふり袖・御はかま斗ニて御さ候、御やくしや士太夫、六平太、新五郎、八十八、千藤次罷出ル、御役人中へハ御菓子なと被下候よしニ御さ候、奥へも御菓子上ル、御かしわ餅ニて御さ候、暮前相済、

この日、西御殿で「御囃子」があり、表の役人や奥付、東奥の切戸、奥役人が拝見を命じられた。世子の三穂松（熙）も振袖・袴姿で同席した。さらに、「御やくしや」（役者）も呼び、表の役人や奥に菓子を供している。西御殿の囃子は、松浦家構成員と表・奥の役人が一同に会する機会でもあったのである。

以上のように雛飾りや御囃子は、松浦家構成員の間や、男性・女性家臣との結びつきを確認する場であったといえよう。

2．大名・幕臣の接待

松浦家上屋敷には大名や幕臣が訪れ、饗応を受けている。「日記類」の性格上、記録された来客は蓮乗院の祐筆が把握した範囲に限られる。客が奥（東奥）や西御殿を訪問した場合は概ね記載されているが、表のみ訪れた場合は記されていないことも多いと思われる。したがって、すべての来客について書かれているわけではないが、「奥」の人々が把握していた交際相手として捉えることが可能であろう。

次ページの【表2】は、享和元年から享和三年（一八〇一～一八〇三）の「日記類」より、上屋敷への来客と接待をまとめたものである。接待の場所に注目すると、A西御殿での接待を受ける客、B表と東奥での接待を受ける客の二つにわけられる。基本的には、Bのように表および東奥で接待を受けており、松平定信・阿部正精・市橋長昭・津軽寧親らの大名と幕府の坊主衆などが訪問している。これらの客が西奥に入ることはない。

一方、Aのように西奥に入っていたのは、佐竹義峰と能勢頼直・仙石久功のみである。前掲【表1】に示したように、出羽久保田藩五代藩主佐竹義峰の娘寿姫は静山の伯父の松浦邦に嫁いでいたが、義峰の母聖相院も、四代平戸藩主松浦鎮信の養女であった。佐竹家は松浦家との縁戚関係を繰り返し結んでいた家である。また、能勢頼直は松浦家と同じく本所に下屋敷を持っており、松浦家と親しい交際関係を有していた。松浦家と縁戚関係を有する大名や、互いに屋敷が近く交流を深めていた大名や旗本が、Aのように西御殿を訪問していたといえよう。

まず、A西御殿での接待について、「日記類」寛政十三年（一八〇一）正月二十六日条をみてみたい[41]。

一、佐竹様今日西御殿へいらせられ、四つ御出、御帰り暮前御めて度済、御入御出迎ひ若殿様あそはし、殿様ニも奥へ被為入御待上候て、御出御さ候と入らせられ御対面遊し候、すくに御せき書なとあそはし候由ニて、夫より御はやし御さ候て御覧あそはし、御菓子・御吸物等御壱方様斗上ル、御菓子なとは若殿様へ上ル、殿様ニハおりおり御やくしや出不申節被為入、御あいさつあそはし候、御膳御客様斗ニ上ル、御客様御さしつニて奥入候て御みすから殿様にも夫より御覧あそはし、奥中も拝見致し、御客様ニも御つゞみあそはし候、御はやく相済、（後略）

この日、佐竹義峰は西御殿を訪れ、静山・熈（若殿様）が迎えた。すぐに「せき書」（席書）などをした後、囃子を見て、菓子・吸物などを馳走された。「席書」とは集会の席上などで、即興的に書画を書くことを指すが、松浦静山・熈は上屋敷を訪れる客とともに、しばしばこのような書き物を嗜んでいる。後略部によると、義峰が帰った後、静山は役者たちに御膳や酒を下賜した

二年万覚書」「享和三年御日記」により作成）

西御殿	備考
—	
席書・御囃子・御菓子・御膳	
—	京都加番の暇の挨拶
—	
—	
—	
御囃子	
—	
—	「縁家」となった初めの訪問
御囃子	
—	
—	
—	
— —	
—	江戸城登城後すぐの訪問

【表2】 松浦家上屋敷における大名・幕臣の接待（松浦史料博物館所蔵「寛政十三年万覚書」「享和

年	月日	客	対応者	表	東奥
享和元	1/16	加納久周	三穂松様・奥御二方様		御膳・御菓子
	1/26	佐竹義和	殿様・若殿様・奥中	—	—
	3/25	市橋長昭	助太夫（御使）・亦六（取次）	菓子	—
	9/21	津軽寧親・直次郎	御部屋様・殿様・若殿様	—	御仕舞
	12/9	林述斎・松平忠明・松平乗保	若殿様・御部屋様・おりく他	的射	（若殿様方：仕舞・囃子）三番叟・三味線
享和2	2/28	鍋島治茂	若殿様・お仲様・御三方様	—	訪問
	7/18	能勢頼直	殿様・東奥女中		—
享和3	1/4	林述斎	殿様	訪問	—
	1/28	阿部正精	御惣容様	訪問	—
	閏1/1	仙石久功・野勢頼直	殿様・東奥女中	—	—
	2/15	阿部正精	若殿様・御部屋様	訪問	—
	3/1	阿部正精・市橋長昭・林述斎・能勢頼直	〔殿様〕・御部屋様	—	訪問
	4/3	公儀表御坊主衆・津軽寧親	〔殿様〕	訪問	—
	7/18	阿部正精・近藤重蔵	御部屋様・御松様 〔殿様〕御部屋様・御松様	菓子・花火	三味線
	10/1	松平定信	殿様・若殿様・御部屋様	御吸物	御菓子・御囃子・御膳・騎射・席書
	12/1	阿部正精・市橋長昭・林述斎・近藤重蔵	殿様・若殿様・御部屋様	—	訪問・菓子

注）〔殿様〕：「日記類」に記載はないが、静山が接待へ参加していたと考えられる場合に記した。

うえで、「此奥」（西奥）で御酒・御膳を食し、「おりく」を呼んで三味線の演奏をさせている。義峰の接待を無事に済ませた慰労のためであろう。

続いて、Bの奥（東奥）における接待について、津軽寧親・松平定信・阿部正精を事例にみてみたい。「日記類」享和元年（一八〇一）九月二十一日条には、津軽寧親らの訪問について、次のように記されている。(42)

一、今日東奥御客様
　あらせられ候ニ

付、若殿様四ツ過表へ被為入、御対面被遊候、池田御いん居様ニも被為入候筈ニて、御部や様毎度御うわさ被成候ゆへ、成為入候様ニ申参候処、御ことわりニて、津かる様・直次郎様斗被為入候、奥へ御通り被遊候て申参り、御部屋様斗被為入候、御仕舞御さ候て、（中略）罷出候、惣元是又御取持ニ上ル、直次郎様若殿様跡より御まねきあそはし、夕かた被為入候候、つかる様七ツ過御着、夫より御客様御両人御仕舞なとあそはし、殿様ニも御つゝみ遊し、若殿様ニも御仕舞ニ、御はやし壱あそはし、御にきにきしく、四つ比御客様御立遊し、御相手しはし致、四つ過下ル、程なく御部家様御かへり遊し候、御供御側壱人参り候様申参り、みね、外ニ八千代壱人参り候、四つ半過御かへり遊し候、

この日は、まず熙が表で客に対面した。客の津軽寧親・直次郎（池田直次郎カ）が奥に入ると、「御部屋様斗」（蓮乗院のみ）入り、対応したという。その後、改めて熙に招かれて夕方より寧親と直次郎が仕舞を披露し、静山は鼓を演奏し、熙は仕舞二曲と囃子一曲を披露したという。【表2】に示したように、東奥でもしばしば仕舞や囃子が催され、松浦家・客の双方が演奏や舞を披露しあっていたのである。

次に、松平定信の場合を見てみると、【表2】に示した享和三年以前に、寛政十年（一七九八）一月、寛政十二年（一八〇〇）四月の二回の松浦家上屋敷の訪問があった。[43]なお、寛政八年（一七九六）には定信の娘蓁姫と熙の婚姻が決定している。寛政十年の一度目の訪問では、表で静山・熙と対面して雑煮を供された後、東奥で熨斗・煙草・茶の接待を受けている。[44]二度目は、定信は「すくに（すぐに）奥へ御通り」になり、相客の牧野新次郎も到着した。この時は、①奥（東奥）で吸物を提供され、②表で相撲を上覧して「せき書絵」を嗜み、③また奥で馳走を受けるという段取りであった。二度目の訪問時には、互いに進物の授受があり、松浦家から松平家には「越中守御前様」に「御さかな一折」、「老中・中老之おも立人」（八人）へ「御色々之品」、御次中に「蒸

籠一荷」などが進上された。一方、定信から「御舞扇一箱十本」が贈られ、定信の御前様からも進物があった。

そして、享和三年（一八〇三）十月一日の三度目の訪問は、次のように記されている。[45]

○両殿様御登城被遊御めて度御帰り、（中略）四ツ過越中守様いらせられ候て、表ニて御吸物上り御盃等相済、夫より奥へ被為入候、御出迎ひ等あらせられ候、尤御部屋様斗御座附相済、御伯様初いらせられ候、御対面被遊候、御菓子など被出、御噺なとあそはし、夫より御膳上り候、右相済、きしや御覧ニいらせられ候、程なく御かへり遊し、御菓子・御吸物たんたん上り候、御囃子御したく御さ候うち、御せき書被遊、越中守様被遊候、程なく御囃子はしまり御らん被遊、（後略）

この日は①表で吸物・盃を出され、②奥に入る時は「御部屋斗」（蓮乗院のみ）が「御座附」の役割を果たし、奥ではお伯とも対面し、菓子・御膳を出された。その後、③騎射を見て、④「御せき書」を書き、「御囃子」を見ている。このように、一度目と比較して、二度目・三度目は席書、相撲や騎射の上覧、囃子などの様々なもてなしを受け、「文」「武」双方にかかわる交流を行っていることがわかる。

最後に、阿部正精の場合を見てみよう。享和三年（一八〇三）正月二十八日に「御縁家ニなられ候初め」の挨拶（静山の娘松と阿部正粹の婚姻が決定した後の挨拶）のため、正精が松浦家上屋敷を訪れた。この日について、「日記類」に記されているのは、静山および「御惣様様」（皆様）と「対面」したことのみであるが、[46]以後、享和三年の間に正精は四回訪問している。このうち、三月一日には市橋長昭・林述斎・能勢頼直、七月十八日には近藤重蔵、十二月一日には市橋長昭・林述斎・近藤重蔵が正精と同席し、接待を受けた。[47]松浦家が阿部家と

「縁家」となった後、正精と同席する形での、大名・幕臣の訪問が増加していることが明らかである。このうち、「日記類」享和三年七月十八日条には、次のように記されている[48]。

○今日阿部様為入候ニ附、御部屋様ニも入らせられ候処、今朝より参り、八つ比被為入候、御部屋様・御松様斗御対面、御菓子なと上り、程なく近藤十(ママ)蔵と申人参り候て、是ニハ御相、御部家様ニハ御座なく候、夜五つ此御花火少々御さ候て、皆々殿御まりは江御覧ニ被為入、御客殿御小書院ニテ御覧被成候、又奥へ被為入、御りく三味せん少々御さ候、御立四つ過、十蔵とのハ九つ前ニ下り御座候て、御部や様程なく御帰り被遊候、

少々文意が取りにくいが、この日は阿部正精に御部屋様（蓮乗院）と松のみで対面し、菓子でもてなす場があったようである。その後、近藤重蔵も訪れて静山も対面し、重蔵は、花火（屋敷花火）や奥における「おりく」による三味線演奏などの饗応を受けた後、深夜まで滞在したことが記されている。「おりく」は、西御殿と奥（東奥）の双方で、三味線を披露していたのである。

以上のように、静山は松浦家上屋敷を訪れた大名・幕臣の接待を繰り返す中で、関係を深めていった。その交際の特徴は、次の三点である。一点目は、当初は挨拶や進物の交換であったものが、席書や囃子・花火・三味線演奏へと、より親密で文化的な交流となっていったことである。二点目は、「御部屋様斗御座附」「御部屋様斗被為入候」というように蓮乗院が東奥に出向き、接待の中心的な役割を果たしていたことである。そして三点目は、阿部正精との縁戚関係が契機となり、交際の幅も広まったことであるといえよう。

3．幕府奥医師による松浦家子女の治療

大名・幕臣のほかに、幕府奥医師もたびたび上屋敷を訪問していた。次ページの【表3】に示したように、松浦家の当主・子女は平戸藩医による灸治等の日常的な治療のほか、幕府奥医師の診察を受けることもあった。「日記類」享和二年（一八〇二）二月四日条には、熙の治療について、次のように記されている。(49)

一、若殿様去春ょり御下ニ吹出物あそはし御直りかね被遊候ゆへ、今日御公儀御いし桂川ほしうと申御いし召候様被仰付、御薬いろいろさし上られ候由ニ候、御膳御菓子なと上ル、右前々ハこなた御いしのおてしニてこさ候よしニ候、

●桂川甫周

熙の「吹出物」治療のため、静山は「御公儀御医師」桂川甫周を呼んで薬を出させ、甫周を御膳・菓子などで饗応している。なお、「前々」は「こなた御いしのおてし」であったという記述は、桂川家の祖甫筑が平戸藩医嵐山甫庵（一六三三～一六九三）の弟子であったことを指す。(50)また、静山の先代の藩主松浦誠信も、幕府奥医師河野仙寿院と桂川甫周の治療を受けていた。(51)甫周は、特に松浦家と縁の深い医師であったのである。

一方、蓮乗院の場合はどのように治療されているのか見てみよう。享和二年（一八〇二）十月、蓮乗院の頸部に「こぶ」のようなものができ、平戸藩医立慶の診察を受けて振り出し薬を処方された。その後も、藩医によって煎薬・灸などの治療が施されているが、快復の見込みがなかったためか、女中の浦瀬による願掛けも行われた。それでも、病状は改善しなかったが、「日記類」享和三年四月七日条に、次のように記されている。(52)

【表3】　藩医・幕府医師等による静山・妻子の治療

（松浦史料博物館所蔵「享和二年万覚書」「享和三年御日記」により作成）

年	月日	人名	藩医	幕府医師	症状	診察・処方・祈願等
享和2	2/4	若殿様	—	桂川甫周	御下に吹き出物	診察、薬処方
	2/17	御部屋様 御仲様	（医師名欠）	—	—	灸治
	3/20	御部屋様 御仲様	元三	—	引風	薬処方
	3/29	若殿様	—	多喜（多紀）安長	黄ばみ	診察
	5/2	若殿様	（医師名欠）	—	—	灸治
	8/14	御部屋様	（医師名欠）	—	—	灸治
	9/2	若殿様・ 御仲様	（医師名欠）	—	—	灸治
	6/15	若殿様 御仲様	—	—	御出来物（治癒）	願ほどき
	10/17	御部屋様	立慶	—	えりにこぶ	振り出し薬の処方
	10/21	御部屋様	元三	—	吹出物	煎薬の処方
	11/3	御部屋様	哲斎	—	えり直らず	診察
	11/7	御仲様	（医師名欠）	—	—	灸治
	11/7	御部屋様	哲斎・元三	—	出来物	灸治
	11/11	御部屋様	—	—	出来物	浦瀬（女中）が熊谷稲荷へ願掛け
	12/16	御部屋様	（医師名欠）	—	—	背中灸治
享和3	閏1/7	御部屋様	元三	—	—	灸治
	閏1/10	御松様	—	—	疱瘡	診察（奉書にて）
	閏1/10	若殿様	（医師名欠）	—	—	灸治
	2/2	若殿様	（医師名欠）	—	—	灸治
	2/5	御悌様	—	—	熱・引付	診察（奉書にて）
	4/7	御部屋様	—	杉田玄白	えりにこはり	診察
	5/16	若殿様	—	吉田快庵	時候「あたり」	診察
	6/28	若殿様	御いし中	—	出来物	診察
	6/29	若殿様	—	多喜（多紀）安長	吹出物	診察
	8/8	御部屋様	—	吉田快庵	—	塗り薬をやめ、煎薬とする
	8/8	御部屋様	玄三（元三）	—	—	灸治
	10/13	殿様 御部屋様	元三（取次）	吉田快庵	—	診察、灸治

○御部屋様去冬より御ゑりに御こはり出来、少しは御つらく被為入候へとも、はきはきと不被入候ま丶、今日西御殿へ上り候、杉田玄伯と中外御やくきのいしへ御みせ被成度仰出され、今日上り候故、東奥ニて御伺仰付被入候由、今日は御留主にて、跡々仰付られ、九ツ過罷出、こなたよりいらせ候て御伺申上候、何そ御つらき事にては御座なく由申上候、御次にて御茶御菓子被下候由ニ候、

このように蓮乗院も、症状が現れてから半年ほど経過した後ではあるが、幕府医師による治療を受けた。静山の一年在府にともなって、幕府奥医師が静山の家族を診察するために平戸藩邸に出入りする機会も多くなったといえよう。

以上のように、松浦静山が藩主であった寛政期・享和期は、松浦家との縁戚関係を契機として、江戸における大名・幕臣との交際が盛んになった。その交際の場は、「表」「奥（東奥）」をメインとしながら蓮乗院も同席することが多く、特に親しい家は「西御殿」にも通された。また、桂川甫周や杉田玄白などの幕府奥医師は松浦家の当主だけではなく、松浦家構成員の治療も行っている。静山個人との交際に加えて、家として大名・幕臣・医師と交際することで、より頻繁で日常的な関係性も築かれていたのである。

三、江戸の人脈と書物・知識の収集―「新増書目」に書かれた交際―

1．松浦静山の書物目録

松浦静山は、藩主時代・隠居時代を通して、江戸において他大名・幕臣・蘭学者との交際を継続し、その間

に多くの書物を収集した。静山の収集書を含む平戸藩の文庫の書物目録として、「楽歳堂蔵書目録」（天明五年の序、静山の家臣による編、松浦史料博物館所蔵、一五冊）と「新増書目」（寛政十二年の序、静山自筆、同館所蔵、二三冊）の二種が作成された。二種の目録は、それぞれが「内篇」（和書）の巻と「外篇」（主に漢籍・洋書）の巻に分類されている。これらの目録を用いた先行研究においては、主に書誌学的な分析が進められているが[53]、書物・文物の多くが江戸における交際を背景に筆写あるいは入手されたことには注目されていない。

ここでは「新増書目」を中心に、書物・知識の入手をめぐる人的交流について考察する。「新増書目」の特徴は、「楽歳堂蔵書目録」と比較して、書物の解題の記述がより詳細であることである。解題は寛政十二年（一八〇〇）以降も加筆されており、特に文化・文政期（一八〇四～一八二九）に書かれたものが多い[54]。解題の中には、静山が藩主時代・隠居時代に有していた交友関係を回想しながら、書物を入手した経緯に言及しているものもある。たとえば、「新増書目　内篇八」（松浦史料博物館所蔵）のなかで、松平定信との交流について次のように記している（傍線・略は引用者）。

〇花月冊子　故白川少将致仕楽翁輯　六巻

予嘗コノ少将ニ於ル、其女ヲ肥州ノ為ニ嫁ル、因テ互ニ退老ノ後ハ、花朝月夕其招[55]ニ赴キ、親戚ノ好ニ非ズシテ、益友ノ道ヲ致セリ、然ルニ斯冊子ノ有ルヲ知ラザリシガ、先年肥州ノ話ヲ聞、コレヲ覧ンコトヲ欲テ、図ラズ月日ヲ歴シウチ、去年故アリテ翁侯ノ侍臣、田内主税・田井柳蔵ニ値フ、コノ二子ハ、嘗テ侯ノ宴中、春賞夏涼ノ席、予ト屡々献酬セシ輩ナリ、予因テ旧懐ヲ咄キ、故情ヲ伸ブ、二子感聴シ涙ヲ浮ベテ退ク、其後、主税謝簡ニ附シテ、一部ノ書ヲ贈ル、視ルニ嚮ニ求ル冊子ナリ、予嗟嘆シテ、コレヲ楽侯ノ遺意トシ、迺永ク庫伝トス、目録〇序二ツ（後略）

文化五年（一八〇八）、松平定信の娘蓁姫は松浦熈の正室として迎えられていた。解題によると、定信も静山も互いに隠居した後、静山は「花朝月夕」に定信に招かれ、その交流は「親戚」のよしみを越えて「益友」のようであったと表現している。定信の没後、静山は定信の家臣の田内主税・田井柳蔵と会い、その際の会話が契機となって、主税は静山に『花月冊子』（『花月草紙』）を贈った。田内主税と田井柳蔵は、定信が開いた「宴」の「春賞夏涼」の席で、静山と「献酬」（酒杯のやりとり）をした仲であったという。このように、屋敷における大名・家臣との交際が契機となり、書物を入手したことが記されているのである。

別稿[56]で述べたように、「新増書目」は編纂・加筆時の状況を反映して、地理書や蝦夷地情報・海外情報に関する書目を多く収録している。背景には、文化四年（一八〇七）のフヴォストフ事件、文化五年（一八〇八）のフェートン号事件以降、対外危機が深刻化していたことがある。そうしたなか、寛政期・享和期に収集された書物はどのように評価されたのか、その背景にある交際に留意しながら考察したい。

2．蝦夷地に関する情報

次ページの【表4】に示したように、「楽歳堂蔵書目録」と「新増書目」には、「蝦夷」（内篇）「蛮夷」（外篇）、に分類される書物・文物が含まれている[57]。このうち、「新増書目」所載の「蝦夷弓矢」と「蝦夷弓」は、静山が松前章広から入手したものであり、「蝦夷弓矢」については、次のように記されている[58]。

○蝦夷弓矢　真物　　一張三本

コレ享和二年壬戌之ヲ得タリ、其ユエハ余久ク松前氏大炊介道広ト相知ル、而其　子若狭守章広壬戌ノ年ヲ以テ東勤シテ江都ニ出ヅ、余道広ト相知ヲ以テ章広シハシハ余カ邸ニ来訪フ、余モ亦□（虫損）彼邸ニ往

【表4】　「蝦夷」「蛮夷」に分類された書目（松浦史料博物館所蔵「楽歳堂蔵書目録」「新増書目」により作成）

分類	楽歳堂蔵書目録	新増書目
蝦夷	蝦夷志／蝦夷随筆／寛政己酉松前騒動記録／蝦夷図／蝦夷巡行記事／蝦夷図像	蝦夷弓矢／蝦夷弓／蝦夷草紙／蝦夷草紙附録／松前行程記録并漂流噺／辺要分界図考／北夷聞見録／東韃靼紀行／二叟譚奇
蛮夷	朱明象胥録／三国通覧図説／南島志／紅毛雑話／万国新話／満字考／西域聞見録／職方外紀／海域聞見録／考事撮要／朝鮮地図　長崎本／朝鮮地図　対州本／朝鮮地図　楽歳堂蔵本／東大典国通鑑／経国大典／大典続録／経国大典註解下後集／三韓紀略／懲毖録／朝鮮箭之図	紅夷女子之図／魯西亜人之図／隠峰野史別録／魯西亜刀図／海東諸国記（ママ）／朝鮮卓帷之図／魯西亜属国人物図／外国人図／印度志／漂着石州海岸木標打搦／阿蘭陀婦女目撃之像／三韓紀略／漂着外国人図并器械／阿蘭陀人手授合戦真図／訂正増訳采覧異言／龍沙紀略

ク、一日章広ト蝦夷ノ談ヲ為テ弓矢ノコトニ及フ、章広詳ニ其制作利用ノコトヲ語ル、余乃其物ヲ視ンコトヲ請、章広其明年国ニ帰ル、四月ニ自松前書ニ附テ此二物ヲ江戸ノ邸ニ贈ル、因テ之ヲ得タリ、是正シク蝦夷ノ所作ノ者ニシテ、其真ナル者也、余因テ考ルニ、弓ノ長四尺弱、其制麁ナリト雖、全ク吾国古世ニ所用ノ丸木弓ト同シ、（中略）享和癸亥識

解題によると、静山は藩主時代に松前藩八代藩主松前道広・九代藩主章広と親交を有していた。【表4】のように、「楽歳堂蔵書目録」の「蝦夷」の部には、「蝦夷図像」が含まれているが、これは静山が道広との交際を通して入手した、蠣崎波響『夷酋列像』の写しである。[59] 静山は、享和二年（一八〇二）に出府した章広と互いの江戸藩邸を訪問し合い、「蝦夷ノ談」を交わす中で「弓矢ノコト」に話題が及んだ。そこで、章広は国許に帰った後、弓矢の実物を江戸の平戸藩邸に送ったのである。

「新増書目」の「蝦夷」の部に含まれる書物・文物のうち、「蝦夷弓矢」と「蝦夷弓」を除く七点は、静山が隠居後に収集したものである。近藤重蔵の『辺要分界図考』については、「新増書目　内篇五」に次のように記述されている。

○辺要分界図考　七巻　付録一巻　八冊
近藤重蔵守重輯　○辺要トハ北奥ノ極辺遠界ノ分要ヲ記セル也、
自序ニ曰、東西蝦夷地ノ奥東ハチユブカ諸島ヨリ、魯西亜カムサスカ境ニ至リ、西ハカラフト地方ヨリ、満州山丹境ニ至ルマデ、古今未ダ其地理ヲ極ル者ナク、史冊及ビ唐当蛮ノ書ト雖ドモ未ダ悉ク其地理ヲ弁ズル者ヲ聞カズ、蓋シ極北ノ絶海戎夷ノ巣窟、耳目ノ常ニ聞見セザル所ナレバ也、雖然辺塞ノ地理明カナラザレバ、折衝ノ略施スニ術ナシ、是臣重ガ最モ心ヲ用ユル所以ナリ、下略、文化元年甲子十二月小臣近藤守重謹記（引用者後略）

静山は「辺要トハ北奥ノ遠界ノ分要ヲ記セル也」と簡単な説明を付すのみであり、以後は重蔵の書いた自序と目次をそのまま引用するにとどめている。静山と重蔵の交流に関する記述や、入手経緯に関する記述は一切ない。

先述のように、「日記類」によれば、近藤重蔵は平戸藩邸を訪れて花火を鑑賞するなど、松浦家と親密に交際していたことが明らかである。しかし、松平定信や松前章広の場合と異なり、静山は「新増書目」において、重蔵との交流の様子や書物授受の詳細を記していないのである。

ここで『甲子夜話』から、近藤重蔵に関する記述を確認しよう(60)。

近藤重蔵、号正斎。始与力の子にて、白山に義学を興し、善行を以て世に聞へき。寛政の盛時、勘定局に入り、屢々遠役を勤む。予嘗て当職の際、松平信州、市橋総州、福山侯、林子等と風月に相会せし莚にも、文雅を以て下風に陪せし者にして、著述は有用の書も多かり。然るに何の年か、復び蝦夷地の役に赴し帰後、予その宅を訪しに、見違しばかりに人品下りしゆゑ、其ことを密に林子に通ぜしことも有ぬ。是より予も自から久く音問疎かりしが、やがて書物奉行となり、局中編撰の書あり。旧交のゆゑ迚、予にもこれを贈り、今に蔵せり。自是又大阪の職に遷せられて往たりしが、何か正しからぬ行ありて、御咎をうけて江府に還る。（後略）

この記述においては、静山が松平忠明・市橋長昭・阿部正精・林述斎などと「風月に相会せし」という交流の場において、重蔵が「文雅」の能力を以て同席していたことを認めている。さらに、重蔵の著述には「有用の書」が多く、静山は重蔵が書物奉行として編纂した書を贈られたことも記している。したがって、『辺要分界図考』も、重蔵自身から贈られたものであろう。その一方で、蝦夷地探検の後に重蔵が「見違しばかりに人品下りし」という状態であったという批判的な記述も含まれており、重蔵の処分にも言及している。

前掲【表2】で示したように、これらの大名・幕臣はみな寛政期から享和期に松浦家上屋敷を訪れ、奥において蓮乗院らの接待を受けた人々であった。『甲子夜話』においても、静山は重蔵が交際の席に同席していたことを認めている。しかし、『甲子夜話』は林述斎の校閲を経て成立した随筆であり、静山は幕府による処罰を受けた人物については、慎重に記述したと考えられる。静山は「新増書目」においても、重蔵との交友関係を明記することは避けたのであろう。

3.「蛮夷」の部

続いて、「新増書目　外篇二」（「地里」）の「蛮夷」の部に含まれる書目をめぐる人的交流に注目したい。【表

4】に示したように、「蛮夷」の部には、外国に関する書籍のうち、欧文以外で書かれたもの（和書・漢籍・翻訳書）が含まれている。「蛮夷」の書籍は「楽歳堂蔵書目録」では中国や朝鮮の書物が中心であったが、「新増書目」にはオランダ・ロシアや北方民族に関する書物が収録されており、対外危機の深化に応じて、静山がより広く書物を収集していることがわかる。たとえば、「魯西亜属国人物ノ図」はレザノフが持参した北方民族図集の写しである。[61] また、「朝鮮卓帷之図」は、林述斎が所蔵する朝鮮通信使易地聘礼時の食事の絵を写し、述斎から直接聞いた見解を図に付記したものであった。静山は、長崎や対馬から得た文化・文政期の最新の海外情報を書き留めているのである。

その一方で、次のように、静山は同時代に作成されたものではない書物も収集している。[62]

○海東諸国記《ママ》　朝鮮　申叔舟撰　一冊

（中略）

○予此本ヲ得ル、寛政十二年庚申之ヲ某ニ聞ク、此原本、嘗文禄ノ役ニ、浮田黄門秀家、朝鮮ニ在テ所俘ノ者ニシテ、帰陣ノ後豊公ノ医官曲直瀬法印某ニ贈ル、今尚其孫養安院法印ニ伝フト、〔巻首ニ養安院蔵書ノ印記アリ〕、予因テ桂川甫周法眼ニ就テ其本ヲ借ル、観之ニ朝鮮ノ所刻、字画鮮明可見、乃之ヲ謄写シ而返ス、（後略）

この解題によると、静山は寛政十二年（一八〇〇）に情報を得て、『海東諸国紀』を桂川甫周から借りて謄写した。『海東諸国紀』が成立したのは一四七一年であるが、静山は豊臣秀吉・徳川秀忠に仕えた医師曲直瀬法印（玄朔）の子孫に伝わったとされる本を、桂川甫周に借りたという。先述のように、甫周は静山の先代藩主の頃から松浦家構成員の診察を行う医師であったが、江戸に居住し始めた静山の書物収集を支えた一人でもあったのである。なお、「新蔵書目」に収録された「阿蘭陀人手授合戦真図」は、静山がオランダ商館長ブロムホフから入手したワーテルローの戦いの図を、桂川甫賢所蔵の同様の図と比較し、考察したことが記されている。桂川家からの情報の入手は、甫周の孫の甫賢の代も継続していたのである。

4．洋書の翻訳と理解

最後に、静山による洋書の入手と解題作成について考察する。「新増書目　外篇　蛮書」の巻は、平戸藩から幕府天文方への洋書貸し出しの際、静山が作成した目録である。幕府は対外情勢の変化に対応するため、文化四年(一八〇七)に天文方に世界地図の制作を命じ、同年から文化六年(一八〇九)にかけて、蝦夷地・サハリンの調査も行った。これにともない、天文方では地理関係・ロシア関係の蘭書の収集・研究が行われた。この時、静山が収集した平戸藩楽歳堂文庫の洋書も収書の対象となったである。文化五年(一八〇八)から文化六年(一八〇九)にかけて、計三回にわたって楽歳堂の洋書が老中松平信明に貸し出された[63]。「新増書目　外篇　蛮書」の巻は、この時に貸し出された洋書のうち一七点が記載されている[64]。静山は、幕府に洋書を差し出す際、内容を把握するためにタイトルや概要を翻訳させた。一七点中六点は、寛政元年(一七八九)から四年(一七九二)の間に静山が入手してオランダ通詞志筑善次郎に翻訳させたものをもとに、文化五年(一八〇八)に再度江戸でオランダ通詞石橋助左衛門に訳させたものであった。ここでは、桂川甫周が翻訳に関与した次の書目に注目したい[65]。

> 解体
> ANATOMICAL《アナトミカル》 TABLES《タブレス》 壱巻　　記
> 此書旧年長崎ニ獲タリ、其トキ就訳人問之ニ、未審其書於何国、蓋紅毛ノ書ニ非ト云、後経十余年、予在江都、桂川甫周法眼ニ此書ヲ読ムコトヲ請フ、周此書ノ始標題ノ文ニ因テ訳ヲ作ル、後ヘニ記ス、如書名ハ文化戊辰ノ年、長崎ノ訳人本木庄左衛門江都ノ司天館ニ寓ス、乃命テ訳セシム、但是簿ノ冊目ニ記ルノミ、其書ノ全体ハ周ノ訳文ニ之ヲ尽ス、○標題訳文、胎産解剖全図、及産科諸術精要約説、並ニ属其術之実徴諸説及諸症集験、○医官、猥力究模《ウイツリアム》 斯迷力乙《スメツリイ》撰、○籠動《ロンドン》 漢乂利亜《アンゲリア》都府 刻、暦元一千七百五十四年、当 日本宝暦四年甲戌、至寛政十二年庚申四十七年也、

この書物はウィリアム・スメリーの『産科解剖図集』(66)（英文）であり、現在も松浦史料博物館に所蔵されている。「新増書目」の解題によると、静山は長崎から原書を入手した後、江戸で桂川甫周に依頼して「標題ノ文」をもとにした簿冊ごとのタイトルを翻訳させた。甫周が訳文を作成したのは寛政十二年（一八〇〇）のことである。そして、文化五年（一八〇八）の天文方への松浦家所蔵洋書差し出しの際、改めて長崎のオランダ通詞本木庄左衛門に命じて翻訳させた。注目すべきことに、「解体記」という書名は本木の訳であるが、傍線部に「其書ノ全体ハ周ノ訳文ニ之ヲ尽ス」とあるように、甫周の訳で十分大意を理解できるものであったという。幕府がオランダ通詞による英語学習を命じる文化六年（一八〇九）以前であっても、医学書であれば、静山は甫周の知識を通して英語の書籍の概要を理解することができたのである。

以上の「新増書目」の記述から、静山による知識・情報交換の背景にあった交際について、次の三点を指摘することができる。第一に、「花朝月夕」「春賞夏涼ノ席」というような文化的な交流や、互いの屋敷を行き来

して「一日」語り合うという交流のなかで、書物・文物・情報が交換されることがあったことである。第二に、文化期に対外危機が本格化する以前の寛政期から享和期に、江戸で築いた人脈を通して、書物や文物を収集して、基本的な知識を得ていたことである。第三に、文化期になると同時代的な対外危機に関係する書物を収集したり、一度入手した書物・情報を他の学者に考証させることを通して、理解を深化させていることである。

「新増書目」の書物・文物の入手元には、松平定信・林述斎・桂川甫周など、先述の「日記類」から松浦家との交際が確認できる人々が多く含まれている。このような人的交流については、「新増書目」の解題のなかで必ずしも言及されるわけではない。しかしながら、書物・知識の受容は、「蘭癖大名」としての静山個人の活動というより、静山の先代からの関係も含めて、江戸において松浦家と関係を結んでいた人々との交際を背景に行われていたと考えられるのである。

四、幕末期における「奥向」の評価

1．蓮乗院の顕彰

前章では、静山の書物・知識収集の背景に、奥も含む交際があったことを指摘した。このような奥のあり方は、静山没後の松浦家において、どのように評価されていたのであろうか。

文政期における異国船接近にともない、平戸藩は海防体制を強化するとともに、長崎警備を増強していた。この政策は十代藩主熙以降、十一代藩主曜、十二代藩主詮へと継承・強化された。詮は安政六年（一八五九）に平戸に入部すると、五か年の「厳重之取締」を命じており、奥向きの奢侈も誡めたという[67]。なお、熈は天保十二年（一八四一）の隠居後も平戸に在住したため、「国隠居」を自称し、隠居賄料による海防支援も行っていた[68]。さらに、熈は国許において、砲術訓練、武器の備え付け、軍用金の貯蔵、寺社による異国船降伏祈願を率先して行っていたのである。実際、幕末期にはロシアが対馬周辺に進出しようとしており、万延元年（一八六〇）には平戸藩領の壱岐がイギリスに割譲されるという風評も流れていた[69]。翌文久元年（一八六一）にはロシア船ポサドニック号の対馬占拠事件も発生するなど、異国船来航は、平戸藩領の位置する海域に直接関連する深刻な問題となっていたのである。

こうしたなか、隠居の熈は随筆「亀岡随筆」（松浦史料博物館所蔵）を執筆した[70]。このうち、「由来由緒奥向之部」（六冊）には、熈が天保十五年（一八四四）から慶応二年（一八六六）の間に執筆したものが編纂されており、松浦家の由緒および縁戚関係、松浦家の行事と道具類、奥向の女中の格、女中の心得などが記されている。ここでは、蓮乗院に関わる項目[71]と奥の音楽に関わる項目を見ていきたい。

「亀岡随筆」三六巻三項「蓮乗夫人帋雛の画乃懸物の事」は、蓮乗院が飾り始めたと伝わる紙雛の由来について、熈が慶応二年に執筆したものである。この項の前半部において、熈は次のように記している。蓮乗院の生前、「世の人」が「内裏雛人形」を集めて「堂上」（公家）と同様のものを棚に並べてもてはやすという「末世の在さま」であった。蓮乗院はこの「無益失礼」な様子を考慮したのか、「帋雛」（紙を折って作った雛人形）で「夫婦のさま」を掛け物にして上巳の節句に床の間に飾るようになり、世俗にいう「雛類」は仕舞った。蓮乗院の没後、文政十三年（一八三〇）頃からこの掛け物（「御遺幅」）を取り出すようになり、八代藩主松浦誠信の娘寿姫の初雛の時、これを本尊として廻りに「雛人形造り物」などを並べて祭っていた、というものである。熈は、蓮乗院の紙雛の意図を「世」の奢侈を戒めるものと解釈したのである。

さらに、「蓮乗夫人呑雛の画乃懸物の事」の後半部には、次のように記されている[72]。

抑この　蓮乗夫人の御雛、然は今度あれは並へて観るに勝れて古代の画様なり、何れ了円入道御世話を申上たるにや、此呑雛の画幅に及ふものなし、桃の上に賛有

めくりあふけふは弥生のみかは水　石に流れたる

はなの盃　やふちと有

右賛歌并ニやふちの名知れかたし、深く取調も致さて其侭に致置ぬ、さきにかく認置たるに、寿姫ハはや世を去り前にいふ雛人形なども皆遺物として人に与へにけり、しかれとも此御懸幅ハ　蓮乗夫人乃御遺物にて故あるものなれは、又此隠宅に留置たるに、其後万民のため倹素乃申出しを詮より触流したれは、上巳・端午の雛祭り・昇飾等皆休止となれり、されとも詮奥にて神酒・菱餅等ハ呑雛乃懸ものをものし、夫に備へんとのあらましを承つれは、この御遺幅をも取出し、来る上巳には　蓮乗君乃思召を継んとかくは取極めたり、こは惣雛人形等乃前立にもならん、微意ならは当年の通り牡丹軒に於てひしもち・神酒・干菓子を備へて永く御祭り仕るへし、別に画図を添をく

慶応二年丙寅三月中頃しるす（印）

これによると、熈が改めて蓮乗院の雛を見たところ、「勝れて古代の画様」であり、もとは公家であった蓮乗院の父了円が「御世話」をしたのかと推測している。この雛の絵には「めくりあふけふは弥生のみかは水石に流れたるはなの盃」という賛が添えられていたという。寿姫の没後、雛人形等は遺物として人に譲られたが、紙雛は蓮乗院の遺物であるため、熈が平戸の隠宅に置いていた。その後、十二代藩主詮が「万民のため倹

素」を命じたため、上巳・端午の節句の飾り物が休止となった。しかし、詮は奥では「呑雛」の掛け物を飾ることとしたため、蓮乗院の「御遺幅」を飾り、「蓮乗君乃思召を継ん」という意向を示したという。

先述の「日記類」から、蓮乗院が江戸で紙雛を贈っていたことが確認できるが、蓮乗院は、江戸から平戸に戻った後も紙雛を作り、飾っていたのではないかと考えられる。しかし、上巳の節句に際して、蓮乗院は菓子や酒を振る舞う行事に参加しており、特に「倹素」を意識して紙雛を飾っているという記述はみられない。それにもかかわらず、蓮乗院の「呑雛」は、熙と詮によって「万民のため倹素」という時勢に応じた奥のあり方を象徴するものとして、位置づけ直されたのである。

2．奥の謡・三味線に関する評価

続いて、奥の「音楽」に関する項目について考察する。「亀岡随筆」三十八巻四項として、「代々奥内謡声停止の事」が収録されている。このなかで熈は、松浦家と奥の「謡」に関する由来を述べたうえで、安政四年（一八五七）二月九日に十二代藩主詮（熈の孫）詮に宛てた書翰を引用している。この書翰は、詮と平戸新田藩主松浦皓の娘浩子との婚姻が幕府に認められたことをうけて、熈が与えたものである。少々長いが、前書きと書翰の一部を以下に引用する。[73]

○代々奥内謡声停止の事

一、家君豊功公の御代始め迄ハ世の中も今とちかひ浄瑠璃かかり、長うた調ひなと御側近く召出されたる事もありしとなん、①御壮年に成せられ、御学問御出精加ふるに御武術も怠らせられす、内宮の事も夫に応しいといと御厳正しに在せられ、御代の中同断也、熙代ニ成て卅余年、厳君の仰にて、客来饗応の外ニハ奥向ニ芸者体乃もの三味せん箱抔持て立入たる事一度もなし、当公代ニ移りても亦おなし、三代斯のことく内宮正しくありし事、他家にほこりても恥さる也、(中略)婚姻も来る四月と日当を付たるよし有司より承りぬれは、年賀状の来り返事かくなん申遣しける、(中略)

夫ニ就而申スハ、奥内三味せんの事、是ハ一切初めより被禁候義肝要と存候、熈も先年より此事心に含居候得共、時を得不申候ひき、今時来り候と存候間、申述候、②静山君も御嫌ひ、我等幷ニ当公三代此謡声を断申候、其先志を御つき、猶又此度より堅ク被禁断候様存候、聖人の被仰候鄭声ハ謡也と、謡とハ靡也功也、謡慾の謡ニハあらす、言心ハ楽シニテ度を過キ艶ニして実無也と三線の事を申て有之候、詩経ノ関雎野内ニ御尋御味ひ可被成候、一旦初リテ停ルハ甚タ難ク候、丸デ奥ノ始りより三味線ハ被禁候ニ而宜ク上杉家様ノ奥ノ様ニ成り堅マリ候得者、らくニ而候、奥方の御なくさみニ被成ハ琴の組ニ而足れりと致候ものニ御座候、柳本老公抔の様ニ自身ニ弾スルニも不及、しかし御夫婦連弾を被成位ハ無害候得共、其琴ニ合せもの抔と称して三線を加へ候琴ハ尤被禁断相応候也、(中略)、右ハ③当世の長うた浄瑠璃等を尤も恐れ候事也、渉世十法ニ足る事を知て楽を亭と有之、則用心覚悟の第一ニ御座候、内宮の風俗より皆其家の政事迄もみたれ申候、(中略)此髪風の事ハ先頃申述候ニ付、略之候、追々御勤習被成候得者、人の風俗見え申候、其風を見て身ニ反シテ御省可被成候、④いつれ君侯たるものハ文武の修練ハ勿論也、其上心を楽さしむるハ武家式楽ニしくものなし、能なと申せは高前ニ相応せす、奢侈ニ昇りて又永続せす、先便ニ申候六万石の直段ニ外れ申候、丁度謡をうたひ鼓なと打、折々素囃子等打寄て催す位ニ而相当の処、世ケ様ニ正音の音曲むきを楽めは邪音の謡声ハ聞ても楽まぬ様ニ自然と成行もの也、正音の楽しみを不存ものハ酒色ニ耽りて謡声を《に》泥む様ニ成行申候、仍而鄭声をはなち佞人を遠さけよと聖人も被申候也、又音楽ならは笙か横笛にても吹て両三人打寄楽しむ位の事かよし、此も三管・

三鞁・三弦なと合奏し、なお舞楽なと、なれハ又分量を越候、君子は中庸をすといふ処を長々能々御外シ被成間敷候、分を越て害にならぬものハ一事もなし、皆程能き処を行ふニ而肝要ニ候、前件の一事ニをいてハ、女中御目見へ等来りても、決而三線ハ御制シ可被成候、主君タル者ノ腹一ツニ有之候也、此余申ス事ハ如山ニ候得共、年頭之御答旁一事の大要如此申述置候也、穴賢、

安政四年丁巳

二月九日

世子詮君

煕は、まず直近三代の松浦家当主（静山・煕・詮）と謡・三味線の関係について、次のように評価する。静山は藩主襲封当初は「長唄調ひ」などを側近くに召し出すこともあったが、傍線部①のように、「御壮年」になって学問や武術に出精し、「内宮」も「御厳正」にした。煕の代になってから、「客来饗応」のほかに、奥向きに「芸者体」の者が三味線箱を持って入ったことは一度もなく、それは現当主詮の代になっても同じである。そして、三代にわたって「内宮正しくありし事」は、「他家にほこりても恥さる」ことであると述べる。

さらに、煕は書翰を引用し、傍線部②では「静山公」も「嫌」い、松浦家三代にわたって「謡声」を禁じてきたという「先志」を継ぐべきであるとする。その上で、『詩経』の故事や上杉家の奥の事例も引き合いに出しつつ、藩主として初めから三味線を禁止していたことにするよう勧める。傍線部③のように、煕が問題としたのは「当世の長うた・浄瑠璃」などであり、奥の風俗の乱れが契機となって家の「政事」も乱れることであった。煕は、「君公」は「文武の修練」はもちろん、「心を楽さしむる」ものとして、「武家式楽」を嗜むべきだと考えたのである。そして、平戸藩の「六万石」（正確には六万一六〇〇石）の石高に見合うよう、「謡をう

たひ鼓なと打、折々素囃子等打寄て催す位」、「音楽ならは笙か横笛にても吹て両三人打寄楽しむ位」が相当だとの考えを詮に示したのである。

先述のように、静山の藩主時代の江戸上屋敷では、接待の場および松浦家内の宴において、囃子や三味線の演奏があった。しかし、このような交際の場に欠かせなかった雛飾りや三味線は、海防や厳しい倹約が課題となった幕末期には、質素にすべきもの、休止すべきものとして位置づけ直された。それどころか、蓮乗院は「峕雛」を飾ったことを、静山は「謡」を停止したことを高く評価され、「志」を継ぐべき当主・側室として明君化されたのである。その後、熙は「武家式楽」として、実際に国許で平戸囃子の編成に力を入れていく。平戸囃子とは、享楽的趣向を求めて始まった囃子に、異国降伏に関する題材を組み込んだものであった(74)。この政策は、幕末期平戸藩の海防政策の一環であると指摘されてきたが、奥における謡・三味線の制限と表裏一体をなすものでもあったことに注目する必要がある。

おわりに

本稿では、寛政・享和期における松浦家の交際と知識入手について考察してきた。江戸においては、藩主相互の交流に加えて側室蓮乗院も交際の場に加わり、雛人形の贈答や囃子・三味線・花火などによる饗応が行われていた。時には、饗応の席で「席書」として書き物がなされる場合もあった。静山による書物・知識受容は、奥の女性も関わる形で展開した大名家・幕臣との相互交流のなかで考察すべきである。

しかしながら、このような江戸における交際は経費を要し、静山による財政改革の方針と矛盾するものであったことはいうまでもない。先述の寛政九年(一七九七)の昌平坂学問所への献納に関する林述斎宛書翰(75)のなかで、静山は「同席の付合不善事多く、無益之費多くか丶り申候」という状況を訴え、「貴邸（八重洲の林述斎の屋敷、引用者）参上之義　私宅へ御招之事」を断るとともに、「俗交の分」は一切断りたいと訴えた。ただし、公納金とはいえ「自身の願ゆへ、夫ヲ以て世上朋友の交会断申候而は、人言の誹謗曽而まぬかれ不申」、すなわち、献納願いによって「世上朋友」の交際を断っては、他大名の誹りを受けることになると危惧していた。そのため、「従公義被仰付被下候様」、幕府から献納を命じられた形とするよう、打診したのである。

結局、寛政九年（一七九七）以降も、静山は「朋友」との交際を継続した。寛政十二年（一八〇〇）以降、静山は参勤の暇年も「疾」などと称して江戸にとどまり、二度と平戸に帰国することはなかったのである。

隠居後の文化四年（一八〇七）にフヴォストフ事件が起こると、静山は正月五日付で国許の家臣（「平戸重役以上以下惣士中」）を宛所とする書状を松浦典膳に与え、役人に「拝見」させるよう命じた[76]。そのなかで、静山は「近頃北方蝦夷地御地面江外国人罷越不埒之儀共仕候趣、追々達上聞候ニ茂混而御心配思召之趣、於当地御手近之義ニ付追々致伝承候」と伝えている。すなわち、フヴォストフ事件が将軍家斉の上聞に達しており、将軍が「御心配思召」という状況であることが、静山の居住する「当地」江戸は「御手近」であるために情報が入るというのである。そして、「天下御政道」については自らが扱えることではないが、「一国之領分」については「何ケ様ニも一致之斗」ができるとし、領分に異変があれば、「日本之名折」とならないように、また近隣の大名の「手本」となるように、「武士道」を尽くすよう、国許に命じたのである。

ここで、静山は江戸が「御手近」であると認識しているが、江戸は北方・蝦夷地に関する書物を入手できる地であるとともに、将軍・大名の間の対外情勢に関する危機意識を身近に感じる地であったのである。たしかに、当初、静山が「御当地奉公」を理由に一年在府を願った目的の一つは、幕府の役職への就任であろう。その願いがかなうことはなかったが、結果的に藩主・隠居の江戸在府は知識・情報や対外危機意識の共有という面で、重要性を増していったのである。

しかし、熙の代以降に対外危機がより深刻化すると、松浦家にとっては「御当地御奉公」とともに、国許の海防や倹約も重要な課題となっていく。そのなかで、奥の交際の背景にあった雛飾り・音楽などの文化のあり方は、時勢に見合う形へと統制されていったのである。

江戸の奥も含む大名家の交際と書物・知識受容の関係については、交際を通して入手された知識・情報が、藩校や江戸藩邸における藩士教育のなかでどのように伝えられたのか考える必要がある。これにより、江戸における知識人の交流を、藩総体の問題として、捉え直すことができるであろう。また、奥の女性と藩士の関わりや、武家女性が身につけた教養が大名家の中で果たした役割についても考察する必要がある。今後の課題としたい。

註

(1) 小関悠一郎『〈明君〉の近世』(吉川弘文館、二〇一二年)。金森正也『藩政改革と地域社会―秋田藩の「寛政」と「天保」―』(清文堂出版、二〇一一年)。
(2) 松方冬子「近世後期「長崎口」からの「西洋近代」情報・知識の受容と翻訳」(『歴史学研究』八四六号、二〇〇八年)。横山伊徳『開国前夜の世界』(吉川弘文館、二〇一三年)。
(3) 瀬戸口龍一「『甲子夜話』にみる松平定信文人サロンの動向」(『専修史学』三三号、二〇〇二年)。
(4) 荒木裕行「近世後期溜詰大名の「交際」とその政治化―会津藩主松平容敬の日記の分析から―」(『史学雑誌』一一二編第六号、二〇〇三年)。淺井良亮「有志大名の蘭書貸借活動―共有・互助・秘匿」(『書物・出版と社会変容』一六号、二〇一四年)。
(5) 服部弘司『大名留守居の研究』(創文社、一九八四年)。松方冬子「「不通」と「通路」―大名の交際に関する一考察」(『日本歴史』五五八号、一九九四年)など。
(6) 福田千鶴『近世武家社会の奥向構造―江戸城・大名武家屋敷の女性と職制』(吉川弘文館、二〇一八年)。
(7) 藤野保「平戸藩」(長崎県史編纂委員会編『長崎県史　藩政編』吉川弘文館、一九七三年)。児玉幸多「平戸の松浦家」(同『日本の歴史　第一八巻　大名』小学館、一九七五年)。
(8) 瀬戸口前掲註(3)。
(9) 岩崎義則「史料紹介　昌平坂学問所献納金に関する松浦清(静山)の自筆書簡」(『長崎歴史文化博物館研究紀要』創刊号、二〇〇六年)。岩崎義則「大名蔵書の中の国際交流―平戸藩楽歳堂の蔵書目録から―」(森平雅彦・岩崎義則・高山倫明編『東アジア世界の交流と変容』九州大学出版会、二〇一一年)。松田清『洋学の書誌的研究』(臨川書店、一九九八年)。山本英二『慶安の触書は出されたか』(山川出版社、二〇〇二年)。
(10) 沼田次郎『洋学』(吉川弘文館、一九八九年)。松田前掲註(9)書。
(11) 拙稿「松浦静山のみた境界と「属地」―普陀山をめぐる考証から」(井上泰至編『近世日本の歴史叙述と対外意識』勉誠出版、二〇一六年)。拙稿「十八世紀末の儒学受容と世界認識」(浪川健治・古家新平編『江戸―明治連続する歴史(『別冊環』二三号)』、二〇一八年)。
(12) 拙著『近世日本の対外関係と地域意識』清文堂出版、二〇一一年。
(13) 松尾晋一『江戸幕府の対外政策と沿岸警備』(校倉書房、二〇一〇年)。
(14) 「第二章　正徳・享保期における唐船来航と平戸藩」(拙著『近世日本の対外関係と地域意識』清文堂出版、二〇一一年)。
(15) 静山は隠居後の号であるが、以下、便宜的に本稿では藩主在任中も「静山」と表記する。
(16) 「松平伊豆守殿掛合一件」(松浦史料博物館所蔵)。
(17) 児玉前掲註(7)。氏家幹人『殿様と鼠小僧』(講談社学術文庫、二〇〇九年)。
(18) 「松平伊豆守殿掛合一件」(松浦史料博物館所蔵)。
(19) 岩崎前掲註(9)「史料紹介　昌平坂学問所献納金に関する松浦清(静山)の自筆書簡」。

(20)「甲子夜話三篇」巻六九(松浦静山著、中村幸彦・中野三敏校訂『甲子夜話三篇』6、平凡社、六〇～六一ページ)。以下、「甲子夜話」については松浦静山著、中村幸彦・中野三敏校訂『甲子夜話』『甲子夜話続編』『甲子夜話三篇』(平凡社、一九七七～一九八三年)を用い、引用に際しては巻数と刊本のページ数のみを記す。

(21) 松浦家の初代とされる源融から起筆され、天保十年以降一九六八年(昭和四十三)まで、松浦家において書き継がれたものである。

(22) 氏家前掲註(17)。

(23) 松田敬之『次男坊たちの江戸時代』(吉川弘文館、二〇〇八年)によると、外山光時は日野家一門の公家の竹屋光兼の次男であったが、外山光任の養子となった。明和三年(一七六六)に官を辞して出奔したが、その理由は自身の娘(蓮乗院とは異なる娘)を虐待していたためであるという。

(24) 氏家前掲註(17)。

(25) 初浦ははじめは松と称しており、享和二年(一八〇二)十一月二十六日からは初と称した(松浦史料博物館所蔵「享和二年万覚書」〈蓮乗院日記類〉)。

(26)「年寄方日記」天明五年五月二日条、天明七年二月十三日条、寛政三年四月十日条(松浦史料博物館所蔵「御家世伝草稿」巻四九・五一)。

(27)「年寄方日記」寛政七年九月二十四日条(「御家世伝草稿」巻五二)。

(28) 氏家前掲註(17)。

(29) 久家孝史「史料紹介「蓮乗院(れんじょういん)日記」(部分)」(『平戸史談』一七号、二〇一〇年)。

(30) 松浦史料博物館編・発行『古文書類目録(元平戸松浦家所蔵)』(一九七一年)五九～六〇ページに所載。

(31) 史料紹介として、久家前掲註(29)がある。

(32) 久家前掲註(29)。

(33)「御家世伝草稿」巻五一(松浦史料博物館所蔵)。

(34) 永松義博・杉本和宏・吉田健「平戸藩江戸屋敷「蓬莱園」に織り込まれた景色」(『南九州大学研究報告自然科

学編』四七号、二〇一七年)。

(35) 寛政九年から享和二年にかけての「万覚書」、「享和三年御日記」(「日記類」)。

(36)「寛政十年万覚書」(「日記類」)

(37)「寛政十二年万覚書」(「日記類」)。

(38)「享和三年御日記」(「日記類」)。

(39) 寛政十一年(一七九九)、静山は在国していたが、拝見と手熨斗下賜の行事は行われている(「寛政十一年万覚書」三月三日条)。享和元年(一八〇一)以降は、この年から雛が「悪しく」なったという理由により、拝見の儀式は行っていないが、役人への菓子の下賜は継続している(「寛政十三年万覚書」)。

(40)「寛政十二年万覚書」(「日記類」)

(41)「寛政十三年万覚書」(「日記類」)。

(42)「寛政十三年万覚書」(「日記類」)。

(43)「寛政十年万覚書」(「日記類」)。

(44)「寛政十年万覚書」寛政十年正月十九日条(「日記類」)。

(45)「享和三年御日記」享和三年十月一日条(「日記類」)。

(46)「享和三年御日記」(「日記類」)。

(47)「享和三年御日記」(「日記類」)。

(48)「享和三年御日記」(「日記類」)。

(49)「享和二年万覚書」(「日記類」)。

(50) 嵐山甫庵は四代平戸藩主松浦鎮信に仕え、オランダ商館医から西洋外科学を学んだ(フレデリック・クレインス「オランダ商館長日記にみる西洋医術伝授」〈同編『日蘭関係史をよみとく 下巻』臨川書店、二〇一五年〉)。

(51) 安永三年(一七七四)二月十三日付の誠信の隠居願によると、誠信は痔と「足痛」を患っており、「河野仙寿院《本ノマヽ》・桂川甫衆《(ママ)》江内外の療治相頼、長々引入療養仕候得共、快無御座」という状況であった(松浦史料博物館所蔵

「御家世伝草稿」巻四五)。この隠居願が認められ、静山が家督を継承することになった。
(52) 「享和三年御日記」(「日記類」)。
(53) 松田前掲註(9)。
(54) 前掲註(11)拙稿「松浦静山のみた境界と「属地」」。
(55) 二月十五日と八月十五日。松平定信の庭園「浴恩園」における文人サロンについては、瀬戸口前掲註(3)。
(56) 前掲註(11)拙稿「松浦静山のみた「境界」と属地」。
(57) 「新増書目」「地理」の部には、「蝦夷」のほかに、「帝都宮苑」「国郡」「市」「城郭」「神社」「仏閣」「名勝山川」「海路」「風土記」「輿地図」「碑」「蝦夷」の計一二七点が収録されている。
(58) 「新増書目 内篇五」(松浦史料博物館所蔵)。傍線と中略は引用者による。この「蝦夷弓矢」は「蝦夷矢」(三本)として、「蝦夷弓」は「蝦夷弓」(一張)として、松浦史料博物館に所蔵されている。朝日新聞社編集・発行『平戸・松浦家名宝展図録』二〇〇〇年、一四七・一八六ページを参照。
(59) 静山を含む諸大名による「夷酋列像」の模写については、北海道博物館編『夷酋列像 蝦夷地イメージをめぐる人・物・世界』(「夷酋列像」展実行委員会、北海道新聞社、二〇一五年)。
(60) 「甲子夜話」巻八九(『甲子夜話6』、一四五ページ)。
(61) 詳細については、拙稿「近世初期対外関係の伝承とその利用―松浦静山の収集史料を中心に―」(荒野泰典編『近世日本の国際関係と言説』渓水社、二〇一七年)。
(62) 「新増書目 外篇二」(松浦史料博物館所蔵)。
(63) 松田清「書誌篇第二章 楽歳堂洋書と幕府天文台」(前掲松田註(9))。
(64) 内訳は医学書・軍事書などである。
(65) 「新増書目 外篇 蛮書」(松浦史料博物館所蔵)。傍線は引用者による。
(66) 書誌については、前掲註(9)松田書五八五～五九五ページ。
(67) 松浦伯爵家編修所編・発行『松浦詮伯伝一』(一九三〇年)、九六～一〇六ページ。

(68) 岩崎義則「幕末平戸藩における隠居の表助成について—松浦熈「亀岡随筆」の分析より」(『史淵』一四五号、二〇〇八年)。
(69) 「第五章 近世対外関係と「藩」意識」(前掲註(12)拙著)。
(70) 目録三冊、本編一三部八五冊の計八八冊からなる。内訳は「御神影之部」(一冊)、「神仏並寺々之部」(一九冊)、「当家之部」(二冊)、「寿像並碑銘之部」(四冊)、「実銀並武器之部」(八冊)、「由来由緒並奥向之部」(六冊)、「井戸之部」(一冊)、「趣意並申出之部」(一五冊)、「諸芸之部」(一二冊)、「梅谷津並地方筋之部」(三冊)、「江戸並他所之部」(二冊)、「雑記之部」(一一冊)、「拾遺」(一冊)である(松浦史料博物館編・発行『古文書類目録(旧平戸松浦家所蔵)』一九七一年による)。
(71) 三十六巻三項「蓮乗夫人昬雛の画乃懸物の事」、三十九巻六項「隠宅講釈之事」、三九巻七項「年忘れの日の事」の三項目である。
(72) 「亀岡随筆」三十六巻(松浦史料博物館所蔵)。傍線は引用者による。
(73) 「亀岡随筆」三十四巻(松浦史料博物館所蔵)。傍線・丸数字と中略は引用者による。
(74) 岩崎義則「幕末平戸藩の異国降伏祈願と平戸囃子」(九州史学研究会編『境界からみた内と外』岩田書院、二〇〇八年)。
(75) 岩崎前掲註(9)「史料紹介 昌平坂学問所献納金に関する松浦清(静山)の自筆書簡」。
(76) 「御用方日記」文化五年二月一日条(松浦史料博物館「御家世伝草稿」五八巻)。

松平定信明君像と「安民」＝勤王論の系譜

小関悠一郎

はじめに

本章では、人々の意識・思想という観点から、近世中後期の幕藩政治史を見通すための視角を見出そうという問題意識に立って、十八世紀末以降の幕藩政治改革の担い手たちに大きな影響を及ぼしたと考えられる松平定信の明君録・明君像を取り上げ、その論点を探ってみたい。

近世の明君録・明君像については、深谷克己の提起以降、近世前期から近代移行期に至るまでを対象として、研究が蓄積されてきている[1]。本章との関連では、十八世紀後半には士民のあるべき「風俗」や民衆に対する「教化」、幕末期にかけては「富国」や「富強」を実現した存在として「明君」の治世が描き出されるというように、明君像に時代の課題を反映した政治理念が盛り込まれていったことに着目したい[2]。こうした近現代にまで影響を及ぼし続ける理念の内実や浸透過程、その変容を解明することで、前述のような視角を見出すことにつながるのではないかと考えるからである[3]。

このことを踏まえて松平定信明君録・明君像を取り上げる際に注目されるのは、定信が白河藩主から幕府老中に任じられた十八世紀末における大政委任論の政治史上への浮上である。すなわち、藤田覚が指摘したように、天明八年（一七八八）に松平定信が将軍家斉への訓戒の中で天皇から将軍への大政委任論を表明し、ほぼ同時期に、伊勢貞丈・本居宣長・中井竹山・杉田玄白・藤田幽谷らが大政委任論あるいは尊皇論というべき考え方を表明しているのである(4)。こうして天明末年に現れた大政委任論は、幕末期にかけて徐々に天皇・朝廷の政治的浮上を支え朝幕関係の変化を生み出していったとされる。だが一方で、天明末年以降の大政委任論・尊王論の機能や浸透の回路、それらが「おもむろながら天皇・朝廷の政治的浮上を支え」ていく過程については、十分明らかでない点も少なくない。

本章では、こうした論点を意識しながら定信明君録・明君像の伝播やそれに関わる人的関係について取り上げ、十八世紀末から十九世紀初頭にかけての大政委任論・尊王論の機能や浸透の回路の一端を明らかにしたい。これは、本書の問題提起との関連で言えば、等身大の為政者が自らの考えを形づくる際に、いかなる理念にいかなる回路で触れえたかという点に関する考察である。

一、天明末年における松平定信明君像と大政委任論・尊王論

1．松平定信明君録について

白河藩主から幕府老中となり将軍家斉への訓戒書で大政委任論を表明したとされる松平定信は、当時から「明君」「賢君」として評価・期待されていたことが知られている。そうした評価の裏づけ・媒介となったものとして、巷間の噂話をはじめ、『国本論』や『求言録』といった定信本人の著作、藩主・老中としての教諭・触書などを想定することができ、それらは天明末年から広く流布していた(5)。本章で取り上げる明君録も、そう

した定信評価の裏づけ・媒介の一つとなったと想定できるものである。

では、定信が大政委任論を表明したとされる天明末年から文化初年（十九世紀初頭）にかけて、松平定信像を媒介したと想定される定信明君録にはどのようなものがあるのだろうか。白河藩主（世子）としての言行や教諭・触書を輯録して一定の分量とまとまりを備えた定信明君録としては、文化六年（一八〇九）成立の廣瀬政典（蒙齋）『羽林源公伝』が知られるが、それ以前に限って見ると、次の書物が主なものと見られる。すなわち、天明三年十一月から翌年正月にかけて白河藩における教諭や触書を輯録した『春の鶯』（天明四年頃成立ヵ）、幼少期から幕府老中就任後までの言行を記した『白川侯賢行録』（同八年跋）、同じく『白川流話』（同年頃成立、後述）である。[6] このうち、『春の鶯』については、『近世地方経済史料』第三巻に翻刻収録されてその内容を知ることができるが、後二者についてはこれまでほぼ紹介されてこなかった。そこで以下では、『白川流話』・『白川侯賢行録』について、特に大政委任論・尊王論との関係に着目して検討してみたい。

2. 『白川流話』の預かり論とその源流

『白川（河）流話』は、白河藩主在任時までの松平定信の言行についての逸話九話（全く同内容だが十一話に区分した写本もあり）を収めたもので、これまで作者・原本不明で、管見では写本として十五点が伝存している（二八〇～二八一ページの表参照）。その内容としては、田安徳川家時代の学問（逸話1）、白河藩世子時代の『求言録』執筆や非番時の研鑽奨励（2・3）にはじまり、白河初入部時の倹約（4）や家中子息への素読教授（5）、領内巡見の様子（6）、天明飢饉時の定信の言動（7・8）、定信の行列の道中での様子（9）を描き出すものとなっている。各逸話の内容年代は、定信が幕府老中に就任する前の天明年間までのものと判断されよう。

この『白川流話』の内容で一際注目されるのは、逸話8に記される定信の発言である。すなわち、飢饉年に

「御野行」に出た際、若い供の者に対して定信は、「天下の民ハ恭も／天子の御百姓を　将軍家御預り養ひ給ふ所を、諸大名其内を分け御預り」（後掲史料参照）という預かり論―大政委任論的な政治秩序像を示す挿話が含まれているからである。この点に関連して、将軍職に就いた徳川家斉に対して心構えを説いた「将軍家御心得十五ヶ条」（天明八年八月）において松平定信が「…六十余州ハ／禁廷より御預り被遊候御事ニ御座候得ハ仮初にも御自身の物と思召間敷御事…」、「皇天及ひ　禁廷への御勤、御先祖様方への御孝心…」と述べて大政委任論を説いたことは、藤田覚の所論によってよく知られている。[8]その一方で、「戊申録」と題され書物に仕立てられた写本も一部に見出されるものの（前註参照）、「将軍家御心得十五ヶ条」が当時の人々にどれほど知られていたかは定かでない。定信が白河藩領内に出した触書や幕臣に対して行った教諭の文章などが、様々な書物に収録されたり、それらの触書自体が書物として流布していったことは、各地に残された史料から明らかだと思われるが、それらと比べると、「将軍家御心得十五ヶ条」の伝播・流布は限定的なものだったようにも見えるのである。では、そうだとすればなぜ、『白川流話』に「将軍家御心得十五ヶ条」とほぼ趣旨を同じくする大政委任論的政治秩序像が盛り込まれているのだろうか。

『白川流話』の成立事情が問題となるわけだが、『白川流話』についてはこれまで、その伝播・受容はおろか、内容や成立事情・著者についてほとんど明らかにされてこなかった。ところが近年、『白川流話』の成立事情を明らかにする重要な史料が清水光明によって紹介された。清水は、幕府寛政改革の方向性に大きな影響を及ぼしたとされる中井竹山の『草茅危言』の成立過程を問う中で、天明八年に竹山が著した『天明盛事』三巻のうち、下巻に松平定信の逸話が列挙されていることに注目し、その内容を詳細に解明してみせたのである。[9]

ここで注目したいのは、清水が紹介した『天明盛事』下巻の構成・各逸話が、『白川流話』と同文・同内容

【表】『白河流話』写本一覧

	書名	年代・書写者	所蔵先	備考
1	白川流話		岡山大学池田家文庫	筆者未見。
2	白川流話		九州大学附属図書館	印記:「□習□蔵書之印記」「熊本上通二丁目書舗川口屋又次郎」。書き入れ:朱墨あり。
3	白川流話〔『白川政要録』〕		九州大学附属図書館	構成:「求龍説」/「恵政録」/「白川流話」/「新政談」
4	白川流話		東北大学狩野文庫	構成:「白川流話」/「三公金言録」(「白川公御在役中御達書写」/「肥後政要大略」/「黒田興雲公御財用定則」)。書き入れ:「白川流話」末尾に「南溟先生」の評語あり。奥書:「天保四癸巳年早夏上旬於浪華山上藤原秀澄写/同十二丑年早夏藤原良徳写之/嘉永二年己酉三月三日写於柳川城之寓居森氏　片山源/右は蜂須賀心随子可令謄写旨此筆余及竊墨矣　于時安政三辰年正月二十六日　禹白堂佛牛」
5	白川流話	寛政元年写	栗田元次旧蔵書	筆者未見。
6	白川流話	嘉永4年 巽齋主人写	茨城大学菅文庫	筆者未見。
7	白河流話(外題:白川流話)		柳川古文書館対山館文庫1-15(伝習館文庫)	構成:「白河流話序」(文化4年、牧園豬)/「白河流話」/「附録先々細川越中守様ゟ松平越後守様江被答御書翰之写」
8	白川流話		柳川古文書館対山館文庫1-16(伝習館文庫)	
9	白河流話	文化6年4月 菅野房永写	柳川古文書館安東家蔵書155(伝習館文庫)	構成:「白河流話序」(文化4年、牧園豬)/「白河流話」。書き入れ:朱字で頭注、圏点。表紙に署名。存欠:巻末一丁程度欠。
10	白河流話	安東守礼写	柳川古文書館安東家蔵書156(伝習館文庫)	
11	白川流話		秋月郷土館	筆者未見。

12	白川流話	天保5年6月 鎌原桐山写	真田宝物館	構成：「白川流話」(11話に区分)／「谷の鴬」。　書き入れ：朱字にて頭注。 奥書：「寛政維新之日、楽翁源公名震天下、農商徒卒、莫不称公之績者矣。白川流話、谷之鶯、二書、記公在白川時之政事也。夫白川政事、豈止此而已。蓋金井左源太、僅輯所聞也。竊惟所挙数件、固公之緒餘、何□以窺一斑、然而節倹之典、賑貸之恵、□設之宜、風化之速、可以概見焉。…／天保甲午六月、鎌原貫忠識于朝陽館南軒」
13	白川流話〔『薫猶録』巻之七十五〕	天保10年10月 中村直道写	早稲田大学図書館 イ曽4 775 45	奥書：「天保十己亥年冬十月廿日書写之畢／中村萬喜直衛／於本領(ママ)誤脱あり、他日善本を以て校合すへきものなり」。
14	白川流話(外題：白川流話/松平定信行状)		横山邦治氏蔵書(日本古典籍総合目録データベース画像公開)	
15	白川流話		熊本大学寄託永青文庫(4,5,150)	

だ、という事実である。つまり、『白川流話』は、何者かが『天明盛事』の上中巻を省き、下巻のみを「白川流話」と改題して、それを一冊の本に仕立てたものだったということになるのだ。『白川流話』の内容は、もともと、中井竹山が天明八年に著したものだったわけである。元々の内容が、定信とも直接面会し、その幕政を強く意識しつつ著した『草茅危言』で大政委任論的政治秩序像を提示した中井竹山によって書かれたのだとすれば、『白川流話』に天皇→将軍の預かり論(大政委任論)が盛り込まれているのも首肯されよう。

以上、『白川流話』という松平定信明君録は、定信に対する「明君」「賢君」評判が広がり、老中に就任した定信の幕政に対する知識層の期待と評価が高まると同時に、諸学者から大政委任論的枠組みを示す政治秩序像が説かれ始めた、天明末年の情勢・思潮をよく反映した明君録だったと言えよう。

3.『白川侯賢行録』の尊王論

このように見てきた時に注目されるのは、『白川流話』の他にも、天皇・朝廷を意識した政治秩序像を盛り込んで天明末年に成立した松平定信明君録が見出されるということである。関西大学図書館に収蔵される『白川侯賢行録』がそれである。同書は、定信の出自を紹介した上で、幼少期・世子時代に始まり白河藩主としての逸話、幕府老中就任後の言動および白河藩領内への触などを収めた明君録で、逸話については白河藩外の者による聞き書きの体裁を取り、触書も領民から入手したものとしている(10)。作者は未詳だが、末尾に本文の内容に沿った跋文＝「白川侯賢行録跋」が付されているから、ここで掲出しておこう。

書ニ曰、后克難ニ厥后一、臣克難ニ厥臣一、政乃入黎民敏レ徳と。故に君臣其身を慎ミ、其道を行ひ、其職を守る時ハ、国治り民安し。若シ其身を不レ慎、其職を不レ守時ハ、国乱て民苦む。唯治乱之分ハ其職を守ルと不レ守とに有。恭しく惟れバ、／東照神君、寛仁神武之徳ヲ以て参遠に勃興し給ひ、関原之役一挙して天下悉く徳風に靡しより、上ミ／天朝を尊敬し、下も列藩を撫し、万民を育したまひしより既ニ百八十有余年、／明主良臣承継て其道を行ひ、其職を守りて国家を補佐したもふニより、士農工商各其業を勉て怠らず、家々相親ミ、戸々胥ヒ養ふ。此ニおゐて文運大ニ開け、孝悌忠信之道日々ニ行ハれ、行ク者ハ路を譲り、老者ハ道路ニ負戴せす、皆太平之逸楽を享る事、何ぞ二帝三王之治ニ異成事あらんや。此ニ明和安永之頃ゟ姓田沼《テンシヤウ》成人、奸佞邪智を以て小臣より歴上り肆々執政之職ニ列せしゟ、苛政日々ニ施し横斂年々ニ増加し、奢侈放肆ニして高貴を蔑如し、卑賤を困しゟ、諸人上ミを恨ミ憤り、国家漸々乱れんとする之幾有て、上下皆薄氷を履の思ひをなせり。然ルニ徳廟之庶孫、田藩之公子　白川侯文武兼備之才を以て一たひ選挙せられたまひしか、横斂苛政一時ニ廃棄し、政事悉く古ニ復し、宗室を補佐し、諸侯を匡し、下を憐ミたもふ事、未タ暮年ならすして民心皆服帰し、ともニ公の恩沢ニ浴せり。…予やひとへニ只々仁徳を仰き慕ふ而已。往日麟之趾振しニ公子于嗟《アヽ》麟兮とハ、蓋シ　白川侯之謂歟。于時天明戊申ノ秋、琵琶湖東濱の隠士頓首再拝シテ筆を嘯ノ月楼中。

末尾の記述によれば、『白川侯賢行録』は、天明八年秋までに「琵琶湖東濱の隠士」によって著されたものである。ここで注目されるのは、東照神君＝徳川家康の「徳」に言及して、「上ミ／天朝を尊敬し、下も列藩を撫し、万民を育し」と述べていることであろう。朝廷から幕府への大政委任論ではないが、徳川家康以来、幕府が朝廷に対して「尊敬」の意を表しているという認識（朝幕関係観）が示されているのである。このような朝幕関係観（尊王論）については、『草茅危言』において大政委任論的政治秩序像を提示していた中井竹山が一貫して表明していたことが、清水光明によって指摘されている(11)。つまり、『白川侯賢行録』跋文においては、天明年間頃に議論が高まりつつあった尊王論・大政委任論のうち、前者の思潮に連なる認識が盛り込まれているのである。

この跋文でもう一つ注意しておきたいのは、こうして整えられた国家・政治秩序が「明和安永之頃より姓田《テン》沼《シャウ》成人」＝田沼意次政権による「苛政」「横斂」によって乱れた、との認識が表明されていることである（破線部）。具体的にどのようなことが「苛政」「横斂」として想定されているかは定かでないものの、松平定信の登場もそうした事態を正すものと受け止められていることが知られる。『白川侯賢行録』跋文の尊王論は、定信に対する評価とともに、田沼意次やその政権下での支配行政政策の風潮（「苛政」「横斂」）に対する批判と結びつけられて主張されたものだったのである。ここからは、天明末年において、（田沼政治を批判的に意識しつつ）

「苛政」「横斂」を掣肘する意味合いを持って説き出された尊王論が存在したことを指摘できよう。

4．熊本藩重臣有吉氏臣　中山市之進の勤王論

以上のように、天明末年頃には、松平定信と関連が深いものに限っても、これまで知られてきた『草茅危言』巻之一（寛政元年）や「将軍家御心得十五ヵ条」（天明八年）に加えて、『天明盛事』（＝『白川流話』、中井竹山、同年）・『白川侯賢行録』（同年）において、預かり論や尊王論が記述されるなど、大政委任論的政治秩序像が学者らを中心に打ち出されようとしていたことが知られる。ただし一方で、これらの論者は、本居宣長の御任論・藤田幽谷の尊王論も含めて、詳細不明の「琵湖東濱の隠士」を除けばいわゆる頂点的思想家ともいうべき学者にほぼ限られており、こうした尊王論が、同時期にどれほどの社会的影響を持ったのかは定かではない。論者の名を見れば、全く影響力を持たなかったとは考えにくいものの、その社会的影響については十分に検証されていないのが現状だろう。

こうした観点に立った時、非常に興味深い見解を示しているのが、肥後国熊本藩重臣有吉氏の臣（熊本藩における陪臣）中山市之進（昌礼・黙斎、一七六二〜一八一五）である。というのも中山は、熊本藩への上書（「策対」天明九年正月、細川家文書上書二一五）で、藩主の政治を「禁裡　公方家へ之御忠勤」だとする見解を述べているからである。そこでまず、この上書作成の経緯を示す冒頭の箇所を掲出しておこう。

唐大宗何以多得直言／国学生有吉立喜臣中山昌禮稽首百拝謹対曰、今度諸生中江右之　御問、作文仕、差出申候様、被　仰付候。御趣意乍恐奉考候処、去年　御入国以来、言路之一件ニ付而は度々被　仰出、御不審に被為　思召上候ニ付、此節右之　御問をも被　仰付候と奉存候。私事は　御先々代様御代より時習

館居寮被　仰付置、当時迄罷在申候。…対策之意に附益仕、彼是相考、愚意之趣左ニ申上候。

これによれば、天明八年六月に初入部した藩主細川斉茲が時習館の学生に対して、貞観の治で知られる唐の太宗（李世民）はなぜ多くの直言を得たか（実線部）と出題したのをうけて（二重線部）、先々代の藩主細川重賢に命じられて以来、時習館居寮生となっていた中山がこの上書を著したものである（破線部）。波線部の記述は、上書の奨励を意味していると見られるが、永青文庫には、天明末～寛政初年にかけて、いくつもの上書が残されており、[12] 中山の上書もそうした状況を背景に書かれたものと考えられる。

この「策対」で中山が論じているのは、以下の事柄である。①上書の経緯／②藩主の心得と役割／③家中の風俗の悪化／④家中の直言・存寄／⑤直言に対する藩主の態度／⑥世子の養育／⑦人材育成と学校／⑧藩役人・行政経費の増加／⑨民政（農政）の課題（免定、貧富と平均）／⑩結語。藩主の心構えから民政に至るまで、幅広く藩政を論じていることが示されているが、注目したいのは②の後半にあたる、以下の掲出箇所である。

…上ニも只今之　御心を不被為易、此上にも御性行を被為相励、道義之御講明有之、忠良之臣を重せられ、邪佞之人を遠けられ、倹約を専にせられ、奢侈を御さり被遊候へて、永久迄只今之通に被為在、益御徳儀ニ被遊御重候ハヽ、なとか古昔之明君に及せられさる事之可有之哉。左候ハヽ、御国中之民飢寒之患を免るのミならす、安楽に一生を過し可申候。ヶ様に相成申候ハヽ、如何様之御仁徳か是におよひ可申哉。是即、

禁裡

公方家へ之御忠勤、

御先祖様
御先代様江之御孝行と乍恐奉存上候。

波線部で藩主としてのあるべき姿が説かれているが、ここで注目されるのは、そうした藩主の「徳儀」がもたらす結果（実線部）とその意味づけ（二重線部）についての記述である。すなわち、中山は、藩主が「徳」を積むことで、古の「明君」にまさる治世が実現するとし、そうした「安民」（「民…安楽に一生を過し」）の実現が細川家先祖への「孝行」、「公方家」（将軍・幕府）への「忠勤」でもあると同時に、「禁裡」（天皇・朝廷）への「忠勤」だとする見解を表明しているのである。「安民」の責務を果たすことこそが「禁裡」への「忠勤」なのだという、いわば「安民」＝勤王論である。以上のことから、天明末年には、幕府の立場からの大政委任論・尊王論にとどまらず、大名の立場に立った「安民」＝勤王論が、相当の学識を備えた人物とは言え、一藩士（陪臣）クラスの武士にも広がりを見せつつあったと言えるのではないだろうか。加えて、中山が松平定信の人物と治世を一貫して高く評価すると同時に、天明八年の江戸遊学の際、大坂で中井竹山から定信に関する情報を詳細に聞き取っていることを踏まえれば[13]、中山の勤王論の源流は中井竹山・松平定信周辺にあった可能性があることを指摘できよう。

中山による定信評価に関連してもう一つ指摘しておきたいのは、田沼政治への言及である。さきの上書と同年（寛政元年）に熊本藩士斎藤権之助らに宛てた書簡（「漫録」[14]）で中山は、「一統近年迄江戸の御仕法、田沼侯取斗已来、利政多く御座候間、諸大名も下をしぼり金銀をたくわへ、…民足りて君たると申候事忘居申候様に成行被申候間、利政と申候事にくまれ…」と述べている。中山は、こうした田沼の「利政」に対して定信が「尊王賤覇、進賢遠讒、明賞厳罰、禁兼併制遊惰」という政治を行う一方、「勿論、白川侯御仕法も少しハ法術有之候様相見申候」と「尊王賤覇」の理念にはずれる「法術」を定信が時限的に採用していることも同書簡で指摘している。つまり中山は、法家的な統治方法を想起させる「法術」や「覇道」、田沼政治の「利政」を批判しつつ、一時的な「法術」を含むとしながらも定信による政治を儒学でいう「王道」に基づくものと見なして擁護しているのである。中山における「法術」「覇道」「利政」批判と「安民」＝勤王論との内在的な関連については十分明らかだとは言えないが、中山が田沼批判と勤王論とをほぼ同時に表明していることや、『白川侯賢行録』における尊王論・田沼批判を想起すれば、両者の結びつきを想定するのが妥当であると言えよう。

二、文化・文政期における大政委任論の受けとめ

1.『白川流話』の読者

前節までに天明末年における定信明君録と大政委任論的政治秩序像の広がりを検討してきたが、そのキーパーソンである中井竹山の右の秩序像は、定信の失脚とともに消え去ったとされている。[15] しかし、そうであるにもかかわらず、『白川流話』の現存写本一覧表（前掲）によって知られるように、竹山の政治秩序像が盛り込まれた『天明盛事』（下巻）は、『白川流話』と改題されて写本として伝播していくことになる。特に注目されるのは、天保期以前の比較的早い段階においても一定の伝播が見られた、と想定されることである（表の5・9の写本など）。文化年間にかけて『白川流話』を入手した人々はこの書をどのように読んだのだろうか。ここでは興味深い記述を含む9の写本を中心に検討してみよう。

9および10の写本『白河流話』は、柳川藩の安東家蔵書の一部として柳川古文書館に所蔵されているもので

ある。9は、文化六年四月、「菅野房永」（詳細不明）が、牧園豬（茅山）による序文（「白河流話序」）を含めて筆写したもの、10は筆写年代不詳だが安東守礼によって写されている。これら写本の旧蔵者である安東家は、初期の藩儒安東省庵以来代々の儒者として知られ、10の筆写者の安東守礼は省庵から五代後の安東節庵（一七八五～一八二五）のことである。節庵は、文政七年（一八二四）、初めて設立された藩校伝習館の教授となって学規・学則を制定した際、「宋儒の説を宗とすべき事」と規定したように、朱子学系の儒学者である。[16] また、序文を記した牧園茅山（一七六七～一八三六）は、寛政十年（一七九八）に柳川藩に招かれ、文政七年に安東節庵の下に伝習館の助教となった人物である。筆写者の菅野房永については未詳であるものの、この写本が柳川藩の儒学者らの学問的活動とネットワークの中で作成されたものであることは間違いない。

それでは彼らは、『白川流話』をどのように読んだのか。写本9から大政委任論に関する一節を掲げておこう。

其年の末の事にや、御野行の節、とある山際に農夫体の者何やらん掘りて居たるを御覧して、あれハ何事をかあの処にハするらんと仰られけるを、御供に侍る若き者あれハ、百姓にてそ候わめと申けれハ、其方共の口よりして百姓とハそも何事そ。我等ハ
公儀より御百姓を御預り申上養ふ役なり。我等の民にてハなし。凡天下の民ハ恭も
天子の御百姓を　将軍家御預り養ひ給ふ所を、諸大名其内を分け御預り申上けて　将軍家の御手伝を申上るなり。我等も其内少々御預り申上、大切ニ養ふて、何とそ飢させす寒へさせぬ様にと心懸るなり。去に依て
公儀御役人衆も取扱ひ皆御百姓といふて百姓とハいわす。御百姓共、自らよりも御百姓とそ云。農夫ハ国

の本ゆへに、古の言葉にも御宝とハ云なり。凡百姓といわん者ハ、諸侯伯さへはゞかり有事なり。然るを其方等か口よりして百姓とハ何事そや。左様に我物ヶ間鋪さけしむる心より民を虐け聚斂して乱国の始興すなり。仮初の言葉なから以後を慎むへしと仰られけるを、其間近かりけれハ其者御言葉を承りて落涙しけるとなり。然共其者農夫にてハなし。其辺の寺に使ハる、男なりけるか、飢饉の料にところといふ物を掘りたるなりけり。其者の咄の由承りしとよ。

この写本で目を引くことの一つは、朱で書き込まれた頭注・圏点で、頭注・本文の文字は筆跡から見て同一人の手によるものと判断される。すなわち、この写本に付された頭注・圏点は、文化六年四月に筆写した菅野房永自身の手になるものであり、この時期に『白河流話』がどのように読まれたかを知る重要な手掛かりとなるものなのである。

そこでまず、前掲史料の最初の実線部分の上段に付された頭注を見てみると、そこには「敬上」「典言」「西山義公後、為此言者唯一侯而已」「恵下」とある。菅野房永は松平定信が述べたという朝廷↓幕府↓藩への百姓預かり論を「敬上」すなわち朝廷への尊敬を示すものとみて「典言」として高く評価していることがわかる。さらに注目されるのは、「西山義公」（徳川光圀）以降で、そうした預かり論を表明したのは松平定信が唯一の人物だと認識していることである。徳川光圀がこれと全く同じ委任論を表明していたものかここで検討する準備は無いが、菅野房永（及びその関係者）の知る限り、光圀以後、大政委任論を表明した幕藩の為政者は皆無であり、逸話に見られる定信の大政委任論表明は画期的なこととして高く評価されているのである。加えて、菅野が『白河流話』に接することではじめて、定信＝大政委任論者だと認識したことは、同書に定信の発言として大政委任論的政治秩序像が提示されたことによって、大政委任論の受容が促されたことを示しており、注目されよう。

さらに、前掲史料には傍線が付してあるが、その実線部分は「◎」、破線部分は「○」が付されていることを示している。右の大政委任論の箇所に「◎」が付されていることは、菅野がこの部分を重要な内容だと見ていることを示すものと判断される。そのように見た場合に注意したいのは、大政委任論（預かり論）のみならず、「農夫ハ国の本」「民を虐け聚斂して乱国の始興す」にも「◎」が付されていることである。さきに、田沼政権・諸大名による諸政策を「聚斂」「苛政」「横斂」「利政」（「民をしぼり」）として批判的に見る動きと、天子（天皇）からの預かり論や「安民」＝勤王論との天明末年段階での結びつきを指摘したが、文化初年にあっても、「安民」＝勤王論によって「聚斂」の政治を戒めるという論理が、明君録という書物を通して、一部の藩士層に説得的なものとして受け入れられていたことが理解されよう。

このように見た時に注目されるのは、写本7・9に付された牧園茅山の序文である。以下写本7によって掲出しておこう。

白河流話序　／　此小冊子、紀㆓白河侯事㆒数條、始㆓於在㆑家而卒於治一国、其入相㆓幕府㆒、治㆓天下㆒不㆑与焉、其所㆑載、皆平生躬行、節倹正直、忠信恭敬、寛裕仁恕、慈愛恵和等諸懿徳、而不㆔毫渉於権譎変詐、富国強兵之術㆒。…政教自㆓誠意正心㆒、至㆓于治国平天下㆒以為㆓効致之次序㆒、而委曲杜㆓好㆑利之害㆒、良不㆑誣矣周末戦国聖道岐、而諸子富国強兵之説興焉、王侯大人覩以為㆑便争用㆑之、厺㆑道日遠、是以争乱相尋、孟子憂㆑之、…。近世好㆑事者又祖㆓述其説㆒、更㆓張其術㆒、奉㆓経済第一誼㆒、黜㆓聖教㆒、為㆓腐陣㆒、夫厭㆓平常㆒、好㆔新奇㆒、厺㆓正路㆒、就㆓邪径㆒、世人之通病也。…　文化四年丁卯二月　柳川儒員牧園豬謹序（返り点は原文のママ）

牧園は、「白河侯」松平定信の「平生躬行、節倹正直、忠信恭敬、寛裕仁恕、慈愛恵和等」の徳に基づいた「政教」を称える一方で、当時の「富国強兵之説」に論及してそれを次のように批判する。すなわち、「周末戦国」に「聖道」から分岐して興った「富国強兵之説」は、「利を好」み「経済第一誼」を旨として、「腐陣」「新奇」「邪径」を志向するもので、「聖人の言」や「古」に背くものであると。（幕藩国家の）経済的な利益を第一義とし、「富国強兵之説」を祖述し、「（権譎変詐、）富国強兵之術」を盛んに考案して、奇計や不正、詐術に走る、「近世好レ事者」が、容認できない批判の対象とされているのである。以上から、当時の柳川藩の儒学者らが、具体的な内容は定かではないものの、「聚斂」や「利政」批判を強く意識していたことが知られよう。菅野房永による圏点は、そうした「聚斂」批判が重んじられる論調の中で、「安民」要求の根拠として預かり論・勤王論が受容されたことを示しているといえよう。

2．大政委任論・尊王論の受けとめ―佐倉藩士向藤左衛門上書における勤王論―

では、こうした「安民」＝勤王論が、実際の政治意見に取り込まれることはあったのだろうか。この点を考える上で興味深い事例として、下総国佐倉藩年寄として同藩文政改革を主導した向藤左衛門（一七八〇～一八二六）を取り上げてみよう。

佐倉藩文政改革は、藩の借財が二十二、三万両に及んだと言われる財政問題を主な背景に、三割法、歩引法、蔵元制度の改革、分限相応の衣食住や音信贈答吉凶などの詳細な規定、農村対策など、財政支出・藩士の俸禄給付・年貢納入・借財返済猶予などに関する抜本的な改革を実施しようとしたものである。藩主正愛の意を受けてこの改革を構想・実施したのが向藤左衛門（之益・謙卿）である。向は、江戸や京都で諸藩の執政や学者と交わり「「経世済民」に目ざめ」、「実際問題として学んだことは肥後細川家、出羽上杉家の如く、諸藩の寛政改革」と言われるように、[17] 学問的営為を背景として、先行する改革やその理念を学び、改革構想を練り上げたのである。そうした向の構想が克明に記されているのが、文政四年（一八二一）前後にいくつも残された向藤左衛門上書である。注目されるのは、そのうちの一つに含まれている次のような一節である。[18]

国を富す事ハ第一国を治むる本ニ而、国富ねハ財用不足ニ相成申候。依之国を富さんとして年貢取箇を厳鋪取立候時ハ、民百姓年々に労れ行、年貢難出時に至リ、不得止事破免用捨米等遣候様ニ成行候故、年貢取箇厳敷取立候者、一旦国ハ富候様なれとも、無間も国を疲らすに至候。依之国を富すの本ハ民百姓を富すより起リ申候。…古より天子も御自身国中を行幸被遊候て、耕作之様子民百姓の貧富之有様を御覧有て、下々迄も御仁政被行届候様ニ御心を被尽候。将軍家にても御巡見御鷹野御鹿狩等ニ而御自身御覧被遊、諸大名方ニも同様御自身御心を被尽候故、民を養ひ国を富す事ハ天子江の御奉公に御座候故也。然るに世下り風俗薄く相成、民百姓養ひかた、国を富す趣法ハ、代官手代の小身者に打任せ置、銘々己々の勝手の能様に名目之御為に可相成筋を以勤功を立、民をかすめ労し、御為とハ申せとも名目斗ニ而、実の御為にハ不相成、己々の勝手に利得之巧を尽し候間、民百姓も是に習て面々賄賂音信之餌を以、代官手代を釣出し欺き…

ここで向は、「国を富す事」（富国）こそが治国の根本だとし、そのためには年貢の厳しい取立ではなく、「民百姓を富す」こと（民富）が肝要であることを主張する。こうした「富国」論が、幕藩国家の経済的な利益を第一義とする「富国強兵」論者の「富国」論と異なるものであることは明らかだろう。それは、代官手代らが

「御為」と称して自らの「利得」のために「民をかすめ労し」ており、それが「年貢取箇厳敷取立」につながっているとして厳しく批判していることにもよく表れている。向は「御為」（・「富国」）と「民百姓を富す」こととは相即的であると同時に、後者が優先的な政治課題であることを強調し、役人の私欲に基づく支配行政（「己々の勝手に利得之巧」）、幕藩国家の利益確保を第一義とする支配のあり方を批判するのである。

注目されるのは、こうした主張を補強する論理として勤王論への言及がなされていることである。古代の「天子」の「行幸」、（当代の）「将軍家」による「御巡見御鷹野御鹿狩等」に言及して、（将軍・）大名が「民を養ひ国を富す事ハ天子江の御奉公」だと述べているのである。さらに向は、「風俗厚く国富民栄る」ことが「国を治る第一」と改めて述べた上で、その方策の一つとして、田畑山林の質入の制限を挙げ、その根拠として「天子より御預之土地ニ候間、自分之勝手を以質入可申筋ニも無之…」とも述べている。農村支配の現実に向き合う中でこのように王土論を持ち出しているのは注目すべき見解であると言えよう。そして、こうした王土論をも伴いながら、民百姓の生活・経営の安定を実現する政治＝「天子」に対する「奉公」（勤王）だとして、民百姓への「仁政」を求める見解は、「安民」を「禁裡」への「忠勤」とした中山市之進や『白川流話』の原著者である中井竹山らとも共通する見解だと見ることができよう。

そこで次に問題となるのは、こうした共通性が偶然の産物なのか内的なつながりを持つものだったのか、という点である。この点でまず注目されるのは、佐倉藩と中井竹山の関係である。すなわち、天明七年に藩主堀田正順が大坂城代となった際、中井竹山に入門してその後も交流を継続し、さらに正順は、竹山と関係の深かった菱川賓（通称右門、字大観、号秦嶺）を召し抱え、菱川は寛政四年（一七九二）に設立された佐倉藩学問所温故堂の初代教授に任じられたのである。

こうした経緯の中で注目されるのは、菱川が中井竹山にとどまらず、尾藤二洲と大坂で交わり懇意だったこと、彼らの間で「正名」「称謂」に関する議論が行われていたことである。寛政年間頃から盛んになったと言われる「正名」「称謂」に関する議論とは、名称・ものの呼び方、とりわけ日本固有の国郡や官職、姓名などの事物の名称を漢詩文の中で表現する場合の言い換えをめぐる議論である。[19] 議論の盛行については例えば、「塾子輩と間話して晷《ひ》を銷《け》す。偶《たま》たま語の当今の事体に及ぶ有り」とあるように（尾藤二洲『称謂私言』序文）、寛政異学の禁を推進し、柴野栗山・古賀精里とならんで寛政三博士と呼ばれた昌平坂学問所儒者・朱子学者として知られる尾藤二洲の塾においても、「苟《かりそ》めにすべから」（二洲序文）ざるものとして議論されていた。

　こうした「正名」「称謂」をめぐる議論で興味深いのは、官職などの名称に関する考察を通じて、天皇・朝廷と、将軍・幕府との関係も問題となり、天皇を頂点とする「名分」秩序の中に幕藩秩序を位置づけようとする、後期水戸学のごとき国家観の浸透につながるとされていることである（梅澤前掲論文）。事実、本書で二洲は、「世儒名分を知らず。皇家を謂ひて共主と為す者有り。皇家は是、大府の恭事する所なり。天子の尊きことは万古不易、豈に之を共主と謂ふべけんや」と述べ、天皇家（皇家・天子）に将軍家（大府）が「恭事する」ものとし、「大府は総国の主にして尊きこと天子に亜《つ》ぐ。政令四海に行わるるも天子の冊命《さくめい》による」とも述べて、幕府・将軍が政権を担っていることの根拠を天皇の任命に求めているのである。

　こうした内容を持つ『称謂私言』や『正名緒言』は、菱川賓の子で佐倉藩儒だった菱川在（通称宗助、字士崇、号月山、在は名、一七六九―一八一六）によって刊行されたのだが（それぞれ文化八年、同六年）、刊行の際に校訂にあたったのが、今井謙方・吉見頼寛・中条直養・出野清道らの佐倉藩士と向之益（藤左衛門）なのである。[20] すなわち、向藤左衛門は、菱川賓らとの交流を通して、中井竹山・菱川秦嶺（賓）・尾藤二洲らによって盛んに論じられていた「正名」「称謂」をめぐる議論に直接的に触れていたのである。これが向藤左衛門の上書内容と全く無関係だと考えるのは困難だろう。

向藤左衛門が文政四年の段階で佐倉藩政改革の根幹となる上書において、「安民」＝勤王論に基づく立論をした背景には、天明末年以来、中井竹山を中心に説き出された大政委任論・尊王論と深く関連する「正名」「称謂」をめぐる議論があったのだと言えよう。

おわりに

本章で触れてきた大政委任論や尊王論と言えば、十八世紀末以降の朝幕関係の変化、あるいは後期水戸学や尊王攘夷思想が想起される場合が多いだろう。しかし、ここまでの検討から浮かび上がるのは、それらとは異なる問題意識に基づく勤王論が天明末年頃に登場してきたという事実である。すなわち、大名を念頭にその「安民」の責務を果たすことが「禁裡」への「忠勤」あるいは「天子」への「奉公」だとする「安民」＝勤王論が、十八世紀末から十九世紀初頭にかけて一部の藩士クラスの武士の間に広がりを見せつつあったのである。

このような勤王論は、ひとまず、「天(道)」→将軍→大名という預かり論によって「安民」の責務を説く「幕藩制的天道委任論」[21]の変化形と見ることができるのではないだろうか。それは、『白川流話』(中井竹山)や中山市之進・向藤左衛門らがともに(「天(道)」にかえて)「天子」からの預かりや「禁裡」への「忠勤」「奉公」を、「安民」の責務を主張する文脈で説いていることに示されていよう。

こうした変容を促す契機となったのが、十八世紀後半における幕藩の「御益」「国益」追求策[22]とその弊害に対する批判の高まりであったと見ることができる。田沼政権(・諸大名)による政治・政策を、「聚斂」「苛政」「横斂」「利政」などとして強く批判する中で、天子(天皇)からの預かり論や「安民」＝勤王論が持ち出されていたことは、そのことをよく示していると言えよう。為政者層の一部は、「安民」＝勤王論によって、幕藩の経済的利益追求策や年貢等の厳しい取り立てを掣肘し、「仁政」的秩序の立て直しを図ろうとしたと見ることもできよう。その際に、「天（道）」ではなく「天子」や「禁裡」が持ち出された一つの要因として、大坂（あるいは江戸）を中心とする儒学者らの議論と人的ネットワークの存在を見出すことができよう。

以上のような動向が天保期以降の政治・思想の展開にどのようにつながるのかという点や、松平定信明君録・明君像の総体的な把握をはじめ、本章での考察には多くの課題が残されている。今後、十八〜十九世紀にかけての政治史・思想史を描き出すために、多様な角度から検証を積み重ねていく必要があることを指摘して結びとしたい。

註

（1）深谷克己『偃武の政治文化』（校倉書房、二〇〇九年）参照。また、若尾政希「享保〜天明期の社会と文化」（大石学編『享保改革と社会変容』吉川弘文館、二〇〇三年）、小川和也『牧民の思想』（平凡社、二〇〇八年）、椿田有希子『近世近代移行期の政治文化』（校倉書房、二〇一四年）、小関悠一郎『〈明君〉の近世』（吉川弘文館、二〇一二年）等。

（2）小関悠一郎「細川重賢明君録からみえる熊本藩政改革」（稲葉継陽・今村直樹編『日本近世の領国地域社会』吉川弘文館、二〇一五年）、同「明君像の形成と「仁政」的秩序意識の変容」（『歴史学研究』九三七、二〇一五年）等。

（3）なお、本章で取り上げる松平定信については、見城悌治「近代日本における「偉人」松平定信の表象」（『千葉大学留学生センター紀要』三、一九九七年）がある。本章では展開できないが、近世中後期の明君録・明君像が近代における表象といかに連続・断絶しているかといった点も今後の重要な検討課題となろう。

（4）以下も含め、藤田覚『江戸時代の天皇』（講談社、二〇一一年）ほか一連の研究による。また、清水光明「政治情報と献策」（『論集きんせい』三六、二〇一四年）、三ツ松誠「「みよさし」論の再検討」（『十八世紀日本の政治と外交』山川出版社、二〇一〇年）参照。なお、次の引用は、藤田前掲書二六九ページ。

（5）岡山藩士湯浅明善『天明大政録』（『日本経済叢書』巻十四所収）は、天明末～寛政初年にかけて、湯浅がこれらの情報・記録を広く収集して編んだものであるといえよう。

（6）これらの書物は異なる書名で目録に記載されている場合があり注意を要する。例えば、『白川国政』（筑波大学ウ000-155、天明七年写）は『春の鶯』と同内容、『白川政要録』（九州大学附属図書館 Kj 18-M-23）は「白川流話」「恵政録（＝春の鶯）」（および「求龍説」「新政談（松平越中守様御家中へ被仰渡候御書附写）」）から構成されている。また、定信明君録と呼べる書物は指摘した三書にとどまらないと思われるが、定信明君録の全体像の把握については今後の課題として指摘するにとどめたい。

（7）この用語については、清水前掲「政治情報と献策」を参考とした。

（8）藤田覚『松平定信』（中央公論社、一九九一年）ほか。なお、『楽翁公伝』には、「声色を御遠ざけ、御飲食を節せられ…無疆の壽を御保ち遊ばされ、永く天下を御治め遊ばされ候御事、／皇天及び　禁廷江の御勤、御先祖様方への御孝心…」と記載されているが、この心得箇条書の写しと見られる「戊申録」（筑波大学図書館蔵）の記載はこれと異なる。すなわち、「皇天…」の記述は「一、声色を御遠ざけ…」の箇条には含まれておらず、「一、万事被仰出候儀、被仰付候儀、御身のうへに思召かへさせられ、人情御考被遊候上、御決断可被遊御事」に続けて、「皇天及ひ　禁廷への御勤、御先祖様方への御孝心…」の文章が記述されている。

（9）清水前掲論文。

（10）本文中に「謹案、此一段、或人告る佊を書記しけれ共…後日白川家人ニ就て正さまく欲するのミ…」（箇条末尾に一段下げて記述）、卯年十月の触書末尾に「右は白川御領分中へ御触之由、在方より持写取候也」といった記述が見られる。本文内容については、他の定信明君録と重複する可能性も想定しつつ今後精査する必要がある。

（11）清水前掲論文参照。

（12）小関前掲「細川重賢明君録からみえる熊本藩政改革」参照。
（13）清水前掲論文参照。なお、熊本藩士宛の書簡として著されたこれらの史料は、編纂書の一部や書物の形をとって熊本県立図書館等に複数にわたって写しが存在する。
（14）宮村典太編『雑撰録』巻五（熊本県立図書館蔵）所収。
（15）清水前掲論文。
（16）笠井助治『近世藩校に於ける学統学派の研究』下（吉川弘文館、一九七〇年）。
（17）木村礎・杉本敏夫編『譜代藩政の展開と明治維新—下総佐倉藩』（文雅堂銀行研究社、一九六三年）。
（18）「向藤左衛門上書　一」（堀田家文書Ｄ二四、『成田市史』近世編史料集一所収、引用箇所は文政四年の上書）。なお、向藤左衛門の上書については、小関悠一郎「佐倉藩政改革とその思想」（『佐倉市史研究』二八、二〇一五年）参照。
（19）梅澤秀夫「称謂と正名」（『日本近世史論叢』下巻、吉川弘文館、一九八四年）。
（20）小関悠一郎「尾藤二洲『称謂私言』写本」（『佐倉市史研究』三一、二〇一八年）。
（21）宮澤誠一「幕藩制イデオロギーの成立と構造」（『歴史学研究』別冊、一九七三年）、若尾政希「「天道」と幕藩制秩序」（玉懸博之編『日本思想史 その普遍と特殊』ぺりかん社、一九九七年）等。
（22）藤田覚『田沼時代』（吉川弘文館、二〇一二年）等。

藩主と蘭学——田原藩主三宅康直と家老渡辺崋山を中心に——

矢森小映子

はじめに

「蘭学」とは、江戸時代における西洋学術および西洋事情の研究である。西洋諸国の中で、江戸時代を通じて日本と交流があったのはオランダだけであったから、その知識は主にオランダ語を通して受容された。幕末期以降はオランダ以外の西洋諸国との交渉も始まったため、英語やフランス語などを通して受容された西洋学術全般を含めて「洋学」という名称が用いられることも多い。

この蘭学と関わった藩主としては、いわゆる「蘭癖大名」や幕末の「有志大名」の事例がよく知られている。例えば「蘭癖大名」では、オランダ商館長ティツィングと交わり『泰西輿地図説』を著した福知山藩主朽木昌綱や、『蘭語訳撰』を刊行した中津藩主奥平昌高らが有名である。また「有志大名」としては、幕末に蘭学を導入して西洋式軍事科学や医学の面で成果を挙げた鹿児島藩主島津斉彬、佐賀藩主鍋島直正らが挙げられる。

このような藩主たちの事例は、これまで蘭学史研究や幕末史研究の中で言及されることが多かった。その研究視角は主に三つある。

第一に、藩主たちの蘭学を当時の政治社会状況の象徴として、或いは関連付けて捉えようとする視角である。例えばオランダ好きの蘭癖大名の事例は、田沼時代の日蘭関係の緩和や都市の富裕・生活の向上といった社会状況の象徴として紹介され、有志大名の登場は、幕末の危機的な対外情勢への対応として説明される[1]。第二に、その内容や成果について論じる視角である。彼等自身の学術的業績や学者としての質の高さのほか[2]、彼等が推進した藩の文化事業や軍制・教育改革の成果、そしてその過程において発揮された藩主の開明性や指導力を中心に論じられてきた[3]。第三に、蘭書貸借や海外情報をめぐる藩主同士のネットワークに注目した研究があり、近年着実な成果が蓄積されている[4]。

これらの先行研究は、藩主がいかに蘭学を研究し、奨励したのかを具体的に明らかにし、その歴史的意味を解明してきた。だが藩主の蘭学に関わる成果や個性、ネットワークだけに焦点を当ててしまうと、彼らが「藩主」としてどのように生きていたのか、という等身大の藩主像や、近世社会において藩主や蘭学がいかなる存在だったのかという歴史的特質が見えにくくなってしまう。近年の思想史研究においては、藩主の思想を多様な学問の連関・影響関係や、藩内外の政治・文化状況の中で捉えようとする試みがなされている[5]。これらの成果に学び、藩主と蘭学との関わりも、藩政全体の動向や人間関係、藩内外の政治・文化状況の中で具体的に分析する必要があるだろう。また藩主がいかに蘭学を研究したのかという問題とともに、藩主が蘭学を通して藩士たちとどのように関わったのか、という視角も、歴史的特質を浮かび上がらせるための重要な手がかりになると考える。

以上の先行研究と問題意識を踏まえ、本稿では、田原藩十一代藩主三宅康直と家老渡辺崋山の事例をとりあげたい。

田原藩は、三河国渥美半島の中央部に田原周辺の二十か村余の農漁村を領有した譜代小藩である。寛文四年

（一六六四）、三河国挙母藩から三宅康勝が一万二千石で入封し、二十四か村を領有した。三宅氏は康勝の後、廃藩まで十二代二〇八年間続き、代々家康の康字を拝領した譜代名家の城持大名である。一万石級でも城持大名であり、知行高に比して藩士数が多く、藩地が海に突出した痩地で台風塩害も多いため、常に財政窮乏に苦しめられていた。[6]

三宅康直は姫路藩十五万石の藩主酒井忠実の六男で、文政十年（一八二七）、十七歳の時に持参金目当てで田原藩に迎えられた養子藩主である。そして康直に仕えた田原藩士の一人に、渡辺崋山がいた。

渡辺崋山は通称を登といい、寛政五年（一七九三）に江戸で生まれた。天保八年（一八三七）時点で百石、役料二十石であるが、[7]大幅な引米がなされている。渡辺家は田原藩にあって年寄役（家老）に任じられる家の一つである。[8]崋山は定府（江戸詰）の藩士として、若い頃より鷹見星皐・佐藤一斎・松崎慊堂らに儒学を学んだ。天保三年（一八三二）より年寄役として藩政に携わる一方、蘭学に関心を深めて研究し、また画家としても活躍した人物である。

崋山は主君康直について様々な記録を残しているが、その評価は非常に厳しいものである。次に掲げるのは、天保二年康直宛諫状である。

其三ツ之御くせと申ハ、一ツにハ御性急、二ツには御我まま、三ツニハ御見目ニ御座候。（中略）乍恐三ツの御くせヲ寛仁勇之三ツニ御かへ被遊候得バ、御病気も忽御平癒被遊、細かなる事ニ御心被為付候御才気も其ノ御智恵と相成、但御病気御平癒のミにあらず、真ノ明君と可被為成、万事万端但《タダ》寛仁勇之三字御不足より生レ候、御病御くせと奉存候。[9]

病と称して藩主の務めを果たさない康直に対し、崋山は「御性急」「御我まま」「御見目（見栄っ張り）」という三つの短所を指摘し、それらを改めて「真ノ明君」となるよう求めている。

また崋山の日記「全楽堂日録」には、「とかく御不快之御気色にや、御役願また御めしつかひの侍婢など多く御たくハへ被遊候半との事、まためし上りし品々田原ハなすばかりにて、一向御安からぬ公事有、かかることにしあれば、田原へハ帰らざりしなど、いと御むつかしきこと共仰こされたり」という康直の「御暴政」（天保三年〈一八三二〉八月三日）や、我儘な側室探しで家老が困り果てている様子（同四年〈一八三三〉二月十九日）が記されている[10]。大藩で苦労なく育った康直は、わがままや贅沢で家臣を困らせ、困窮する藩財政や領民・藩士たちの苦労を顧みず幕府の役職を望んで度々崋山から厳しい諫言を受けた。そのため先行研究において、康直の人間像は、「あほう大名」「生来おろかな人物ではなかったが〔中略〕苦労知らずのわがまま育ち[11]」など、非常に低い評価のもとに描かれてきた。

だが注意したいのは、その根拠となる史料を残した崋山は、もともと康直を養子に迎えることに断固反対していたという点である。藩主康直の人間像を明らかにするためには、崋山の史料だけでなく、藩日記などの周辺史料や康直自身の史料も併せ見る必要がある。なお田原藩政の基本史料としては、田原市博物館所蔵の『御用方日記』『御玄関置帳』がある。前者は年寄の次に位し、藩務・会計などの実務に当たる用人が記録し、後者は本丸玄関に出勤して、警衛・受付・送迎に当たる玄関当番の給人が記録したものである[12]。

また崋山は家老でありながら世界情勢や西洋軍事科学に関心を持ち、蘭学を研究した。崋山は西洋流砲術や兵学研究の成果を藩に導入することを目指していたが、藩主である康直は、蘭学にそれほど関心はなかったようだ。崋山が康直に西洋製の顕微鏡を献上し、「洋制之精且詳君大驚、試以糠粃《コウヒ》中小蠢見之如蟹、是又一奇也」と大いに驚かせた記録（「全楽堂日録」天保二年〈一八三一〉九月十八日条）はあるが、康直が蘭学に対する特別な興味や熱意を示した様子はない。そんな康直や他の藩士たちにとって、崋山らの蘭学研究はいかなる意味をもったのだろうか。

さらに崋山は、蘭学研究によって対外的危機意識を募らせ、幕政を批判して蛮社の獄の弾圧を受けることになる。その時康直や藩士たちは、藩を揺るがすこの危機に一体どのように対応したのか。本稿ではその過程を、藩内外の政治社会状況や関係性の中で動態的に捉えていく。そしてその事例を通して、藩主の人間像や、藩主と藩士の関係性のありようを具体的に明らかにし、天保期の小藩・田原藩にとって蘭学がどのような意味をもったのかを考察したい。

一、三宅康直と藩士の関係

1．継嗣問題をめぐる藩内対立

崋山ら田原藩士は、「外」から来た新藩主・康直との関係をどのように築いていったのだろうか。

そもそも康直を姫路藩酒井家から迎えるにあたり、藩内の意見は対立していた。文政十年（一八二七）に病死した十代藩主三宅康明には子がなく、本来なら康明の異母弟である友信を末期養子として継がせるべきだった。だが当時田原藩は深刻な財政危機に瀕していたため、持参金目当てに姫路藩十五万石の領主酒井忠実の六男を迎えることが計画される。前述のように、この計画に断固反対し友信を藩主にするよう主張していたのが、渡辺崋山とその同志である真木定前らであった。その理由としては、児島高徳以来の名家をほこる三宅家の血統を残そうとする大義名分のほかに、渡辺家が代々側近として近侍し、崋山もまた幼い頃より伽役をつとめ側近に侍してきた藩主一家に対する「なみなみならぬ親近感」「人間的な愛情」があったことが指摘されている[13]。だが藩財政打開を重視した藩首脳部により、強引に康直が藩主にたてられた[14]。

一方友信は隠居格となって巣鴨下屋敷に入り、崋山は側用人中小姓に昇格して友信の附も兼ねることとなる。崋山は天保三年(一八三二)に年寄役に進んだ際も、同時に友信御用向を命ぜられており、崋山と友信の結びつきはますます強まった。この継嗣問題の対立構造は、その後の藩政や藩主康直との関係にも影響を及ぼすことになる。

さて、継嗣争いに敗れた崋山がまず取り組んだのは、三宅家の血統を残すための「復統」問題だった。崋山は康直に進言し、天保三年(一八三二)に友信の男子仁《しん》太郎を康直の女子銈子と婚約させ、康直の養嗣子とすることに成功したのである。

実はこの件について、崋山はあらかじめ康直の実家である姫路藩の家老・河合隼之助(道臣・寸翁)より諒解をとりつけていた。蛮社の獄の際に松崎慊堂が上申した「崋山赦免建白書」(田原市博物館所蔵)によれば、姫路藩家老の河合隼之助は「初ハ不承知ニ御坐候得ども、登(筆者注 崋山)が忠誠を感じ」て承知し、このことが復統の成功につながったという。なお河合隼之助は、危機に瀕した姫路藩の財政を一連の経済政策によって建て直し、「天下の三助」などと称された名家老である[15]。

河合は日頃から田原藩の財政に関わる相談を受けるなど、田原藩政に深く関わっていた。姫路藩出入りの御用達商人を紹介したり、文政十三年(一八三〇)に田原藩が日光祭礼奉行を仰せつけられた際には、費用の半金の調達を助けている[16]。姫路藩家老・河合隼之助の田原藩に対する影響力は強く、だからこそ事前に河合の諒解をとりつけることによって、崋山は復統問題を有利に進めることができたのである。

2．奏者番内願問題への対応

康直は藩政や領民より幕府の役職に関心を持っており、やがて幕府奏者番の役職に就くことを望むようになる。奏者番は譜代大名の中から選ばれ、幕政に参与するための登竜門とも言える役職である。だがその就任には多額の運動費が必要になるため、崋山はこの就任願いに徹底的に反対した。

天保四年（一八三三）二月十五日、田原に帰国していた崋山は、奏者番内願について康直に厳しく諫言している。その様子は、崋山の日記「全楽堂日録」に詳しい。

崋山は、康直が兄弟である他藩主たちとの競争心から奏者番を望み、困窮する家来百姓について一言も述べないのは「いかにや」と問いかけた。不機嫌になる康直に対し、崋山は防風（セリ科の多年草）の根のないものを取り出し、康直にこれを自ら植え育てるように申し上げ、「根」の大切さを説いている。根がなければ草は育つことができない。それは天下に仕える諸侯も同じ理である。諸侯にとっての「根」とは「国」（藩）である。「天下」（公儀）の役職を望むなら、まず藩の領民を安んずるようにという崋山の言葉に、康直も「御けしきよく」納得したという。

なお奏者番内願については、「さき立て鈴木、川澄、佐藤等へも此御思召を仰出されたれど、ただ臣ひとりにハ御遠慮〔わが〕ままをも仰られがたきやう」だったという。鈴木弥太夫ら他の年寄には既に康直から話が通っていたが、崋山にだけは遠慮して言い出し難かったという点は、康直と崋山、そして他の家老たちとの関係を考えるうえで興味深い。

なお、崋山がこのように理詰めで諫言した背景には、実は姫路藩家老・河合隼之助のアドバイスがあった。次に掲げるのは、崋山の日記「全楽堂日録」の天保四年（一八三三）一月二十一日条である。この時崋山は、康直の待つ田原に帰国するにあたり、河合を訪ねた。

河合隼之助を訪ひ別を告ぐ。隼之助云、君侯御癇癖被為入候得ば、必人情をもて遇すべからず、ただ理のある所を以て動さるべしといふ。

「君侯」（康直）の性格をよく知る河合は、康直の癇癖には「人情」ではなく「理」をもってあたるようにと忠告し、崋山はその言葉を日記に書きとめた。そしてこの忠告は、帰国後すぐに奏者番内願問題への対応で生かされ、効力を発揮したのである。

3．財政問題と参勤延期をめぐる駆け引き

慢性的な財政難に苦しむ田原藩は、持参金目当てに康直を藩主に迎えた。だが相次ぐ火災や文政十二年（一八三〇）に命ぜられた日光祭礼奉行の出費のために、藩財政はますます窮迫していく。破局に瀕した藩財政の改革は緊急の課題となっていたが、これをめぐって藩内は分裂していた。

藩首脳部の守旧派の藩士たちは、厳倹令と引米制によって支出を抑えるという消極的な施策に終始していた。特に文政十三年（一八三〇）七月の大厳倹令は、三か年に限り、田原在国の家中は上下すべて二人扶持（ほかに麦、松葉は今まで通り支給）とし、江戸在府の家中は、年寄七人扶持、用人六人扶持、給人五人扶持、徒士三人半扶持、足軽三人扶持、部屋住一人半扶持とする過酷なものであった。このような厳しい引米制による藩士の生活窮乏は、結果として家中の道義頽廃を招いた。また高利貸商人に財政整理を依頼し、請負制を採用したために、藩政の実権が商人の手に帰するという事態も起こっている。[17]

一方江戸詰の渡辺崋山や用人真木定前ら改革派の藩士たちは、家中の風儀を立て直すために人材登用・藩校成章館の振興などの養才教化政策を打ち出すとともに、殖産政策で積極的な収入源を拡大することによって、藩財政の再建をはかろうとしていた[18]。

崋山は天保三年(一八三二)に江戸詰の年寄役末席に進むと、藩政改革に向けた様々な政策を打ち出していく。なおこの時期、筆頭国家老の地位にあったのが鈴木弥太夫である。弥太夫は、崋山の史料や藩日記の記述から、当時藩内守旧派の中心人物であったと見られている[19]。

まず天保四年(一八三三)十二月、新法として格高分合制を翌年より五か年、実験的に実施することが決まった。これは人材登用の道を開くため、崋山が創案したもので、職務を等級別に分類し(格高制)、これに勤功、徳芸、家格を勘案し、またその年の豊凶によって俸禄を決める制度である。従来の家格を下回る場合は、減俸された分の十分の一、ないし二十分の一を特に下付する(分合法)。従来の家格に応じた職制および給与体系の改革だった[20]。

また農学者大蔵永常を、天保五年(一八三四)に田原藩興産方として召し抱え、殖産政策に取り組ませた。田原藩にとって、初の本格的な殖産政策の試みだった。

しかし人材登用や殖産政策による財政再建には時間がかかり、崋山の改革は順調には進まなかった。早くも天保六年(一八三五)十一月には、財政難を理由に格高制は廃止され、文政十三年(一八三〇)の厳倹法が復活する。

さらに天保七年(一八三六)冬から同八年(一八三七)頃にかけて天保大飢饉が深刻化し、天保七年(一八三六)九月には、同じ三河国で加茂一揆も起こるなど、田原藩にとって危機的な非常事態が続いた。そのため天保七年(一八三六)十二月二十九日には、厳倹法がもう一年延長されている。上下すべて二人扶持という過酷な厳倹令により国許の中小姓らは経済的に追い詰められ、天保八年（一八三七）には藩首脳部に対し集団で拝借金を要求するという異例の事態も発生している[21]。

この非常事態の中で、藩主康直もまた不満を募らせていた。この時期田原藩は、天保大飢饉と財政困窮を理由に、三回の参勤延期（滞邑）願を幕府に提出した。だが参勤の延期は、国許での暮らしを嫌う康直にとって、「御不快」「兎角御在城之事御厭被遊候御様子[22]」だったという。

次に掲げるのは、天保八年（一八三七）十月二十二日付の藩主三宅康直宛崋山書簡である。この書簡で、崋山は「御勝手御領民之ため」春までの参勤延期を求めている。「江戸と違ひ山林寂莫之中万事御不自由」と国許を嫌がる藩主に、あらゆる言葉で諫言を加えているが、注目したいのは、この部分である。

一、右之通ハ私共も心附不申候処、源太左衛門先頃咄ニて、再度之荒にてハ直ニ御滞邑と申事ハ出来不申哉との事ニ付、半助引退取調候処、御同席中右様之事ハ出来不申旨ニ付、秋田様御例にて、春中迄之方ニ申談ジ、且寸翁出立前半助及示談候処、是又可然旨申聞候。右之義等何も大手様[23]御役人之存念ニ随ひ候筋ニは無之候得共、何事も心切に被申談被呉、且御一家同様ニ心配致候事故、是迄とても有益不一通、依之此段申上置候[24]。

そもそもこの参勤延期願の件は、「私共」（田原藩家老）の発案ではなく、姫路藩の江戸年寄役松下源太左衛門の「先頃咄」や、姫路藩家老「寸翁」（河合隼之助）との「示談」が背景にあったと述べている。何も姫路藩役人の考えに従う筋はないが、河合らの助言は「心切」、親身な「心配」からのものであり、これまでも非常に有益であったとしている。崋山は康直の実家・姫路藩の家老たちの言葉を借りて、康直を動かそうとした。

そしてこの諫言は受け入れられ、当冬中から春までの三回目の延期が決まるのである。

4．藩士たちの対立構造と康直

藩財政方針をめぐる、江戸詰家老渡辺崋山ら改革派と筆頭国家老鈴木弥太夫ら守旧派の対立は、継嗣問題や奏者番内願問題とも絡み合って展開していた。これらの施策における崋山の方針に弥太夫がことごとく反発していたことは、崋山失脚後の藩政を見れば明らかである。蛮社の獄によって崋山が失脚すると、それまで崋山と対立していた鈴木弥太夫らが藩政を取り仕切るようになる。弥太夫はすぐさま大蔵永常を解雇して殖産政策を中止し、格高制を廃止した。さらに崋山の自殺後には、康直は望み通り奏者番に就任し、復統問題も再燃する。康直は友信の子である仙太郎を廃し、実子屯《たむろ》を田原藩主に就けようと考えるようになるのである。かつて崋山と同志であった真木定前は度々諫言を行なうが、康直が聞こうとしなかったため、ついに弘化元年（一八四四）九月、定前は諫死した。藩当局はこれを病死として処理したが、康直は自らの不徳で忠臣を失ったことを悔い、仙太郎世嗣の誓約を守ることになる。そして康直自ら「忠臣真木定前墓」の墓碑銘を書き、三宅家の菩提寺に葬ったという[25]。なおこの直後の十月八日に、鈴木弥太夫が庄屋蔵米の不正払い下げに関わったという罪で免職させられ、十二月十一日に蟄居を命じられている点は興味深い[26]。

このように弥太夫ら守旧派の藩士たちは、藩政の様々な問題において、崋山の方針と対立し、藩主康直の希望と利益を優先する方針をとっていた。

一方継嗣問題で康直反対派だった崋山は、新藩主となった康直に度々厳しい諫言を行なったが、康直が崋山を遠ざけることはなかった。藩内を二分した継嗣争いを経て他藩から藩主に迎えられた康直は、友信派の藩士たちの抵抗を抑えるため、友信を隠居格として優遇し、崋山を友信の側につける一方で自らの近くにも置いた。[27] 崋山は友信、そして友信派の藩士たちと康直をつなぐ重要な存在であったと考えられる。さらに崋山は江戸詰の利点を生かして康直実家の姫路藩家老・河合隼之助らと接触し、その力を借りて康直を動かしている。崋山は外から迎えた藩主との関係を築くために、藩主の実家を最大限に利用していたと言えよう。

二、崋山の蘭学研究と田原藩政

1. 崋山の蘭学研究と西洋流兵学の採用計画

崋山の蘭学研究は当初趣味的な好奇心から始まり、天保二年(一八三一)の小関三英との出会いを契機として、天保六年(一八三五)頃には世界地理への関心や藩レベルでの軍事科学導入への意図が見られるようになる。[28] 本章では、銃陣・砲術などの西洋流兵学を田原藩に採用しようとした崋山の意図やその経緯、そしてそれらの試みが田原藩に及ぼした影響を考察してみたい。

ただし蘭学を研究したと言っても、藩務や画作で多忙な崋山は、オランダ語を読むことができなかった。そこで蘭学者の小関三英や高野長英らと蘭書を読み合わせ、議論し合いながらその意味を読み取るという研究スタイルをとることになる。[29] さらにその成果は崋山の積極的な講釈によって、風流書画のネットワーク上の人々や儒者・幕臣・他藩の藩士などへも発信されている。[30] 崋山の蘭学研究は人との関わりの中で進められ、展開していった。[31]

田原藩においても、蘭学ネットワークは形成された。その中心に引き入れられたのが、隠居格の三宅友信である。友信は崋山の勧めにより、高野長英・小関三英や田原藩医鈴木春山[32](蘭方医)のもとでオランダ語を学び蘭学を研究した。さらに友信の近習をつとめた田原藩士村上定平(33)もまた、友信の影響を受けて西洋兵学に心を向けるようになる(34)。定平はのちに田原藩に高島流砲術を導入する中心的存在となっていく。

友信は『崋山先生略伝補』（田原市博物館所蔵）の中で、次のように語っている。

僕ノ阿蘭書典ヲ弄蔵スルモ亦先生ノ勧奨スルモノニシテ、毎歳春長崎ノ訳官阿蘭使節ノ貢物ヲ江戸ニ献ズ。爾時必ズ阿蘭国書ヲ齎来レバ、（中略）僕ヲシテ資ヲ傾ケテ購ハシメ、一室蘭書充棟ニ及ベリ。故ヲ以テ僕ノ愚昧西典ノ端ヲ窺ヒ得ルモ、皆先生ノ庇蔭ナリ。

隠居格の友信には、藩からの潤沢な手当があった。それを資金にして友信は多くの蘭書を購入し、崋山の蘭学研究に貢献したのである。

では崋山らは西洋流兵学をどのように田原藩に採用しようとしたのか。その計画の一端を、天保七年（一八三六）真木定前宛崋山書簡からうかがうことができる。

一、操練は今一度本間《ホンマ》にヤり候方可然候。

一、バンヨネット二挺、此間一挺五両と申上候処、書付参受取参候処、二挺にて弐拾両也。然るに右テッポーや道具皆此方へ参り、其地へは筒《ツツ》計に付、ドウセ不被遣候而は間に合不申、其上操練の仕様《シヨウ》誠以奇々妙々、人数凡拾弐人入申候。先三人にて習はせ候積也。一間マへ拾弐人立に御座候。手ワザ尤《モットモ》妙也。年来の望相遂げ申候。イヅレ大稽古は殿様御出府ならでは出来不申候。然処久松と申長崎年寄此度参候間、是又ケイコ致させ候積、人無之、先武四郎へ申付、其外は選人仕候積、テッポー書も追々集り、御下屋敷にては翻訳相成候。

半助ドノ定平両人へ皆伝の調《シラベ》に御座候。日本第一の武家と相成候積に御座候。隊将の書も手に入候。コレハ拾四五両も追々御出し無之候ては翻訳とも出来不申、半助殿へ御相談思召有之早く出来申候。モシ思召あれども又御勝手の案事ものに付御見合なれば、そろそろ手を掛け可申候。水府《スィフ》の新本《シンポン》二冊とも写取申候。テッポー製造迄くはしく有之候。いづれ半助どの定平両人を目当に御座候。江川様度々御出にて其術を御問合にはこまり申候。(35)

この書簡から、「バンヨネット（バヨネット）」と呼ばれる銃剣を購入し、「テッポー書」（鉄砲製造書か）を友信の住む田原藩巣鴨下屋敷に集め翻訳するなどして、西洋流銃陣を田原藩の操練へ導入しようと計画していたことが分かる。崋山らは蘭学研究の成果を、現実の田原藩政に生かそうと考えていたのであり、「日本第一の武家と相成候積」という言葉からも、その意気込みが伝わってくる。また水戸藩購入本は既に写し取るなど、藩を超えたネットワークが機能していることも分かる。幕府代官江川英龍からも度々その術について問合せが来ているという。

このような蘭学研究と田原藩への採用計画は、隠居格・三宅友信を巻き込むことによって初めて可能になったと考えられる。友信の存在は、翻訳研究の場所（巣鴨下屋敷）や蘭書購入等の資金を提供するパトロンとしての役割のみならず、藩の抵抗勢力(36)を抑えるためにも重要だった。そして藩内外のネットワークの中で展開された崋山の蘭学研究は、次第に「蘭学ニテ大施主(37)」という崋山の評判を高めることになる。

2．田原藩への影響

崋山らは西洋流兵学の採用を目指し、蘭学研究に取り組んだ。しかしながらその研究成果は、当時藩の軍制にはほとんど反映されなかった。たしかに田原藩は天保期、旧式な内容ではあるが「海岸手当之事」などの海防策を定め、火術試射や大砲・甲冑陣具を用いた操練を行なっている。だがいずれも荻野流砲術であり、西洋流は導入されていない。田中弘之の指摘したように、天保三年（一八三二）に始まる田原藩の海防問題への取り組みは、幕府からの代助郷回避を目的とした政略的なものであり、天保八〜九年（一八三七〜三八）に繰り返し行なわれた火術試射を含む操練も、天保大飢饉と三河加茂一揆を受け、藩内における一揆の発生を牽制する目的であったと考えられる[38]。田原藩では村上定平が天保十二年（一八四一）から高島秋帆の西洋流砲術を学び、天保十四年（一八四三）にようやく高島流西洋砲術を正式に採用している[39]。

しかし、崋山らが蘭学、特に西洋流兵学を研究し、飢饉時も海防のための操練に取組んでいるという評判は田原藩に意外な恩恵をもたらした。

天保十年（一八三九）三月十八日付田原藩士真木定前宛崋山書簡には、次のように書かれている。

古来無之大凶却而幸ひと相成、先ハ大礼ヲまぬがれ、操練ヲ致御褒詞ヲ頂キ、上金《アゲキン》ヲまぬがれ候のミならず、御褒詞にて他家様と一例をまぬがれ、御詰年に大坂御加番、公儀御首尾上々、御代替り之始メほめられ候もの、鍋島侯・遠山侯次ニ三宅侯、諸侯之御手本也。操練もチト串戯《カンギ》なれども、両三日已前浜町之牧野様より御相談有之（中略）私方へハ大藤堂様より窺書キ借リニ来、雲州様も同様。水府様にても、来年あたりハ今一度御国ニ被為入候。三宅すら願済候間、操練甲冑御願被成度旨、松延玄定と申ものより問合有之

候。右之通小藩之風ヲ大国へ移スと申もの、名目人聞にて実ニ復シ不申候而ハ、扨々吹毛求疵にて候間、
能々御戦兢《センキョウ》可被下候。(40)

天保九年（一八三八）、田原藩は飢饉時に一人の餓死者も出さず、また飢饉の際も（旧式の「チト串戯」であっても）操練を行なったことが評価され、幕府から褒詞を受け、上納金を免れたり大坂加番に任ぜられるなど、(41)「公儀御首尾上々」であると述べている。田原藩は小藩だが、将軍代替りの際には肥前佐賀藩主鍋島直正らに次いで「ほめられ」た「諸侯之御手本」であり、操練も笠間藩・津藩・松江藩・水戸藩から問合せがくるほどであると語っている。実際、水戸藩主徳川斉昭はその書簡において、「三宅土佐守（筆者注　康直）義小大名にハ候へ共」として、田原藩海防の評判を書き、「扨々外々にハよき家老（同　崋山）有之浦山敷事に候」と書いている。(42)

一般的に、諸藩が海防問題に取組むようになるのは、崋山没後、アヘン戦争における清の敗北が伝わり全国的に対外的危機意識が高まってからのことであり、弘化・嘉永期以降に活発化する。(43)この時期の崋山らの西洋流兵学採用計画は、全国的にも早い試みであった。画家で江戸詰家老である崋山が、そのネットワークを駆使して展開した蘭学研究は、田原藩においては隠居格友信を巻き込んで進められ、蘭書を収集し村上定平ら藩内の人材を発掘・養成することに成功した。だが、そもそも助郷回避や一揆抑制といった意味合いの強い田原藩の海防政策において、崋山らの西洋流兵学導入の意図やその研究成果はほとんど生かされなかった。

だが崋山らが厳しい藩政状況の中でも熱心に西洋流兵学を研究しているという噂は、ネットワークを通じて他藩や幕臣にも広まった。一万二千石の小藩である田原藩に、水戸藩など大藩が教えを乞いに来るほどであったという。このように他藩から注目され、また幕府から褒詞を受けることは、田原藩士や「御見目」（見栄っ

張り)の康直を喜ばせたと思われる。さらに上納金免除や大坂加番就役など、藩財政に貢献する成果にもつながった。このように田原藩と家老崋山が幕府や諸藩から注目を集めていく中で、蛮社の獄が起こるのである。

三、蛮社の獄と康直

1.研究史と史料

天保十年(一八三九)五月十四日、崋山は幕吏によって逮捕され、揚屋入りを命ぜられた。いわゆる「蛮社の獄」の始まりである。蘭学により世界情勢への理解を深めた崋山は、天保九年(一八三八)十月、モリソン号事件に対する幕府の対応を批判して『慎機論』を執筆するなど、国家的危機意識を募らせていた。さらに天保十年(一八三九)、江川英龍の依頼で、幕府に上申するために江戸湾防備についての私案『諸国建地草図』と外国事情に関する論説を執筆した。これらの著作における幕政批判の文言が問題視され、崋山は在所蟄居の判決を受けることになる。

蛮社の獄において、崋山を助けようとする救援運動が展開されたことはよく知られている。その運動の中心となったのが、崋山の画弟子・椿椿山であった。椿山の『麹町一件日録』(田原市博物館所蔵)は、崋山逮捕の翌日である五月十五日から六月十七日まで、崋山救援運動の様子を詳細に記録しており、当時の状況を知るための基礎史料となっている。この史料には、崋山救援に奔走したメンバーとして、崋山の親類や藩の同志たちのほか、画弟子や書画仲間など多くの人々の名前が挙がっている。[44]だが田原藩主康直については、前半に少し名前が出る程度である。そのため先行研究においても、蛮社の獄における康直の行動はほとんど注目されず、

「信頼していた家老の不慮の事件に狼狽して、救済のために動くけれども、じきに飽きてしまって、獄中の崋山の運命を見捨てて大坂へ出立した。」[45]と考えられてきた。だが田原藩主としての康直の行動や意図は、康直個人の感情や江戸の政治社会状況だけでなく、田原藩内部の動向も踏まえて捉えていく必要があるのではないだろうか。

田原市博物館が所蔵する田原藩日記の史料群の中に、天保十年(一八三九)の江戸日記は存在しない。また現存する『御用方日記』や『御玄関置帳』は、江戸から届いた書状をもとに国許で書かれているため、その情報は限られている。そこで本稿では、『天保十己亥四月早参府日記下書』(田原市博物館所蔵。以下『下書』)を活用したい。これは内容や形式から、当時江戸にいた三宅康直が書いたものと推定される。この史料を『麹町一件日録』や他の周辺史料と併せ見ると、当時の康直や田原藩の動向がより鮮明に浮かび上がってくる。

これまで本稿では、田原藩政が当時どのような状況にあり、藩士たちがそれぞれの立場から新藩主・康直との関係をどのように築いたのかを明らかにしてきた。また崋山の蘭学研究が田原藩にもたらした影響についても考察した。それらを踏まえたうえで、蛮社の獄における康直の行動がどのような意図からなされ、いかなる意味を持ったのかを検討してみたい。

2. 蛮社の獄への対応―崋山救援運動の経緯―

崋山が逮捕された翌日、巣鴨下屋敷に住む隠居格・三宅友信の使者として松岡逢吉が椿椿山を訪ねてきた。以下、特に断りのない限り『麹町一件日録』より引用する。

巣鴨詰松岡逢吉来、御隠居様より御使之由、右一件ニ付可然手続等も有之間敷哉御頼。

椿山に何か救出の手段はないかと頼んでいる。同日、崋山の画友で水戸藩士の立原杏所は椿山に三つの方策を提案した。

主人申候ハ①田原侯自身、当屋形江御出、家老鵜殿平七江御面談被成、家来登義ハ国政も相任せ置、且御法度之宗門之者ニハ無御座候間、中納言様より御声掛御願被成候方可然、又ハ②中山備前守迄、文通か使者ニて右口上書御添御頼入被成候歟、又ハ③巣鴨御隠居より右口上書を以、拙者迄御申越有之候か、何レニて取計候方ト被申候ニ付、宜相頼深夜帰宅。

①「田原侯」(三宅康直)自ら水戸藩邸に赴いて家老鵜殿平七へ面談し、「家来登」(崋山)は国政を任されていたほどの人物であり御法度の宗門でもないからと、「中納言様」(徳川斉昭)よりの御声掛りを願い出るか、または②水戸藩家老中山備前守まで文通か使者で右の内容の口上書を添えて頼むか、③「巣鴨御隠居」(三宅友信)より右の内容の口上書をもって「拙者」(杏所)まで申越すか、いずれにて取り計らうとのことであった。

一方『下書』によれば、康直は四月から江戸に参府していたが、この日は「病疾」として登城しなかった。『下書』には、「渡辺登(筆者注　崋山)昨夕召捕ラレ」と簡潔に書かれている。

さて、杏所の提案した三か条は、早速翌日早朝に松岡を通じて友信に伝わった。

一、早朝巣鴨松岡逢吉へ至、立原申聞候三ヶ条申候所、御隠居様へ即申上甚御喜之由、只今より御上屋敷へ其段被仰贈候間、宜相頼との事、又立原へ罷越右之義呉々頼帰宅の所へ逢吉相越、只今上屋敷江使者勤候処、即刻田原侯水府江御出之趣故、万事手続御頼被成との事、即立原へ文通ニて、田原公御出之義中遣手続厚頼遣ス。

喜んだ友信がすぐに松岡を上屋敷に遣わしてこの件を伝えたところ、康直はこれを引き受け、「即刻」康直自ら水戸藩邸に赴くので万事手続きを頼むとのことだった。椿山はすぐに杏所へ書状でその旨を伝え、手続きを依頼した。康直はその日のうちに水戸屋敷に向かったが、事はうまく運ばなかったようだ。

平蔵来、昨夜田原公へ罷出候処、君侯水府江御出以前、八木仙右衛門立原へ出候処、御対客、御家老鵜殿事非番之由、外之仁差出候迚、名前被申聞候。立帰り途中君侯へ申上候処、又々立原より使来、御口上書無之而ハ不宜ト案文来。右文言之内、無実之罪と申事有之、依之未御否も相定り不申、無実とも難申疑惑出来、主人ハ帰館被致、仙右衛門又立原へ罷越、今日ハ差控可申旨断置候由。

杏所は対客中で家老鵜殿は非番などの手違いがあり、また口上書案文の文言の問題が見つかったために、結局康直はとりやめて帰館してしまった。以後『麹町一件日録』には、側用人八木仙右衛門による水戸藩との交渉が続くが、口上書の文言の問題などで難航している様子が書かれている。

ところで五月十七日の田原藩邸の様子について、儒者清水礫洲の随筆『ありやなしやの補』（静嘉堂文庫所蔵）の中に、興味深い記録が残されている。礫洲は兵学者清水赤城の長子で、赤城は崋山の推挙で三宅家へも出入りしていた。その礫洲が、この日午前中に三宅家へ見舞に行った父から聞いた話として、次のように書いている。

家翁も心配なされ、午前に三宅家へ見舞ニ参られたり。一藩実に思寄らざる事ニて、一向ニ訳わからず、なにか聞込たることもあらバ、知らせ玉へと、役人はじめ、反て家翁ニ頼ミたりしハ、可笑。

藩士たちは思いもよらぬ事件に、一向に訳が分からない状況だったという。見舞に行って逆に情報を求められたことを「可笑」と書いている。このような藩士たちの混乱状態の中で、いち早く情報を集め、救援に動いたのが隠居格友信と藩主康直だった。

さて、水戸藩との交渉が続く中、『下書』には五月十五日から二十日まで一切記録がない。そして二十一日、康直は再び病と称して登城しなかった。五月二十二日には、江戸から蛮社の獄の一報が国許の田原に届いたことが、『御用方日記』に見えている。書状の日付は五月十六日とあるから、逮捕の二日後に情報を集めて書いたものであろう。この件は、翌二十三日に御用部屋列座に伝えられた。『御玄関置帳』によれば、その際次のような申聞かせがなされている。

一、御物頭衆被申聞候ハ、御用部屋江御呼出御達御坐候ハ、去ル十四日渡辺登殿御不審之筋有之旨ニ而、町御奉行所江御呼出、其上上り屋入被仰付候。右ニ付上甚御心痛被遊候間、御家中一統相心得、右之一条彼是評ばん仕間敷候。家内等江も申付決而彼是評議仕間敷候。ケ様之時節ニ而ハ御穏密等入込可申、彼是評ばん致咄ハ逐々間違も可有之者ニ候得は、間違之筋若公辺江相聞へ候而ハ不宜候間、能々相心得可申旨御達有之候旨之事。右ニ付、御機嫌伺之義被相伺候処、未其義ニも不及旨御沙汰御坐候旨之事。右廻状差出候事。

時節柄隠密等が紛れ込み、間違った情報が「公辺」に伝わることを怖れ、「彼是評ばん仕間敷候」と何度も注意を促している。同じ三河の吉田藩士柴田善伸は、同月二十九日の日記に、崋山逮捕の情報とともに「田原禄半知にも可成」という噂が伝えられたことを書いている。(46) 藩にも何らかの処分が科される可能性は十分あり、幕府の動きに神経を尖らせている国許の様子がうかがえる。

一方江戸では、高野長英の出頭が伝えられる中、田原藩主康直が水戸藩家老鵜殿のもとに赴いて口上にて頼み入れる手筈がようやく整った。『麹町一件日録』五月二十四日条には次のように書かれている。

一、立原へ至（中略）八木も落合、明日田原公鵜殿迄御出、御口上にて御頼入可有之手続弥取極候由。（中略）

一、傳より文通、立原蓼村江頼置候一条荒増申遣、八木江も文通頼、右は此度之挙、君公御自身御乗廻、

その他
崋山逮捕、御吟味揚屋入り。
小関三英自殺。【ありやなしや】午前に田原藩邸にて、藩士から情報を求められる／椿山からの情報。立原杏所を頼み水戸斉昭のとりなしを願おうと、友信と相談し康直の口書を椿山が持参するつもりだったが少々間違あり。
高野長英自首。
【ありやなしや】小関三英が一昨朝自殺したことを知る。岡部家門へ他人は入れず。
【ありやなしや】高野長英自訴の情報。
【ありやなしや】田原藩の崋山を憎む者が讒言したという姫路藩の風説。

【表】 蛮社の獄における田原藩の動向

日付	椿椿山『麹町一件日録』	田原藩日記
5月14日		
5月15日	三宅友信が崋山救出の手段を依頼／一木平蔵らが水戸藩士立原杏所へ相談に行き椿山に3つの案を報告。	【下】康直「病疾」により出仕せず／「私曰渡辺登昨夕召捕ラレ」。
5月16日	早朝立原案を伝えた所、友信は甚だ喜び上屋敷へ伝える／康直は水戸屋敷へ参る故万事手続を頼むとの事、椿山はすぐに立原へ書簡で手続を頼む。	
5月17日	一木平蔵からの報告。昨日田原藩主康直と側用人の八木仙右衛門が水戸屋敷に赴いたが、行き違いや文言の不備のためとりやめ／夜八木仙右衛門が来る。明日立原と内談とのこと。	
5月18日	八木仙右衛門来る。水府様への口上書の文言について只今より立原と相談とのこと。	
5月19日	立原より書簡。仙右衛門は不見識の人物故埒明かずとのこと。また水戸藩士仁杉八右衛門の返書を見せる。仁杉は仙右衛門との面談を立原に頼まれるが迷惑と断る。	
5月20日	立原へ仁杉の手紙を返す。	
5月21日	高野長英自首・入牢の情報／八木に立原から聞いた仁杉断一条を申遣す。	【下】康直「病疾気」により出仕せず。
5月22日		【用】国許へ蛮社の獄一報（5月16日付状）。
5月23日	仙右衛門今日立原へ参候由。	【用】蛮社の獄について御用部屋列座へ申渡し。【玄】同上。また時節柄隠密などへの警戒・注意。
5月24日	明日康直が水戸藩家老鵜殿まで御出、口上にて頼入れる手続をいよいよ取り決める由／立原杏所の案。康直自ら、実家の姫路公へ頼んではどうか。	
5月25日		【下】対客／姫路藩上屋敷へ帰国の暇乞／水戸藩邸で鵜殿平七と密談（渡辺登一件）。
5月26日	高久靄厓より小関三英自殺の情報／姫路藩儒より佐藤一斎へ口利きを申入れる策。	
5月27日		【下】康直「痔疾」のため出仕せず。

姫路公あたりへ御頼有之候はば可宜旨立原咄候趣、内々申遣。

さらに立原杏所からの新たな提案として、康直自ら、実家の姫路公へ頼むという策が、崋山の義父で田原藩士の和田傳を経由して椿山に伝えられている。

不思議なことに、この後の康直の動きは『麹町一件日録』には記されていない。だが『下書』によれば、康直による救援運動はまだ続いている。ここからは『下書』に拠りながら康直の動きを追ってみよう。

五月二十五日、康直は対客後帰宅し、昼後再び出宅する。

一、昼後、昨夕より調ノ通り九ツ時供揃申付出宅、一寸大手へ明暁在所へ発足ニ付、暇乞参り、夫より兼而

【柴田善伸日記】「田原禄半知」の風説。
【崋山書簡】自らの嫌疑が藩主に及ぶことを懸念。転封を憂慮。
【崋山書簡】藩主の安危に関わる場合の用心として、旗本新見か「おえよ様」に頼ることを指示。
【崋山書簡】藩主の安危に関わる場合の用心として、宮様との交渉を指示。
崋山、在所蟄居の申渡し。

5月28日		【下】康直「痔疾」のため出仕せず。
5月29日		
6月		
6月1日		【下】登城／姫路藩上屋敷へ立ち寄り、皆右ヱ門へ面会密談※以後病欠の記録なく対客・登城記事続く。
6月11日		【下】大坂加番誓詞／真田信濃守へ内談(登一条ニ付大坂出立之処)。
6月12日		【下】昨日真田と登一件内談し、今日姫路藩上屋敷へ参り松下不快のため、本多、茂手木と面会内談して頼み帰る。
6月16日		【下】登城／色々談向多。
6月27日		
7月1日		【下】登城／真田信濃と密談(向方より登の事)。
7月21日		【下】【用】【玄】康直、大坂加番で江戸発。
7月22日		【用】【玄】鈴木弥太夫、田原へ立帰り。
8月3日		【用】【玄】康直、大坂着。
8月11日		【用】4日付江戸状着。渡辺登留守中、巣鴨様、若殿様御附を当分石川三蔵へ仰付。
8月13日		
12月18日		
12月19日		【用】大蔵永常解雇。弥太夫宅にて村奉行立合のもと申渡し。
12月24日		【玄】【用】崋山在所蟄居・ただし康直差扣には及ばずとの沙汰(12/20)、国許に伝わる。／【玄】弥太夫より家中一統へ申聞せ。来年より10か年の厳倹、当暮の上金など。

【用】『御用方日記』／【玄】『御玄関置帳』／【下】『早参府日記下書』

打合置候通、水戸殿へ参り、朦中見舞申述、夫より側用人鵜殿平七江初而面会、於別席人払密談有之（渡辺登一件也）。

まず「昨夕より調」の通り「大手」（姫路藩上屋敷）に向かった。姫路藩は明暁帰国のためその暇乞だったという。それから康直は水戸屋敷に向かい、側用人鵜殿平七と初めて面会し、別席で人払いをして密談をした。勿論「渡辺登一件」に関する密談である。「兼而打合置候通」とあるように、この密談は『麹町一件日録』の記事とつながっている。友信の依頼に始まり、崋山の友人や藩士たちによる水面下の交渉を経てようやく実現した面会であった。だがその密談の内容は何も書かれていない。

五月二十七・二十八日は「痔疾」のため出仕していないが、六月一日からは病欠の記録はなくなり、例年通り対客・登城記事が続くようになる。六月十一日には「大坂加番誓詞」の記事が見え、かねてからの予定通り、大坂加番を田原藩がつとめることは確実になった。

一方獄中の崋山は、六月の田原藩士宛書簡で次のように述べている。

一、私ヲ御疑ひ尤《トガ》不容易筋之処ニ候得ば、矢張上ヲ御疑ひ之筋と相成候。右之通にてハ誠ニ以大変、私痛心唯此所ニ御座候。依之私汚名ヲ取候而も、上御安泰之筋ニ相成候様仕度候。又御家来人々潔操有之候而も、外向皆左様ニも不参世上故、世成之事も工夫無之而ハ危ク御座候。此かね合第一ニ御座候。

一、半印殿御出府ナラバ、大印ニ御代リ、小田印・岩崎印へ私之通御出かた宜敷御座候。私かかる瑕《キズ》ヲ蒙候第一外国ニカカル事忘第一之事故、所かへ如何之隠罰可慮候。それにハ小田へ深ク御取入第一と存候。日々か様之事思ひ過シ、昨夜も夢見不宜ニ付此段申上候。(47)

崋山は自分への疑いが藩主に及ぶことを怖れ、自分が汚名を被ることになっても「上御安泰」のためには幕府役人への世間並みの工作が必要であるとしている。特に「所かへ如何之隠罰」すなわち転封といった隠された処罰を懸念し、老中水野忠邦側近の小田切要助に取入ることを指示している。

また六月二十七日付の田原藩士小寺市郎右衛門・同大八郎宛書簡では、「上御安危ニも掛リ候時之用心」として、学友の旗本新見伊賀守正路に頼むか、「おえよ様」（徳川家斉の愛妾お美代様か）の御声掛りを頼るルートを提示している。[48] また八月十三日の藩重役宛書簡においても、「上御安危之控杭《ヒカエグイ》」、すなわち藩主の安危に関わる場合の非常手段として、「宮」（上野東叡山寛永寺の門跡宮様）との交渉を指示している。[49]

だが実際は、康直の出仕再開や大坂加番誓詞の記事に見られるように、この時期田原藩処罰の可能性はかなり低くなっていたと考えられる。

その流れの中で、国許の藩日記では六月六日頃より、大坂加番準備に関わる記事が増加していく。『下書』によれば、六月一日・十二日に姫路藩上屋敷に赴き面会密談・内談した記事があるが、内容については記録されていない。興味深いのは六月十一日・七月一日の登城の際に「真田信濃」（松代藩主真田幸貫）と「登一件」について密談している点である。康直なりに藩主のネットワークで情報収集をはかっていたとも考えられるが、これについても内容は記されていない。だがこの頃の日記の内容は、大坂行きが迫るなか、対客や廻勤で多忙な様子である。そして七月二十一日、康直は江戸を発し大坂へ向かった。

3．蛮社の獄後の田原藩

崋山は天保十年（一八三九）十二月十八日に国許蟄居を命ぜられる。この決定を受け、康直は「御差扣御伺」を差し出したが、十二月二十日に「不及其義候」と伝えられたことが、『御用方日記』十二月二十四日条に書かれている。藩主や藩に処罰が及ぶことはなかった。

崋山の逮捕は田原藩内の情勢を一変させた。康直に従って四月に江戸に参府していた鈴木弥太夫は、七月に田原に立帰ると、崋山の方針を転換し、厳倹令と引米制によって支出を抑えるという旧路線を復活させていく。崋山の推薦で殖産政策を指導してきた大蔵永常は弥太夫宅で暇を申し渡され、養才教化政策の一環として崋山が創案した格高制は廃止された。そして江戸表霊岸島湊町の商人桐屋源蔵に財政整理を依頼し、引米制を内容とする厳倹法を実施することとしたのである。(50)

一方江戸から田原に護送された崋山は、真木定前からの依頼で藩政について意見を述べるなど(51)、蟄居後も真木を通じて藩政に関与し続けた。また天保十二年(一八四一)三月、田原藩士村上定平が西洋流砲術修行のため江戸に出て高島秋帆に入門し、徳丸が原砲術演習に参加した際は、喜んで定平を激励し、時期が来れば藩内にも導入を上申すべきとしている。(52)

だが、他所との文通や御家中の者の往来を禁ずる沙汰が出るなど、崋山に対する藩内の視線は厳しいものだった。(53)天保十二年(一八四一)十月十一日、崋山反対派の藩士が流した噂を受け、崋山は藩主に累が及ぶのを怖れて自殺した。(54)

その直後の十二月八日、康直は念願の奏者番を拝命する。さらに実子屯を田原藩主の座に就けようとするなど、藩内情勢はあらゆる面で崋山の方針を覆す方向に動いたが、真木の諫死が契機となって、仁太郎世嗣の約束は守られ、鈴木弥太夫は蟄居となったのである。

4．救援運動の意図と背景

『麹町一件日録』によれば、藩主康直の崋山救援運動は、隠居格友信の依頼によってなされたものである。

だが実際には、当時減封や転封など田原藩への処罰の風説が流布していたことも関係していたのではないか。だからこそ、六月になって予定通り大坂加番に任じられ、田原藩処罰の可能性が薄れたことが、康直が救援運動から手を引く一つのきっかけになったと考えられる。

　また友信と康直の動きの背景に、田原藩内の対立構造があったことも忘れてはならない。前掲「ありやなしやの補」には、五月二十二日の記事として、次のような風説が書かれている。

　又高井の臣、永井某の説ニハ、三宅藩ニて華山をにくむものありて、讒言せしなど、酒井藩の風説なりと立話す三宅殿実家ハ酒井家ニて、高井の養子の兄弟なり

「高井の臣、永井某」については不明だが、当時蛮社の獄の真相について、田原藩内の崋山を憎む者が讒言したという噂が流布していたのである。そのような風説が広がるほど、田原藩士たちの激しい対立構造は関係諸藩に知られていたのだろう。

　前述の通り、藩財政改革の方針をめぐる江戸詰家老崋山と筆頭国家老鈴木弥太夫の対立は、継嗣問題や奏者番内願問題とも絡み合って展開していた。崋山が失脚すれば、友信の子・仁太郎が廃嫡される可能性は十分にあった。実際、崋山の死後康直は一度は廃嫡に傾いている。崋山救援運動に友信がいち早く動いた背景には、崋山への親愛の情は勿論だが、このような継嗣問題も関わっていたのではないだろうか。

　一方康直にとっては、蛮社の獄後の立ち位置は非常に難しいものであったと考えられる。田原藩への処罰は防がなければならず、隠居格の友信からの依頼も無視できない。だが崋山は康直の奏者番就任に反対し、友信の子を次期藩主に擁立した人物である。さらにこの年の参府には、崋山と対立する鈴木弥太夫が、跡乗役とし

て国許から康直に同行していた。当初救援運動に積極的だった康直が六月以降次第に離れていく背景には、このような複雑な藩内情勢があったと考えられる。

さらに風説になるほど熾烈な藩内対立構造の中で、康直の動きは「密談」とあるように慎重なものとなり、その情報は『麹町一件日録』や藩政日記にも伝えられていない。次第に藩内の「華山をにくむもの」が台頭してくる中で、康直は救援運動から手を引き大坂へ向かったのである。

おわりに

1．藩主と蘭学―三宅康直の事例から見えるもの―

姫路藩から迎えられた新藩主・康直が直面したのは、藩財政改革や藩主継嗣問題をめぐって二分する藩内構造であり、その中心には江戸詰家老渡辺崋山と筆頭国家老鈴木弥太夫の対立があった。藩士たちはそれぞれの立場から、康直との関係を模索していく。鈴木弥太夫は、継嗣問題や奏者番問題を利用し、康直の希望に沿うことで関係を築いていった。一方江戸詰家老の崋山が、隠居格友信や、康直の実家である姫路藩の家老などの存在を利用しながら康直との関係を築いていった点は、藩主と藩士の関係性を考えるうえで非常に興味深い。

蛮社の獄における康直の行動は、崋山救援運動の史料である『麹町一件日録』に記載が少ないため、従来ほとんど注目されてこなかったが、実は家老崋山の救援問題だけでなく、このような藩内の諸関係を踏まえて捉えていく必要がある。藩主康直の救援運動は、藩自体の安危や、自身の奏者番就任・後継者問題の行方など、様々な要因が絡み合っており、複雑な藩内情勢に配慮しながら、有利に事を運ぼうとする藩主康直の人間像が浮かび上がってくる。

次に、このような康直の事例から、田原藩にとって蘭学がどのような意味をもったのかを考えてみたい。

蘭学という学問自体のもつ社会的・政治的特殊性について、沼田次郎は「即ち蘭学は一面において有用の技術の学であるとともに他面現実の社会なり政治にとって警戒すべき思想を含む「両刃の剣」となりかねない要素を胎《はら》んでいたわけである」(55)と述べている。蘭学と権力の関係は、極端に相反する性格を併せもっていた。

田原藩の場合、まず崋山ら藩士は、藩に「有用の技術の学」として西洋流砲術・兵学の導入を試みた。全国的に見てもかなり早い試みであり、資金の問題や藩内不一致もあって、その成果は少なかったものの、藩内に蘭学研究の場と蘭書という資料、そしてネットワークを形成して人材を養成した。藩ぐるみで蘭学研究に取り組むには、一藩士の力では難しい。藩主康直は、崋山に顕微鏡を見せられ驚嘆しても、蘭学にそれほど関心をもった様子はない。だが崋山らは隠居格の三宅友信を巻き込むことで、藩内の抵抗を抑え、条件を整えていった。またその研究の過程で藩外にもネットワークが形成され世評が高まり、幕府褒詞や大坂加番など幕府や他藩との関係性におけるメリットが生まれた。このように藩にとっての蘭学の有用性には、学問上とは別の「成果」も考慮する必要がある。

一方で崋山の蘭学研究は、幕政批判という「警戒すべき思想」に展開した。田原藩は蛮社の獄で、天下の罪人を出し減封や転封にもなりかねない危機に陥る。蘭学は身分や生命、そして藩の維持にも関わるような弾圧の危険性を常に孕んでいた。崋山と親しい田原藩士や画家・文人たちは様々な救援運動を展開したが、やはり藩主自ら乗り出す効果は格別だったと考えられる。だからこそ隠居格の友信は、自分からではなく康直から水戸藩に取成しを願うよう依頼したのであろう。藩主は蘭学の有用性を利用しながら、一方でそのリスクから御家や藩を守らなければならなかった。

ところで、蛮社の獄は当時の社会に大きな衝撃を与えたが、その影響は、江戸や田原から遠く離れた越前国大野藩の藩主と藩士の間にも及んでいた。大野藩における蘭学の展開は、藩主と蘭学、そして藩士たちの関係の多様性と変容過程を示す興味深いものであるため、最後にその事例を紹介したい。

2. 蘭学をめぐる藩主と藩士の関係―大野藩の事例から―

大野藩は、越前国大野地方を領有した譜代藩である[56]。天和二年（一六八二）に土井利勝の三男利房が四万石で入封した。実際の収納高は二万七、八千石程度で、天保大飢饉により藩財政は危機に瀕していた。

土井利忠は、文政元年（一八一八）に八歳で七代藩主に就任した。土井家の五代、六代は養子が相続している。利忠は五代藩主利義（井伊直幸九男）の子で、六代藩主利器（久世広誉十一男）は義兄で養父に当たる。この利器・利義は文政元年に相次いで死去した。利忠は後に、自分は幼年で相続したため諸事不案内であり、藩政を全て家老らに任せていたと振り返っている[57]。

利忠は天保三年（一八三二）に儒者朝川善庵を招いて講義を受けるなど、学問に非常に熱心であり、その関心は蘭学にも向けられていた。だが藩主の蘭学研究は、藩士たちの動揺を招いた。土井利忠の伝記『柳陰紀事』の天保十一年（一八四〇）の条には、次のようにある。

夏、杉田成卿小浜藩医ヲ招キ、洋書ヲ習誦シ、泰西ノ事情ヲ尋繹ス。先是小関三英ナルモノアリ。時々来邸、亦公ノ為メ蘭書ヲ講スト云。公ノ此事アル、忠良ノ士、或ハ潜カニ相語テ曰ク、我公此頃蛮夷ノ書ヲ読ム、所謂変於夷者ナリ。之ヲ諫止セサルヲ得ス。然レトモ、別ニ声色ノ嗜ナク、亦飲酒ノ好ナシ。故ヲ以テ姑ク是ヲ舎クト。当時有志ノ徒ニシテ其言猶ホ此ノ如シ。況テ其他ヲヤ。而シテ、公毅然業ヲ修メ、夙ニ今日

アルヲ知ル。(58)

この夏、利忠は蘭学者杉田成卿を招いて洋書を学び西洋事情を研究した。実はこれより以前も小関三英が時々来邸し、蘭書を講じていた。このように利忠が「蛮夷ノ書」を読むことについて、「忠良」の藩士たちの間から「変於夷者」であり諫止すべきだという声があがったという。このような藩士たちの危機意識の背景には、蛮社の獄の影響があったと考えられる。天保十一年といえば蛮社の獄の翌年であり、小関三英はこの事件の過程で累が及ぶのを恐れて自殺しているからだ。

だが藩主利忠には他に「声色」(音楽や女色)、飲酒の道楽もないことから、しばらく様子を見ようということになり、利忠は「毅然」として研究を続けたという。この時の大野藩にとっての蘭学とは、危険ではあるが藩主が女や酒の道楽にふけるよりはよい、という程度のもので、藩主個人の楽しみと位置づけられている。

この位置づけが変わるのは、利忠自ら主導した藩政改革が軌道に乗ってからのことである。天保十三年(一八四二)、家老たちに藩政を任せていた利忠は藩士一同を集めて藩の窮状を訴え、財政大改革に着手した。いわゆる「更始の令」である。倹約の徹底にとどまらず、殖産興業政策や有能な人材の登用、学校の創設による人材養成など藩政再建のための様々な改革がなされた。その結果、改革後約八年で藩債を整理することができた。利忠はさらに藩営商店「大野屋」の創設や、交易用の西洋式帆船「大野丸」の建造、蝦夷地開拓など次々と改革を打ち出していくが、その一つが藩をあげての蘭学の導入と振興であった。

藩士の遊学を奨励して西洋流砲術や蘭学を学ばせ、はじめ藩校明倫館において蘭学を教授させていたが、安政三年には緒方洪庵門下の伊藤慎蔵を招いて専門の洋学館を開設している。洋学館には諸藩から多くの留学生が集まった。西洋流軍事科学の導入、蘭書の翻訳や出版事業、種痘の研究と普及など、蘭学は様々な分野で藩政に導入され、成果をあげた。もはや蘭学は藩主個人の楽しみではなく、藩にとって有用な学問となっていた。それが可能となったのは、殖産興業政策による経済的基盤、そして利忠の藩主としての指導力と実績があったからであろう。藩主利忠は、自ら藩政改革に乗り出して成果をあげ、信頼を得ることによって藩士たちとの関係を変え、藩政における蘭学の意味を変えていったのである。

ところで、最初利忠の蘭学教授に小関三英が招かれた背景には、藩同士の縁戚関係があったと考えられる。三英は岸和田藩医であるが、利忠の母は岸和田藩主岡部家から嫁いでいた。さらに利忠の実姉は、利忠未生の時養子に入った土井利器と結婚するが、利器の死後、田原藩十代藩主三宅康明と再婚している（その際、一度岡部家の養女となっている）[59]。この三宅康明の死後、田原藩主となったのが三宅康直であり、その家臣に渡辺崋山がいた。そして崋山の蘭学研究を助けていたのが、小関三英だったのである。このように藩主の蘭学のあり方は、藩主個人の関心や学統だけではなく、縁戚関係などにも目配りして考える必要があるだろう。

藩主たちは自ら蘭学を研究するだけでなく、藩政や藩内外のネットワークの中で、様々な形で蘭学と関わっていた。藩主と蘭学の関わりは、藩主の個性や時代性だけでなく、各藩の歴史・地域性や政治状況、藩主と藩士の関係性などとも密接に絡み合いながら多様に展開している。そして蘭学のもつ危険性ゆえに、その展開の過程からは、平時には見えにくい藩主の人間像や藩主と藩士の関係性のありようが浮かび上がってくる。今後も各藩における藩主と蘭学の事例を幅広く収集・検討し、藩主たちの実像を探る手がかりとしたい。

なお康直の実子・屯は田原藩主になることは叶わなかったが、後に康直の実家である姫路藩主酒井家の養子に入り、姫路藩七代藩主酒井忠顕となる。嘉永六年（一八五三）に死去した姫路藩六代藩主酒井忠宝に嗣子がなかったためである。ペリー来航後の緊迫する対外情勢の中で、姫路藩も安政年間には西洋型帆船の建造を行ない、西洋技術の導入に取り組んだ[60]。父康直と同様に外から迎えられた藩主・忠顕は、このような政策を進めるにあたり、姫路藩士たちとどのように関わっていったのか。またその過程で田原藩での経験がどのような意味を持ったのかは非常に興味深いが、その検討については別稿を期したい。

註

(1) 例えば洋学史を概観した沼田次郎『洋学』(吉川弘文館、一九八九年)では、第三章「『解体新書』成る」から第四章「蘭学の発達と普及」の中でオランダ好き、所謂「蘭癖」の大名たちの登場が紹介され、第八章「幕末の蘭学(二)」の中で有志大名らの蘭学導入が論じられている。

(2) 芳賀徹「福知山藩」(児玉幸多・北島正元編『物語藩史　五』人物往来社、一九六五年)、ヴォルフガング・ミヒェル「中津藩主奥平昌高と西洋人との交流について」(『人物と交流　Ⅰ　中津市歴史民俗資料館分館村上医家史料館資料叢書　五』、二〇〇六年)など。

(3) 芳即正『島津斉彬』(吉川弘文館、一九九三年、新装版)、杉谷昭『鍋島閑叟』(中央公論社、一九九二年)など。

(4) 星山京子『徳川後期の攘夷思想と「西洋」』(風間書房、二〇〇三年)、岩下哲典『幕末日本の情報活動　改訂増補版―「開国」の情報史―』(雄山閣、二〇〇八年)、淺井良亮「有志大名の蘭書貸借活動―共有・互助・秘匿―」(『書物・出版と社会変容』十六号、二〇一四年)など。

(5) 柴田純『思想史における近世』(思文閣出版、一九九一年)、若尾政希『「太平記読み」の時代―近世政治思想史の構想―』(平凡社、一九九九年)、小川和也『牧民の思想―江戸の治者意識―』(平凡社、二〇〇八年)、小関悠一郎『〈明君〉の近世―学問・知識と藩政改革―』(吉川弘文館、二〇一二年)など。また蘭癖大名として有名な鹿児島藩主島津重豪の蘭学を、重豪の多様な学問・文化活動の一つとして藩内外の人々との交流の中で論じた、鈴木彰・林匡編『島津重豪と薩摩の学問・文化―近世後期博物大名の視野と実践―』(勉誠出版、二〇一五年)も注目される。
(6)『藩史大事典』第四巻(雄山閣、一九八九年)参照。
(7)「天保八丁酉年四月改　田原、江戸御家中分限並席次」(田原町文化財保護審議会『田原の文化』十一号、一九八四年)。以下、藩士の俸禄等はこれに依拠する。
(8)田原藩における最高の重臣が「年寄」(家老、老職)であり、主君を補佐し家中の武士の統率、藩務の統括を行なう。四名を常態とした。崋山在任時の他家老は、田原在城の筆頭家老である鈴木弥太夫(百石、役料二十石)、川澄又次郎(八十石、役料二十石)、佐藤半助(百二十石)である。
(9)小澤耕一・芳賀登監修『渡辺崋山集』第三巻(日本図書センター、一九九九年)所収、書簡番号二三。以下、『渡辺崋山集』所収書簡史料は書簡番号のみ記載する。
(10)「全楽堂日録」(前掲『渡辺崋山集』第一巻所収)。
(11)佐藤昌介『渡辺崋山』(吉川弘文館、一九八六年)五五ページ。
(12)田原町文化財調査会編『田原町史』中巻(田原町教育委員会、一九七五年)五五～五六ページ。
(13)佐藤前掲『渡辺崋山』三九～四〇ページ。
(14)この継嗣問題の経緯については、小澤耕一「三宅鋼蔵と酒井稲若」(『渡邉崋山研究―三河田原藩の周辺と画論を中心に―』日本図書センター、一九九八年)参照。
(15)穂積勝次郎『姫路藩綿業経済史―姫路藩の綿業と河合寸翁―』(穂積勝次郎・姫路、一九六二年)参照。
(16)前掲「全楽堂日録」文政十三年(一八三〇)四月十三日条。
(17)佐藤前掲『渡辺崋山』六〇～六一ページ参照。
(18)大蔵永常の殖産政策については、拙稿「天保期殖産政策をめぐる思想―渡辺崋山と大蔵永常を事例に―」(川口浩編『日本の経済思想―時間と空間の中で―』ぺりかん社、二〇一六年)参照。
(19)別所興一『渡辺崋山―郷国と世界へのまなざし―』(あるむ、二〇〇四年)七〇ページなど。
(20)前掲『田原町史』、佐藤前掲『渡辺崋山』など参照。

(21) 拙稿「天保期田原藩における「藩」意識の諸相―家老渡辺崋山の凶荒対策を中心に―」(『日本歴史』七八二号、二〇一三年)参照。
(22) 天保八年(一八三七)五月九日付三宅康直宛崋山書簡、書簡番号八九。
(23) 姫路藩上屋敷が江戸城の上大手向左角にあったことから、姫路藩主を指す。
(24) 書簡番号九三。
(25) 前掲『田原町史』中巻、一一〇九ページ。
(26) 前掲『田原町史』中巻、九一七～九一九ページ。
(27) この「十七才の青年藩主としては出来過ぎた人事」の背景には、「酒井家の名宰相河合隼之助の指導」があったことが推察されている。小澤耕一「三宅友信小伝」(『日本の夜明け展―崋山とその同志―』田原町博物館、一九九五年)参照。
(28) 拙稿「田原藩家老渡辺崋山の洋学研究」(『洋学』十六号、二〇〇八年)。
(29) 三宅友信『崋山先生略伝補』(田原市博物館所蔵)。
(30) 例えば天保六年に、崋山が地図を持参して世界地理について講釈することを約束した相手は、知り合いの中津藩士である(天保六年〈一八三五〉四月十六日付中津藩士岡見彦三宛崋山書簡、書簡番号六一)。また天保九年(一八三八)十二月十八日、二本松藩儒安積艮斎が自宅の新築を祝って崋山らを招待した際には、崋山はその席で世界地図を示して異国の事情を説き、人々を圧倒したという。この席に集まっていたのは、井戸鉄太郎(弘道)・篠田藤四郎・林式部(復斎)ら幕臣であった(赤井東海「奪紅秘事」木村黙老『続きくままの記』二十五冊所収〈神宮文庫所蔵〉)。
(31) 崋山の積極的なネットワーク活動の背景には、江戸に生まれ、画家として鑑定会や書画会などで築いていた「柔らかな人的交流」があったと考えられる。杉本史子「絵師―渡辺崋山、「画工」と「武士」のあいだ―」(横田冬彦編『シリーズ 近世の身分的周縁二 芸能・文化の世界』吉川弘文館、二〇〇〇年)参照。
(32) 鈴木春山は文政三年(一八二〇)長崎に遊学して西洋医学を学ぶ。田原藩医・藩儒として藩校成章館教授もつとめた。江戸に出て崋山や高野長英らと親交を結び、三宅友信の蘭学研究を助けた。晩年は西洋兵学書の訳述に専念した。

(33) 村上範致、通称を定平という。文政十年(一八二七)に家督を継ぎ、三宅友信の近習をつとめた。また定平の母は、崋山の同志真木定前の実兄生田何右衛門の娘であった。

(34) 三宅友信『崋山先生略伝補』(田原市博物館所蔵)。

(35) 書簡番号七〇。

(36) 崋山蟄居後すぐに、御用達商人や家中藩士の間から操練廃止論が起っている(天保十一年〈一八四〇〉三月付真木定前宛崋山書簡、書簡番号一七〇)。

(37) 赤井東海前掲「奪紅秘事」。

(38) 田中弘之「渡辺崋山と田原藩の海防をめぐる一試論」(『駒沢史学』三六号、一九八七年)、同「渡辺崋山と田原藩の海防をめぐる一試論(承前)—崋山の海防観について—」(『駒沢史学』三八号、一九八八年)、同『「蛮社の獄」のすべて』(吉川弘文館、二〇一一年)など。

(39) 前掲『田原町史』中巻、六九一ページ。

(40) 書簡番号一四〇。

(41) 大坂加番は、役高の四ツ物成の合力米が支給されたことから、財政難の小大名たちはいずれもその勤務を望み、就役のための運動が老中らに向けてしきりに行なわれたという。松尾美恵子「近世末期大坂加番役の実態—三河田原藩を例に—」(『徳川林政史研究所研究紀要　昭和五七年度』、一九八三年)参照。

(42) 天保九年(一八三八)十二月二十四日付徳川斉昭書簡(『水戸藩史料』別記(下)　吉川弘文館、一九一五年)六九ページ。

(43) 岩下哲典氏によれば、アヘン戦争の情報は、天保十年(一八三九)に伝えられた当初はそれほど衝撃を与えず、水野忠邦の徹底した情報管理もあってあまり拡散しなかったという。天保十三年(一八四二)が一つの画期となり、水野の失脚や人々の努力、高島流砲術の拡大とともに情報が拡散した。さらにペリー来航という状況下でクローズアップされ、幕末日本の政局に相当なインパクトを与えたと指摘されている(岩下前掲『幕末日本の情報活動 改訂増補版―「開国」の情報史―』四二ページ)。

(44) 文雅の集いを通して結びついた書画鑑定仲間らによる崋山救出活動については、佐藤温「富商大橋淡雅の文事と時局」(『近世文藝』八六号、二〇〇七年)参照。

(45) 杉浦明平『崋山探索』(岩波書店、一九九八年)二一二ページ。

(46) 東三地方史研究会「柴田善伸日記抜書 其二(第十回)」(『三河地域史研究』第二五号、二〇〇七年)五〇ページ。

(47) 書簡番号一五三。

(48) 書簡番号一五七。

(49) 書簡番号一五九。

(50) 天保十一年(一八四〇)二月十四日口達(『天保十一年御用方日記』〈田原市博物館所蔵〉)。

(51) 例えば天保十一年(一八四〇)二月二十五日付真木定前宛崋山書簡(書簡番号一六八)において、崋山は藩当局による家中厳倹令を批判し、「徳政」と「養才教化」によって財を貯えることを提案するとともに、砲術指導にあたっていた井上杢衛を解雇することに反対している。

(52) 天保十二年(一八四一)五月十八日付村上定平宛崋山書簡、書簡番号二二五。

(53) 天保十一年(一八四〇)六月十七日付真木定前宛崋山書簡、書簡番号一八七。

(54) 田原での蟄居生活は困窮を極め、崋山は自らの画を売ることで生計を立てていた。このように蟄居中の罪人の身でありながら画を販売したり、江戸の門弟師友や親しい藩士らとの交渉が絶えないことに対し、不謹慎な行為であると田原藩内で批判の声があがるようになる。その中心は、以前から藩政をめぐって崋山と対立していた藩士たちだった。三宅友信『崋山先生略伝補』(田原市博物館所蔵)によれば、在藩の「奸邪ノ徒」と在府の「奸党」が共謀し、「公」(幕府)を畏怖せざる崋山の行状について、近日藩主が問責されるという噂を捏造し、在府の崋山の親戚に告げた。愚直な親戚はこれを信じ、驚いて田原在邑の親戚に書を送って知らせた。これが崋山に伝わり、藩主に迷惑がかかることを恐れて自殺したという。

(55) 沼田前掲『洋学』二四〇ページ。この相反する二面性をもつ蘭学のどちらの性格を重視するか、或いはいつから性格が変わるのかが、かつての洋学論争における封建制批判者説と封建制補強者説の根本的な立場の違いにつながっていた。拙稿「洋学論争」(木村茂光監修・歴史科学協議会編『戦後歴史学用語辞典』東京堂出版、二〇一二年)参照。

(56) 以下、大野藩政と土井利忠の施策については、土井利忠公百年祭奉賛会資料出版部編・天野俊也著『土井利忠公と大野藩』(土井利忠公百年祭奉賛会、一九六六年)、岩治勇一『大野藩の洋学』(岩治勇一・福井、一九八四年)、前掲『藩史大事典』第三巻、『山と海の殖産興業―大野藩の構造改革―』(大野市歴史博物館、二〇一一年)を参照した。

(57) 天保十三年(一八四二)四月土井利忠書状(『大野市史』第四巻　藩政史料編一〈大野市役所、一九八三年〉七六五ページ)。

(58) 吉田拙蔵著・天野俊也編『柳陰紀事解題　柳陰紀事(翻刻)』(私製、『大高論抄』第三号〈一九六三〉の抜刷)五ページ。なお著者の吉田拙蔵は大野藩士として利忠に仕え、蘭学を修めて後に大野丸の船長となり、晩年は教育者として明治初年の大野地方の学校教育の普及に努めた。

(59) 「土井家系図」(前掲『大野市史』第四巻、七ページ)、「三宅氏系譜」(前掲『田原町史』中巻、一一九八ページ)参照。

(60) 『姫路市史』第四巻　本編近世二(姫路市、二〇〇九年)第十章参照。

〔付記〕

本研究は、JSPS科研費26・40084の助成を受けたものである。また史料の調査にあたり田原市博物館の鈴木利昌氏に大変お世話になった。ここに記して感謝の意としたい。

吉村《よしむら》　雅美《まさみ》
1982年生　日本女子大学文学部専任講師
筑波大学大学院人文・社会科学研究科歴史・人類学専攻修了　博士（文学）
〈主要著書・論文〉
『近世日本の対外関係と地域意識』（清文堂出版、2012年）
「一八世紀の対外関係と「藩屏」認識―対馬藩における「藩屏」の「役」論をめぐって―」
（『日本歴史』第789号、2014年）
「近世日本における対外関係の変容と「藩」意識」（『歴史学研究』第937号、2015年）

小関《こせき》　悠一郎《ゆういちろう》
1977年生　千葉大学教育学部准教授
一橋大学大学院社会学研究科博士後期課程修了　博士（社会学）
〈主要著書・論文〉
『藩地域の政策主体と藩政』（『信濃国松代藩地域の研究』第二巻、共編著、岩田書院、2008年）
『〈明君〉の近世―学問・知識と藩政改革―』（吉川弘文館、2012年）
『上杉鷹山と米沢』（吉川弘文館、2016年）
「一八世紀後半における仙台藩の学問と「教諭」政策」
（平川新編『江戸時代の政治と地域社会』第一巻「藩政と幕末政局」清文堂出版、2015年）

矢森《やもり》　小映子《さえこ》
1978年生　東京大学史料編纂所学術支援専門職員
一橋大学大学院社会学研究科総合社会科学専攻博士課程修了　博士（社会学）
〈主要著書・論文〉
「天保期田原藩における「藩」意識の諸相―家老渡辺崋山の凶荒対策を中心に―」
（『日本歴史』第782号、2013年）
「江戸に出た地方蘭学者と地域の交流―小関三英の書簡から見える庄内地域―」
（『書物・出版と社会変容』第19号、2015年）
「渡辺崋山の蘭書理解―江戸知識人たちの蘭学受容―」（『論集きんせい』第40号、2018年）

執筆者紹介（掲載順）

清水《しみず》　翔太郎《しょうたろう》
1989年生　東北大学学術資源研究公開センター史料館学術研究員
東北大学大学院文学研究科博士課程後期修了　博士（文学）
〈主要著書・論文〉
「近世中期大名家における正室と側室―秋田藩佐竹家を事例に―」（『歴史』第122輯、2014年）
「近世大名家における「看抱」―会津藩松平家の幼少相続に注目して―」
（『歴史』第126輯、2016年）

根本《ねもと》　みなみ
1991年生　筑波大学人文社会系特任研究員
筑波大学大学院人文社会科学研究科歴史・人類学専攻修了　博士（文学）
〈主要著書・論文〉
『近世大名家における「家」と「御家」―萩毛利家と一門家臣―』（清文堂出版、2018年）
「家紋が表象する由緒――門家臣による家紋の選択について―」（『史境』第71号、2016年）
「近世大名家における一門家臣と家中秩序―役職就任をめぐる自己意識―」
（『社会文化史学』第61号、2018年）

山下《やました》　須美礼《すみれ》
1977年生　帝京大学文学部准教授
筑波大学大学院人文・社会科学研究科歴史・人類学専攻単位取得退学　博士（文学）
〈主要著書・論文〉
『東方正教の地域的展開と移行期の人間像―北東北における時代変容意識―』
（清文堂出版、2014年）
「明治初期のハリストス正教会と政治的活動―南部地域における動向を中心に―」
（友田昌宏編『東北の近代と自由民権―「白河以北」を越えて』日本経済評論社、2017年）
「士族というあり方」（浪川健治・古家信平編『江戸―明治　連続する歴史』（〈別冊『環』23〉
藤原書店、2018年）

萱場《かやば》　真仁《まさひと》
1987年生　学習院大学文学部助教（無給研究職）
公益財団法人徳川黎明会徳川林政史研究所非常勤研究員
学習院大学大学院人文科学研究科史学専攻博士後期課程修了　博士（史学）
〈主要著書・論文〉
「弘前藩領における水源涵養林『田山』の利用と実態」（『学習院史学』第54号、2016年）
「津軽地方の『屏風山』と野呂武左衛門」
（『徳川林政史研究所研究紀要』第50号〈『金鯱叢書』第43輯所収〉、2016年）
「ヒバをめぐる幕末弘前藩の山方と弘前城下の檜物師・曲師たち」
（『徳川林政史研究所研究紀要』第51号〈『金鯱叢書』第44輯所収〉、2017年）

編者

浪川《なみかわ》　健治《けんじ》
1953年生　筑波大学名誉教授　東京都出身
東北大学大学院文学研究科博士前期課程修了　博士(文学)
〈主要編著書・論文〉
『近世日本と北方社会』(三省堂、1992年)
『近世北奥社会と民衆』(吉川弘文館、2005年)
『ローカルヒストリーからグローバルヒストリーへ―多文化の歴史学と地域史―』
(共編著、岩田書院、2005年)
『北方社会史の視座―歴史・文化・生活―』第二巻(共編著、清文堂出版、2008年)
『地域ネットワークと社会変容―創造される歴史像―』
(共編著、岩田書院、2008年)
『近世の空間構造と支配―盛岡藩にみる地方知行制の世界―』
(編著、東洋書院、2009年)
『周辺史から全体史へ―地域と文化―』(共編著、清文堂出版、2009年)
『新青森市史』通史編第2巻 近世(共著、青森市、2012年)
『近世日本の言説と「知」―地域社会の変容をめぐる思想と意識―』
(共編著、清文堂出版、2013年)
『青森県史　通史編　近世』(共編著、青森県、2018年)

明君の時代
―十八世紀中期～十九世紀の藩主と藩政―

2019年3月22日発行

編　者　浪川健治
発行者　前田博雄
発行所　清文堂出版株式会社
〒542-0082　大阪市中央区島之内2-8-5
電話 06-6211-6265　FAX06-6211-6492
ホームページ= http://www.seibundo-pb.co.jp
メール= seibundo@triton.ocn.ne.jp
振替 00950-6-6238
印刷:亜細亜印刷　製本:渋谷文泉閣
ISBN978-4-7924-1101-5 C3021

御家騒動の展開　吉永　昭

結城秀康の子孫とその家臣団の群像を軸に、越前騒動や松平忠直配流、貞享の半知処分に至る福井藩の混迷や越後騒動への新視点を提示する。　一五〇〇〇円

近世日本の言説と「知」
―地域社会の変容をめぐる思想と意識―　浪川健治・小島康敬 編

東北諸藩の人物を中心としつつも、時代に先駆けて「軟着陸」の背景の形成を目指した知の創造者群像を概観していく。　八六〇〇円

近世日本の対外関係と地域意識　吉村雅美

平戸藩を舞台に、英蘭商館の記憶や唐船打払い、異国船出没から地道な海上警備を含む辺境の「武」を担う機関としての「藩」意識の芽生えを描く。八七〇〇円

東方正教の地域的展開と移行期の人間像
―北東北における時代変容意識―　山下須美礼

晴耕雨読に勤しむ東北の給人たちが藩の崩壊に直面した矢先、改革期ロシアの申し子ニコライと出会い、新たな指針を得るに至る道程を描出する。　七八〇〇円

近世大名家における「家」と「御家」
―萩毛利家と一門家臣―　根本みなみ

宝暦期の毛利重就と子孫、天保期の敬親を中心に、傍流出身の当主たちが一門家臣との新たな関係構築に腐心する姿から「御家」の問題を考察する。七八〇〇円

価格は税別

清　文　堂
URL = http://seibundo-pb.co.jp E-MAIL = seibundo@triton.ocn.ne.jp